Research on the Resultant Effect of Incentive Policy for Primary and Secondary School Teachers

中小学教师激励政策的合力效果研究

侯龙龙　何赵颖　高　尚　杨子文　葛昌胜◎著

中国经济出版社
CHINA ECONOMIC PUBLISHING HOUSE
北　京

图书在版编目（CIP）数据

中小学教师激励政策的合力效果研究 / 侯龙龙等著. 北京 : 中国经济出版社，2024. 12. -- ISBN 978-7-5136-7972-5

Ⅰ. G635.12

中国国家版本馆 CIP 数据核字第 20242XY107 号

组稿编辑 崔姜薇
责任编辑 黄傲寒
责任印制 李 伟
封面设计 久品轩

出版发行 中国经济出版社
印 刷 者 北京科信印刷有限公司
经 销 者 各地新华书店
开 本 710mm × 1000mm 1/16
印 张 18.5
字 数 310 千字
版 次 2024 年 12 月第 1 版
印 次 2024 年 12 月第 1 次
定 价 88.00 元
广告经营许可证 京西工商广字第 8179 号

中国经济出版社 **网址** http://epc.sinopec.com/epc/ **社址** 北京市东城区安定门外大街 58 号 **邮编** 100011
本版图书如存在印装质量问题，请与本社销售中心联系调换（联系电话：010-57512564）

前言

本书是国家社科基金教育科学一般项目“中小学教师激励政策的合力效果研究”（课题批准号 BGA180059）的成果之一。借着这本专著的出版，有关本项目的几个话题，我想跟读者分享。

首先，本项目最初的研究动机。本研究团队的研究课题主要是学校领导力，核心关注点是教师、校长、学生的工作（学习）积极性问题。很多调研都发现学校师生的工作（学习）积极性存在一定的问题，表现为职业倦怠、“内卷”、“躺平”等，教师工作的机械式、重复式、算法式、任务式特征较为明显。那么教师工作的这些特征反映在政府政策上是什么样的呢？政府在应对和缓解教师工作积极性的问题上采取了哪些措施？这引发了我们最初对教师激励政策的关注。在对教师激励的相关政策进行梳理和分析后，研究团队提交了本课题的申请书，并于 2018 年立项。

其次，调研的样本和过程。本课题从立项到 2023 年底结项，耗时 5 年，数据调研和访谈工作在 2021 年 9 月基本结束，调研学校覆盖了河北省、湖北省、广东省、云南省、江西省、北京市、山西省 7 省市共 20 所中小学校。在与这些调研学校联系和沟通的过程中，课题组的成员都发挥了自己的主观能动性，以方便取样为原则，“八仙过海、各显神通”。本课题负责人利用北京师范大学校长培训学院校长教研指导专家的身份与一些校长建立了联系，有些校长在研修结束后仍然与课题组成员保持着密切的联系，河北雄安黑龙口小学的王占英校长甚至加入了我们的双周例会，从不缺席，为在校的研究生提供了有针对性的指导和帮助。此处交代调研过程的原因是，现实中特定的研究往往都需要开展单独、有针对性的调研，这类调研往往需要借助各种渠道，方便抽样是常见的方式，尽管这种方式会导致样本不一定具有较好的代表性。现成数据往往不能满足特定研究主题的需要。

再次，数据清洗与论文写作。在 2021 年 9 月调研结束后，研究团队开始进行数据的录入、清洗和论文的写作，借助课题调研的数据和访谈资料，分别形成了2022年的两篇硕士论文《绩效工资和职称评聘政策执行对中小学教师工作积极性的影响研究》《中小学教师的培训政策对教师工作积极性的影响研究——以教学效能感为中介》，以及2023年的一篇硕士学位论文《乡村振兴背景下县域义务教育教师工作积极性的现状及影响因素研究》。

最后，感谢接受我们调研的合作学校领导和老师们。尤其感谢河北雄安王占英校长、邓秋耕校长、李卫东校长、孙兰平校长、刘章树校长，湖北李玉红校长、胡起水校长、陈江涛校长、柳义忠校长、王俊峰校长，云南昌宁思源实验学校杨志军校长，山西太原万柏林区第三实验小学张志兰校长，江西铜鼓二中黄石群校长，北京潘艳萍校长、翟菲校长、成勇园长，北京门头沟区刘军艳校长、赵欣颖校长、朱玉芳校长、马勇校长。没有你们的帮助，我们就无法完成本课题的研究。当然，本书的任何问题由作者负责。

侯龙龙　于贵州威宁民族中学

2024年7月4日

目录

第3章

教师激励政策的合力效果预调研分析报告

第4章

绩效工资和职称评聘政策执行对中小学教师工作积极性的影响研究

第 4 章附录

第 5 章附录

第1章

教师激励政策的文本分析与问题提出

1.1 中小学教师激励政策与问题的提出

《中共中央　国务院关于全面深化新时代教师队伍建设改革的意见》① 于2018年1月出台，可以说是“新中国成立以来党中央出台的第一个专门面向教师队伍建设的里程碑式政策文件”②，提出了要培养“高素质专业化创新型教师队伍”目标。为实现这一目标，要求“深化中小学教师职称和考核评价制度改革”，提出“加强聘后管理，激发教师的工作活力”。可见，在中小学教师队伍建设方面，非常重要的一项工作就是对教师的激励。

在对近些年中小学教师的相关政策文本进行梳理时，我们能频繁地看到以“激励”“激发”“调动……积极性”为关键词的文本内容；而且从时间上看，最近几年发布的政策文件中类似关键词出现的频率呈现上升趋势。由于这类政策通常关注的是教师的激励问题，因此，我们把这类教育政策统称为教师激励政策。教师激励政策及文本表述如表1–1所示。

表1–1　教师激励政策及文本表述

发布年份	发布部门	政策名称	激励表述
2006	教育部	《关于进一步加强中小学班主任工作的意见》	“迫切需要制定更加有效的政策，保障和鼓励中小学教师愿意做班主任，努力做好班主任工作”

① 新华网，http://www.xinhuanet.com/politics/2018-01/31/c_1122349513.htm.

② 努力造就党和人民满意的高素质专业化创新型教师队伍——教育部负责人解读新时代教师队伍建设改革意见［EB/OL］. http://www.xinhuanet.com/2018-01/31/c_1122349655.htm.

续表

发布年份	发布部门	政策名称	激励表述
2008	国务院办公厅	《关于义务教育学校实施绩效工资的指导意见》	"充分发挥绩效工资的激励导向作用……根据考核结果，在分配中坚持多劳多得，优绩优酬，重点向一线教师、骨干教师和做出突出成绩的其他工作人员倾斜"
2011	教育部	《关于大力推进教师教育课程改革的意见》	为了保障教师教育课程的标准实施，其中第八条提到"建设高水平师资队伍。采取有效措施，吸引和激励高水平教师承担教育类课程教学任务……聘任中小学和幼儿园名师为兼职教师，占教育类课程教学教师人数不少于20%。形成高校与中小学教师共同指导师范生的机制，实行双导师制"
2013和2016	教育部	《关于深化中小学教师培训模式改革全面提升培训质量的指导意见》和《关于大力推行中小学教师培训学分管理的指导意见》	"将培训学分作为教师资格定期注册、教师考核和职务（职称）聘任的必备条件，激发教师参训积极性。"为了"进一步激发教师参训动力，促进教师终身学习，不断提升教师能力素质"，出台了关于教师培训学分管理的指导意见
2013	教育部	《关于建立健全中小学师德建设长效机制的意见》	就中小学教师师德建设提出了意见，其中第四条提出"突出师德激励，促进形成重德养德良好风气。将师德表彰奖励纳入教师和教育工作者奖励范围"
2014	教育部、财政部、人力资源和社会保障部联合发布	《关于推进县（区）域内义务教育学校校长教师交流轮岗的意见》	为了"率先实现县域内义务教育均衡发展的要求"，提出了关于校长教师交流轮岗的意见，在第四点专门提出了要"建立健全教师校长交流轮岗的激励保障机制"，通过职称、评优、提干、福利待遇等方式进行激励
2015	人力资源和社会保障部与教育部联合下发	《关于深化中小学教师职称制度改革的指导意见》	"深化中小学教师职称制度改革，对于加强教师队伍建设，激励广大教师教书育人，吸引和稳定优秀人才长期从教、终身从教，具有重大意义"
2015	国务院办公厅	《关于印发乡村教师支持计划（2015—2020年）的通知》	坚持"改革机制，激发活力"的原则，"拓宽乡村教师来源，鼓励有志青年投身乡村教育事业，畅通高校毕业生、城镇教师到乡村学校任教的通道，逐步形成'越往基层、越是艰苦，地位待遇越高'的激励机制，以及充满活力的乡村教师使用机制"

续表

发布年份	发布部门	政策名称	激励表述
2016	教育部办公厅	《关于进一步规范中小学生学籍管理相关问题处理的通知》和《中小学生学籍管理相关问题处理办法》	提出了要“加强学籍管理员队伍建设”，“充分调动学籍管理员工作积极性，科学核定工作量，在职称评定、绩效考核等方面考虑相关因素后适当予以倾斜”
2016	教育部	《关于加强师范生教育实践的意见》	第八条意见提出要“建立健全指导教师激励机制”，“地方教育行政部门和中小学要将指导师范生教育实践纳入教师业绩考核范围，作为中小学教师评奖评优和职务（职称）晋升的重要依据，作为中小学教师评选特级教师和学科带头人的重要条件”

受篇幅所限，表 1–1 未将教师激励政策穷举，但仍然可以看出，教师激励政策中不仅有像绩效工资和职称制度改革这样不可避免地会涉及“激励”这一主题的政策，而且在中小学教师工作的其他领域同样涉及这类激励问题，例如班主任工作、教师培训、教师交流轮岗、学籍管理、教师教育课程建设、师范生教育实践等。

我们将相关的系列政策归纳为一个政策集合，简称政策集。从政策集的角度来看待各项教师政策时，就需要探讨两项或多项政策之间的关系，尤其是政策间的协调问题。

1.2　教师激励政策的激励方式

教师激励政策的激励方式在不同教师工作领域体现出了差异性和共同性。从差异性的角度看，不同领域的教师激励政策采取了不同的激励方式。如绩效工资政策主要是以奖励性工资报酬作为激励手段；职称制度改革是以职称等级的逐级提升为激励方式；教师培训政策主要是以培训学时学分化认定并与学历教育衔接的方式来进行激励，可以说采取了学历文凭作为激励手段；教师交流政策则从编制核定、岗位设置、职务（职称）晋升、聘用管理、业绩考核、培养培训、评优表彰等方面进行激励；班主任政策是以工作量、班主任津贴、表彰和提干等方式进行激励。教师激励政策的激励方式与途径如

表 1–2 所示。

表 1–2　教师激励政策的激励方式与途径

政策名称	激励方式与途径
《关于义务教育学校实施绩效工资的指导意见》	“多劳多得，优绩优酬”，以工资报酬作为激励手段
《关于深化中小学教师职称制度改革的指导意见》	在五级统一职称体系下，采取职称逐级提升作为激励方式
《关于进一步加强中小学班主任工作的意见》《中小学班主任工作规定》	待遇、奖励。“班主任工作量按当地教师标准课时工作量的一半计入教师基本工作量。”“在绩效工资分配中要向班主任倾斜。对于班主任承担超课时工作量的，以超课时补贴发放班主任津贴。”“对长期从事班主任工作或在班主任岗位上做出突出贡献的教师定期予以表彰奖励。”“选拔学校管理干部应优先考虑长期从事班主任工作的优秀班主任。”
《关于大力推进教师教育课程改革的意见》	为了保障教师教育课程的标准实施，其中第八条提到“建设高水平师资队伍。采取有效措施，吸引和激励高水平教师承担教育类课程教学任务。……聘任中小学和幼儿园名师为兼职教师，占教育类课程教学教师人数不少于 20%。形成高校与中小学教师共同指导师范生的机制，实行双导师制”
《关于深化中小学教师培训模式改革全面提升培训质量的指导意见》	“省级教育行政部门要探索建立教师自主选学机制，建设‘菜单式、自主性、开放式’的选学服务平台”； “建立教师培训学分银行，实现教师非学历培训与学历教育学分互认”； “将培训学分作为教师资格定期注册、教师考核和职务（职称）聘任的必备条件”
《关于大力推行中小学教师培训学分管理的指导意见》 教育部教师工作司负责人就《关于大力推行中小学教师培训学分管理的指导意见》答记者问	“明确学分总量，提出国家、省、市、县、校等不同级别培训以及教师自主研修的学分比例要求”； “制订培训学时与培训学分转换办法，应体现培训级别和学员学习成效差异，培训级别越高，学时的学分值越高，学员学习成效越好，同一培训学时的学分值越高。”“差异性认定培训学分的制度，体现了培训学分的‘含金量’，将极大地调动教师参训的积极性”； “支持高等学校和教师培训机构通过课程衔接、学分互认等方式，建立非学历培训与学历教育的衔接机制”； “严格落实教师培训学分作为教师资格定期注册必备条件，每个注册有效期内，教师需完成省级教育行政部门规定的培训学分，方能注册合格。将教师培训学分作为教师职称评聘、绩效考核、评优评先的必备条件”
《关于建立健全中小学师德建设长效机制的意见》	就中小学教师师德建设提出了意见，其中第四条提出“突出师德激励，促进形成重德养德良好风气。将师德表彰奖励纳入教师和教育工作者奖励范围”

续表

政策名称	激励方式与途径
《关于推进县（区）域内义务教育学校校长教师交流轮岗的意见》	“各地要在编制核定、岗位设置、职务（职称）晋升、聘用管理、业绩考核、培养培训、评优表彰等方面制定优惠政策，保障工作顺利开展”： 在岗位设置中，“积极探索在农村学校、薄弱学校设立一批中小学正高级教师岗位，逐步提高农村学校中级、高级教师岗位比例”； 在职务（职称）评聘中，“要将教师到农村学校、薄弱学校任教1年以上的工作经历作为申报评审高级教师职务（职称）和特级教师的必备条件。在乡村学校任教3年以上（含城镇学校交流、支教教师）、经考核表现突出并符合具体评价标准条件的教师，同等条件下优先评聘。教师交流到新的学校后，按原有的教师职务及岗位细分等级聘用。优先任（聘）用具有农村学校或薄弱学校管理岗位任职经历的人员担任校长”； 在薪酬福利、评优表彰等工作中，“在绩效工资分配中予以倾斜，优先使用教师周转房。要加强对交流轮岗校长教师的针对性培训，培训工作纳入各级校长教师培训计划和项目，并予以优先安排。对参加交流轮岗并做出突出贡献的校长教师，要在各级评优表彰工作中予以倾斜，按照国家有关规定予以表彰奖励”
《关于印发乡村教师支持计划（2015—2020年）的通知》	提高乡村教师生活待遇； 统一城乡教职工编制； 职称（职务）评聘向乡村学校倾斜； 县域内重点推动县城学校教师到乡村学校交流轮岗，乡镇范围内重点推动中心学校教师到村小学、教学点交流轮岗
《关于进一步规范中小学生学籍管理相关问题处理的通知》和《中小学生学籍管理相关问题处理办法》	提出了要“加强学籍管理员队伍建设”，“充分调动学籍管理员工作积极性，科学核定工作量，在职称评定、绩效考核等方面考虑相关因素后适当予以倾斜”
《关于加强师范生教育实践的意见》	第八条意见提出要“建立健全指导教师激励机制”，“地方教育行政部门和中小学要将指导师范生教育实践纳入教师业绩考核范围，作为中小学教师评奖评优和职务（职称）晋升的重要依据，作为中小学教师评选特级教师和学科带头人的重要条件”

通过对一系列教师激励政策的梳理可以发现，从共性的角度看，教师激励政策中提到的主要是外部激励，激励的方式主要是各种形式的待遇，如工资、职称、编制、周转房、各种补贴、表彰奖励、学校管理干部、与学历教育学分互认、差异性认定培训学分、非学历培训与学历教育衔接等；显然，在教师激励政策中，缺乏针对教师工作的内在激励，如学生的教育教学效果、教师之间和与学校管理者之间的和谐关系、校园文化与工作氛围等。考虑到我国中小学管理中全能型行政深度介入学校内部管理的现实，这种在政策设

计时仅仅考虑外部激励而忽视内部激励的做法会带来一系列的后果：教师工作中的外部动机被更多地调动起来，从而忽视和挤占教师工作的内部动机。

此外，从特定的教师激励政策看，为了确保特定政策目标的实现，政策措施的设计中除了激励措施，还采用了很多规定、要求、必备条件等作为教师行为的约束条件。例如：将培训学分作为教师资格定期注册、教师考核、职称（职务）聘任的必备条件；在教师交流轮岗政策中，明确提出“将教师到乡村学校、薄弱学校任教 1 年以上的经历作为申报评审高级教师职称和特级教师的必要条件”。

1.3 教师激励政策的激励效果

我们通过对教师激励政策的梳理，发现了一系列问题并引发思考。首先，为何在相当广泛的工作领域，都需要制定针对教师的激励政策？针对教师的激励政策反映了一线教师处于怎样的工作状态？中小学教师在诸多工作中是否都处于缺乏积极性的状态，从而需要不断调动其工作积极性，尤其是通过不断出台新的政策文件对其进行激励？其次，教师激励政策的各种激励措施是否有效？是否达到了一开始的政策目的？激励的实际效果如何，是否解决了教师的工作积极性问题？或者在多大程度上缓解了教师工作积极性不足的问题？再次，针对教师的诸多政策，在激励教师工作积极性的问题上，是否形成了政策合力？政策之间的相互作用是怎样的？最后，未来的教师激励政策的制定和顶层设计可以从现有的教育政策效果评估中获得哪些有益的启示，尤其是在具体政策制定过程中如何从服务于政策合力的角度设计政策措施，从而提供更为有效的激励改进办法？

带着上述问题，我们梳理了现有教师激励政策的研究文献。在中国知网以“中小学教师激励”为主题词的文献共 173 篇，以“中小学教师激励政策”为主题词的文献共 28 篇，部分见表 1–3。

表 1–3 中小学教师激励政策的相关研究

主题	作者及年份	研究对象	激励效果
绩效工资政策	范先佐、付卫东（2011）	中部 4 个省 32 个县中小学教师	分别有 20.4% 和 40.7% 的教师认为绩效工资改革“显著提高了”和“提高了”教师工作积极性
	宁本涛（2015）	上海市 P 区义务教育教师	教师们认可度普遍不高，工作积极性及行为转变不大，甚至出现了激励负效应

续表

主题	作者及年份	研究对象	激励效果
绩效工资政策	王贺（2015）	未说明	选择“提高很多”和“提高一些”的教师分别占 4.2% 和 27.5%，选择“与以前一样”的教师占 56.0%
	安雪慧（2015）	全国 16 个省、40 个市中小学教师 9183 人	虽然大多数教师认为绩效工资政策在改进教师教学行为方面有一定的促进作用，但是绩效工资政策激励效应并不是很显著
	谢静（2016）	河北、湖南和江西三省	选择“极不满意”“不满意”和“不好说”的分别占 21.9%、37.3% 和 23%
	伍小兵（2016）	宜宾市两所普通高中教师	绩效工资政策并未实现激励初衷，未调动教师工作的积极性
	叶怀凡（2016）、严凌燕（2017）、胡耀宗和严凌燕（2017）	沪皖豫三省 1000 名校长和教师	绩效工资政策存在执行偏差
班主任政策	朱琳（2011）	《教师法》和《中小学班主任工作规定》	激励措施并未在实践中得到有效执行
	薛二勇、李廷洲（2017）	班主任政策	由于编制总量限制，“一半工作量”的班主任政策难以执行，班主任津贴调整至新教师工资的 30% 需要另寻财政来源
教师交流政策	李梦琢（2017）	L 省 M 市 Z 县义务教育学校教师 213 人	政策执行存在“下不去”“教不好”“管不了”的问题，导致教师交流意愿下降
教师培训政策	李英花（2016）	延吉市 4 所小学和初中教师	有 57% 的教师对培训给出了非积极的评价
	薛海平、陈向明（2012）	2010 年全国 9 省市 9026 名教师和 298 名培训者	教师培训质量不容乐观，较少关注培训给学员行为改进带来的长远影响
	教育部教师工作司负责人就《关于大力推行中小学教师培训学分管理的指导意见》答记者问（2016）	教师培训学分管理	“当前不少地区存在的学时与学分简单换算，未体现培训层级和学习成效差异，不能对教师参训学习形成激励”； “当前（存在）培训学分管理执行不到位、结果未有效运用、未能发挥激励功能等现象”

对上述研究进行梳理后发现，现有的研究主要是针对单项特定政策的激励效果进行的，缺乏从政策合力角度进行的研究。虽然有一些研究发现了明显的激励效果，但总体看各项教师激励政策的激励效果似乎并不尽如人意。有些教师激励政策如绩效工资政策、班主任政策、教师交流政策是由于政策

执行问题导致了激励效果不理想。此外，对于一些教师政策，已有研究并未关注其激励效果，如教师教育课程建设、师德建设、学生学籍管理以及师范生教育实践等。

从全国教育科学规划立项课题来看（见表 1–4），主要是围绕特定政策的研究，缺乏多项政策合力角度的研究。近 10 年来针对教师激励政策的立项课题分布在不同时期，针对绩效工资政策的立项课题主要是在 2010 年和 2011 年，这与该项政策自 2009 年开始生效有关；而针对教师交流政策和教师培训政策的立项课题主要是在 2014 年之后，这与相应政策的颁布时间相对应。最近的立项课题主要从纵向激励机制和保障机制以及乡村教师政策的角度进行研究。此外，有一些教师政策没有相关课题立项，如班主任政策、职称制度政策等。

表 1–4　近 10 年来教师激励政策相关的全国教育科学规划立项课题

年份	类型	题目	主持人
2009	教育部重点	区域义务教育政策执行行为和政策效果研究	张兰春
2010	国家一般	义务教育学校绩效工资政策实施情况评估分析研究	安雪慧
2011	国家青年	绩效工资背景下教师有效激励研究	周彬
2014	教育部重点	城乡统筹背景下教师均衡流动的补偿性政策研究	沈小碚
	国家青年	县域内教师交流的激励相容与约束均衡机制研究	张源源
	国家一般	任务·成果取向的中小学骨干教师培训研究	吴振利
2015	教育部重点	县域城乡教师交流制度下乡村教师质量监控与问责机制研究	于海英
	国家一般	“互联网 +”背景下个性化教师培训研究	杜志强
	国家青年	基于实践性知识的获得：教师培训的转型研究	沈佳乐
2016	国家一般	“互联网 +”教师培训供给侧改革的实验研究	冯晓英
2017	国家青年	西部乡村教师激励机制优化与政策供给的实证研究	周兆海
	教育部重点	乡村教师激励制度研究	高慧斌
	教育部重点	教育均衡背景下教师流动“县管校聘”长效机制完善研究	施飞
2018	国家一般	新时代乡村教师队伍建设政策创新研究	蒋园园
	国家一般	我国乡村教师政策的社会支持与评价体系研究	蒋亦华
	国家一般	教育均衡理念下农村卓越教师精准培育的区域策略研究	王建平

续表

年份	类型	题目	主持人
2018	国家一般	新时代乡村体育教师共同体构建的实现路径及政策协同研究	岑艺璇
	西部项目	六盘山连片特困区乡村教师支持政策精准落地研究	谢延龙
	西部项目	民族地区乡村教师资源配置的政策支持与实施效应研究	梁梅
2019	国家一般	农村中小学临聘教师管理机制研究	孙来勤
	国家一般	县域义务教育学校教师校际交流补偿机制研究	黄斌
	国家一般	新时代卓越乡村教师培养的价值取向及实现机制研究	戴水姣
	国家青年	我国农村教师补充政策评价及优化研究	李静美

通过上述梳理我们发现：

①现有的教师激励政策效果评估多是针对某项特定政策而进行的，侧重于对特定政策及激励机制的研究，而少有对多项政策间交互作用和政策合力的研究；

②现有教师激励政策研究很少对激励主题的系列政策进行较为综合、全面的评估；

③仍有几项教师激励政策缺少相应的效果评估研究；

④现有关于激励政策对教师影响的研究，在教师积极性的测量上往往比较单一、简化，缺乏对教师积极性的细化、多元化、丰富化的处理。

本研究试图对以上问题有所回应，从而为未来教育政策的制定和实施提供参考意见和建议。

第2章

教师激励政策的理论基础与相关研究

2.1 核心概念界定及综述

2.1.1 教师工作积极性

积极性是指“一个人进取向上、努力工作的思想和表现”①。进一步，将其扩展为工作积极性的定义。在学术界，学者主要从社会心理学和管理学等视角对工作积极性进行研究。

在社会心理学中，工作积极性指“人们在具体的工作环境中所具有的主动性的高低，在行为上的一种动力表现”。②在积极心理学中，工作积极性指“一种持久、稳定的心理状态”，其出现是和“职业倦怠”相伴的。在最开始时，工作积极性由 Kahn（1990）用“工作投入”来进行表示；③Maslach 等（1997）则根据三个“职业倦怠”维度对工作积极性进行定义，认为其包括精力旺盛、卷入程度和效能等方面的内容。④Schaufeli 等（2001）则认为，工作积极性和职业倦怠有所区别，以活力和奉献两个维度来定义工作积极性。⑤在进行多次深度访谈后，Schaufeli 等发现专注也是工作积极性的重要组成部分，把工作积极性进一步定义为一种乐观、充实、与工作相关的心态，包含

---

① 现代汉语词典（第2版）[M]. 北京：商务印书馆，1983：518.

② 伍小兵. 绩效工资政策之激励初衷与现实困境研究 [D]. 西南大学，2016.

③ Kahn W A. Psychological conditions of personal engagement and disengagement at work [J]. Academy of Management Journal，1990，33（4）：692–724.

④ Maslach C，Leiter MP. The truth about burnout：How organizations cause personal stress and what to do about it [M]. San Francisco：Jossey–Bass，1997.

⑤ Schaufeli W B，Bakker A B. Work and well-being：Towards a positive occupational health psychology [J]. Gedragen Organizatie，2001，14（5）：229–253.

活力、奉献和专注。[①]但以上研究重点关注的是个体情感认知状态，而忽视了个体的行为特征。工作行为是个人最直接的外在表现，对于教师自我提升和学校水平提高都是较为重要的，所以工作积极性包含个体的行为表现是很有必要的。

对于个体工作积极性，研究者从管理学视角加入了行为积极性维度。比如 Kahn 从行为、情感和认知等方面来定义工作积极性，认为人们在工作过程中积极展现自我，是工作积极性高的体现。[②]Macey 等（2008）进一步丰富了个体行为积极性的内涵，建立了一个包含人格积极性、态度积极性与行为积极性三个维度的概念框架，其中行为积极性包含组织公民行为、主动行为、角色扩张和适应行为等。[③]但以上学者的定义仅从个人的角度出发，仍缺乏组织视角的讨论。而无论是企业员工还是在校教师，他们对组织的情感和行为尚有较大的讨论空间。Saks（2006）提出在个体工作积极性的基础上，加入组织工作积极性，并重点关注了个人对组织的情感态度。[④]Runhaar 等（2013）从个人的利他行为和奉献组织的工作行为视角出发，进一步补充了个人对组织的行为表现，丰富了工作积极性的内涵。[⑤]其通过归纳和总结学者的研究，发现工作积极性既包含情感态度也包含行为表现；既有个人层面的内容，也有组织层面的内容，需要综合考虑其意义和内涵。从现实来看，个体的组织态度与行为在中国的集体主义文化以及学校的合作语境下尤其重要，中国的组织可能更加注重集体行动，教师的工作内容可能更加需要组织积极性，因此组织态度、公民行为也被纳入考察范围。

综上，工作积极性是一个多维度的综合性概念，包含个体积极性和组织积极性，每个维度都包括情感态度和行为表现两方面内容，故本研究对工作

---

① Schaufeli W B，Salanova M，González–Romá V，et al. The measurement of engagement and burnout：A two sample confirmatory factor analytic approach［J］. Journal of Happiness Studies，2002，3（1）：71–92.

② Kahn W A. Psychological conditions of personal engagement and disengagement at work［J］. Academy of Management Journal，1990，33（4）：692–724.

③ Macey W H，Schneider B. The meaning of employee engagement［J］. Industrial and organizational Psychology，2008，1（1）：3–30.

④ Saks A M. Antecedents and consequences of employee engagement［J］. Journal of Managerial Psychology，2006，21（7）：600–619.

⑤ Runhaar P，Konermann J，Sanders K. Teachers' organizational citizenship behaviour：Considering the roles of their work engagement，autonomy and leader–member exchange［J］. Teaching and Teacher Education，2013（30）：99–108.

积极性的定义为“个体对工作和所在组织表现出来的积极情感和积极行为，其中，积极情感包括活力、奉献和专注，积极行为包括乐于助人、甘于为组织奉献自己的力量”。具体地，应用到教师这个群体，教师工作积极性指“教师在工作过程中，对工作和所在学校表现出来的积极情感和积极行为”。

2.1.2 绩效工资

从管理学的角度看，“绩效”是“组织期望的结果，是组织为实现其目标而展现在不同层面上的有效输出”，包括个人绩效和组织绩效两个方面。[①]“绩效工资”指“事业单位根据绩效而发放的工资”，是基于工作表现或工作效果的货币报酬。[②]从2009年开始，我国对义务教育学校正式工作人员实施绩效工资制度，包括基础性和奖励性两部分，前者占比70%，后者占比30%。[③]本研究的研究对象是我国公立小学和初中阶段的在职教师，故主要讨论的是义务教育阶段教师绩效工资。

2.1.3 职称评聘

职称指“职务的名称”，反映某一职位上应当对应进行的工作任务。[④]在学术界，对于职称和岗位关系的争论一直存在，有些学者认为职称只是一个技术称号，独立于岗位，主要反映的是个人的技术水平、能力和成就；而另一部分学者认为职称和岗位挂钩，也能体现一个人的技术能力、等级和成就。本研究根据我国教师职称制度改革情况，认为职称具有学衔和岗位双重属性。

在本研究中，教师的职称评聘制度指“在教育行业内部对教师进行的人才评价制度，从师德素养、工作业绩、教育教学方法、实践经历等方面对中小学教师专业技术水平进行评价，并确定其对应的职称（职务）”。2015年，教师职称制度改革之后，我国中小学教师职称等级依次为三级教师、二级教师、一级教师、高级教师和正高级教师，并与事业单位专业技术岗位等级相

---

① 刘倬．人力资源管理［M］．沈阳：辽宁大学出版社，2018：116.

② 朱瑜．绩效与薪酬管理实务［M］．北京：中国纺织出版社，2005：308.

③ 国务院办公厅转发人力资源和社会保障部 财政部 教育部《关于义务教育学校实施绩效工资指导意见的通知》［EB/OL］．（2008-12-23）［2021-06-03］．https://china.findlaw.cn/fagui/p_1/353033.html.

④ 现代汉语词典［M］．北京：商务印书馆，2005：961.

对应；职务和岗位是相挂钩的。[①]

2.1.4　教师培训

2.1.4.1　教师培训政策执行与收获的现状及影响因素

从宏观上看，目前我国中小学教师培训政策取得了较好的效果，得到了广泛的认可[②]。丁钢等（2011）对全国 9 个省市 11190 位教师的研究发现，“培训效果得到了大多数一线教师的认可”[③]。李英花（2016）通过对延吉市 4 所小学和初中教师进行研究发现，“教师的培训态度及行为处于比较好的状态，70%的教师给出了积极的评价”。[④]

在人口特征变量的影响上，教师培训的收获和执行会受到性别、职称、编制、学段、学校区域等不同因素的影响。具体来说，李新翠（2019）发现，不同职称教师在培训满意度、收获与应用上存在显著差异，普遍来说，职称越高，满意度越低[⑤]。安雪慧等（2008）提出有编制的教师普遍比编外的教师的专业素养及能力强，因而编制外的教师有更大的培训需求[⑥]。在不同的学段上，高中教师获得的培训机会比中小学教师在数量和质量上都要好。城乡差别方面情况稍好，但是城市学校的教师获得国家级培训的机会仍然显著高于乡镇、农村学校的教师[⑦]。

2.1.4.2　教师培训中的问题

尽管教师培训政策执行和收获的现状良好，培训体系也日臻成熟，但培训中的问题依然不可忽视。

为了让教师培训政策能真正地发挥激励作用，需要对培训中的问题予以重视。目前来说，培训中主要的问题是线上培训管理不规范；教育部相关负责人也表示，“国培”的学分管理中出现学分换算过于简单而忽视培训成效的问题以及管理执行不到位的问题。这些问题直接影响了对教师工作的

---

① 教育部. 关于深化中小学教师职称制度改革的指导意见［EB/OL］.（2015-08-28）［2021-06-03］. http://www.moe.gov.cn/jyb_xxgk/moe_1777/moe_1779/201509/t20150902_205165.html.

② 邓甜 . 基础教育新课程改革视角下的中小学教师培训政策研究［D］. 广西师范大学，2019.

③⑦ “全国中小学教师专业发展状况调查”项目组，丁钢，陈莲俊，孙玫璐. 中国中小学教师专业发展状况调查与政策分析报告［J］. 教育研究，2011，32（3）：3-12.

④ 李英花 . 下位视角下中小学校教师培训的激励政策研究［D］. 延边大学，2016.

⑤ 李新翠 . 县级教师培训专业化急需加强——基于近万名教师的实证分析［J］. 当代教育科学，2019（9）：83-87.

⑥ 安雪慧，颉俊祥 . 西部农村代课教师发展现状调查［J］. 教师教育研究，2008（1）：63-68.

激励[①]。

在具体的培训执行中，教师们仍然会遇到由于培训模式落后或者低效，而影响培训收获的问题。尽管马效义（2012）认为，我国当前的教师培训模式不断推陈出新，由单一走向多元。在国内研究中可以看到很多的探索，诸如“专业引领—自主研修—实践跟进—交流提升”[②]课题研究模式、“草根”研修模式、“1+5”师德提升培训模式以及“集中学习、实践、反思”的创客型培训模式[③]。但培训模式的理论成果并没有得到应用和推广，在实际执行过程中，依然会出现培训形式单一、“满堂灌”、“以理论灌输为主，而真正针对实际教学的培训却很少”的现象。

最后，在上级部门组织培训时，出现了培训内容缺少针对性和培训人员单一等问题，直接影响了培训效果。

在培训内容上，丁钢等（2011）发现关于师德、知识类与研究类的培训针对性不强，实效性也比较差[④]；在培训师资上，李泽宇（2007）指出目前的教师培训中，培训人员大多是高校中的研究人员，真正的一线教师少之又少，同时在选拔培训人员时整个程序比较松散[⑤]。

2.1.4.3 教师培训政策的激励研究

目前，国内关于培训政策的激励效果的研究主要集中在培训激励的现状、问题以及改进措施上。

朱亮辉（2016）提出在学分制的条件下可以在政策激励下将教师培训纳入年度考核、职称考核和借调考核，“这一系列的激励政策，一方面使教师们通过培训提高了自己的素质，另一方面也有力地推动了教师培训工作的持续开展”。[⑥]

就问题而言，有学者提出激励机制在中小学院校培训中存在的主要问题有缺乏必要的目标、物质激励措施，以及院校培训本身缺乏激励性。

---

① 佚名.教育部教师工作司负责人就《关于大力推行中小学教师培训学分管理的指导意见》答记者问［J］.基础教育参考，2017（3）：3–5.

② 李茜.天津市“265工程”农村骨干教师培训模式行动研究［J］.中小学教师培训，2015（4）：7–11.

③ 董同强，马秀峰.中小学创客型教师参与式培训模式的构建与应用［J］.现代教育技术，2018，28（3）：113–119.

④ “全国中小学教师专业发展状况调查”项目组，丁钢，陈莲俊，孙玫璐.中国中小学教师专业发展状况调查与政策分析报告［J］.教育研究，2011，32（3）：3–12.

⑤ 李泽宇.农村课程改革的困境与出路探析［J］.教育科学，2007（1）：29–31.

⑥ 朱亮辉.学分制背景下教师培训的激励机制探索［J］.教师，2016（7）：121–122.

于是，有一些研究提出了具体的解决方案。余应鸿等（2014）认为，“对中小学教师的培训激励，需提高职后培训实效，增加中小学教师培训收益估值；建立低效率惩罚机制，激发中小学教师的敏感心理；改革中小学教师培训成绩评定机制，规避培训中的不良现象”[①]。

由此可见，近年来，关于教师培训政策的激励作用的研究数量不多，但在持续增加，说明培训的激励作用逐渐引起了大家的关注。但就研究文献来说，占教师培训研究总话题的比例还比较低。截至 2022 年 4 月 24 日，在知网以“教师培训”为主题检索，有 5.06 万个符合要求的检索结果，而以“教师培训激励”为主题，只能搜索到 33 篇文献。这说明，目前相关领域的研究还比较少。

除此之外，大部分的研究重点主要是放在了检验培训政策现状及问题、效果、质量等方面，培训对教师积极性的实际激励作用，还没有成系统的衡量标准。因而，本研究作为实证研究，对于印证相关理论、阐明变量间的关系、推进相关研究的发展有重要的意义。

2.1.5　教学效能感

目前，关于教学效能感的研究，国外学者大多数聚焦在量表的编制、影响与作用上。最早的教师效能量表是由 Armor（1976）和 Berman（1977）编制的，他们根据 Rotter 的控制点理论，设计了两道有关教育和教学的题目作为测量量表。后来，Ashton 和 Webb 重新编制了具有一般和个人两个维度的“教学效能量表”；Gibson Dembo（1984）运用此量表进行了实证研究，验证了两个维度的存在。后来，Tschannen–Moran 和 Hoy（2001）以 Bandura 的理论为基础，重新调整了维度测量教学实践、课堂管理和学生参与三项工作的自我效能，也取得了良好的认可度与信效度。

教学效能感还可以作为自变量，对其他的变量产生影响，因此教学效能感的影响也是重要的研究方向，包括对教师的专业发展、工作积极性、价值观，学生的成绩，校园氛围等不同变量的影响（karadag et al.，2009）。

国内的研究维度与国外类似，多是国外研究成果的本土化探索，主要集中在以下几个方面。

第一，影响教学效能感的人口统计学特征以及内外因素。以往研究发现，

① 余应鸿，张翔，胡霞．基于前景理论的中小学教师职后培训激励研究［J］．现代中小学教育，2014（2）：99–102.

教龄（俞国良，1995）、学校层次、区域（程凤春和姚松，2011）、职称、性别（冯丽娜，2016）、学历（辛涛，1994）、是否担任班主任（郭学东，2011）等因素对教师的教学效能感会产生显著影响。

第二，教学效能感的影响路径。这类研究是目前新兴且热门的研究，在以往单一的影响上，更进了一步，试图说明多个变量之间的关系，教学效能感常常充当中介变量（侯小兵、张继华，2019；唐旭琳、夏云颖、甘怡群，2013；黄海玲，2021）。

第三，教学效能感量表的本土化发展。在国内，教学效能感量表的本土化一直是研究的重要方向，随着时间的推移，针对不同学科（体育、英语、心理、信息化等）、不同学段（小学、高等院校、高中等）、不同群体（农村、淮北、西部等）的量表开始本土化的探索与突破（马勇占，2005；李运福、赵婉，2020；李夏妍，2010；吕智敏，2017），量表的种类越发丰富，研究过程也更加严谨。

第四，针对不同教师群体的教学效能感特征研究。随着教学效能感本土化量表得到普遍认同，国内有关教师的教学效能感研究也越发深入和细致化，针对不同的学科、学段以及地区，与师范、非师范等不同的教师教学效能感的特征进行了描绘，教师教学效能感由群像逐步有了个性化的面貌（付伟等，2012；李晓巍等，2019；徐彩华等，2016）。

第五，提高教学效能感的策略研究。目前，国内针对教师教学效能感的提高，内因上主要有个人层面的正确归因、持续专业发展；外因上，有提供充足的外界的支持、良好的学校氛围等（张永胜，2019；唐艳君，2020）。

总的来说，国内外关于教学效能感的研究已经日臻成熟。尽管国内关于教学效能感的研究起步较晚，但从研究成果上看，依然可圈可点，研究的范围逐渐扩大，程度也持续加深。

2.2 相关理论

2.2.1 政策执行

本研究主要关注的绩效工资政策和职称评聘政策对全体教师均是有影响的，属于教育领域的公共政策。一般地，关于公共政策的研究主要包括政策的制定、执行、评估、终结和监督等方面。[①] 其中，政策的执行和评估是被重点关注的领域。基于本研究的实际情况，由于政策的评估需要考虑多维度，需要信息齐备，故本研究主要从政策执行视角来展开相关的理论研究。

有关政策执行的研究兴起于 20 世纪 70 年代，经历了三个阶段："自上而下""自下而上"和"整合"。[②] 首先，以普雷斯曼和韦达夫斯基（1984）为代表，开拓了政策执行研究领域，并将政策执行定义为"在目标确立与适应于完成这些目标行动之间的一种相互作用过程"。[③] "自上而下"模式强调因果关系，具有明显的层级性和线性；偏重政策执行的措施和个案研究，但难以得到普适的结论；过多关注执行上位者的目的，忽视了基层执行者的主观能动性。

其次，以萨巴蒂尔、米特和霍恩等为代表提出"自下而上"的政策执行理念。由于"自上而下"模式存在执行者和政策制定者目标不匹配等问题，政策执行者对政策的认识和反应也不可忽视，因此萨巴蒂尔等（1980）提出，政策的落实需要政策执行机构来具体实现，政策的制定者需要积极关注，理解执行者的处境，并提供对应的帮助。[④] 米特和霍恩发现，政策执行者对政策的理解、态度和反应对政策目标的实现至关重要，政策的制定者需要做出一定的"妥协"。[⑤] 杰恩和哈尔对"自上而下"理论提出疑问，认为政策执行应该从当地的实际情况出发，当地实施者应该有更多的自主权。[⑥]

最后，在前两个阶段政策执行研究的基础上，有学者提出了"整合"的执行模式，认为政策执行是一个综合性、动态的过程。[⑦] 第三阶段的研究主要是发展了"网络分析模式"和"政府间政策执行沟通形式"，认为每个政策的

---

① 段忠贤．自主创新政策的供给演进、绩效测量及优化路径研究［D］．浙江大学，2014.

② 贺东航，孔繁斌．公共政策执行的中国经验［J］．中国社会科学，2011（5）：61–79，220–221.

③ Pressman J L，Wildavsky A B. Implementation：How great expectations in Washington are dashed in Oakland［M］. California：University of California Press，1984.

④ Sabatier P，Mazmanian D. The implementation of public policy：A framework of analysis［J］. Policy Studies Journal，1980，8（4）：538–560.

⑤ Van Meter D S，Van Horn C E. The policy implementation process：A conceptual framework［J］. Administration & Society，1975，6（4）：445–488.

⑥ Hjern B，Hull C. Implementation research as empirical constitutionalism［J］. European Journal of Political Research，1982，10（2）：105–115.

⑦ Dorey P. The implementation of public policy. In Policy making in Britain：An introduction［M］. London：SAGE Publications Ltd，2005.

执行都是一个动态过程，重视不同层级人群之间的互动和合作。[①②]

在我国，对于政策执行的研究已有20余年，主要分为两个方面：一方面，我国学者学习西方学者的研究方法和模型对我国现有的政策执行进行研究；另一方面，基于我国的实际情况，探索富有中国特色的研究方法和构建相关的解释模型。

首先，基于国外的研究成果和方法，我国学者也从“自上而下”“自下而上”和“整合”的视角来解释我国现有的政策执行情况。谢来位（2010）基于“自上而下”视角来分析我国的惠农政策，发现由于环境的复杂性高、目标群体异质性大、执行机制不完善等，“自上而下”的执行模型效果欠佳。[③]杨帆等（2016）在“自下而上”的理论基础上，通过“个体因素”对基层社区工作者的政策执行进行研究，发现“个人能力”以及“个人对政策认同度”对政策执行的遵从度的影响是显著的，且是正向的；“同级给予的压力”对政策执行的遵从度的影响也是显著的，但为负向影响。[④]郑石明等（2015）基于马兹曼尼安等提出的政策执行综合模型，从问题难易程度、政策制度因素和非政策制度因素三个方面对排污费征收政策进行研究，并提出针对性建议。[⑤]以上学者均是在国外理论的基础上对我国政策执行进行研究。

其次，我国学者根据现有政策进行分析，根据我国实际执行情况，构建有中国特色的政策执行模式。具体的研究以规范性研究和个案研究为主，并以问题演绎和概念演绎为主，实证分析较少。当前的研究可以按照“自上而下”“自下而上”和“整合”研究进行分类。丁煌（2002）基于我国“上有政策，下有对策”的现状，提出“制度—行为”的分析框架。[⑥]陈佳等（2015）以W县为个案，运用“制度—行为”分析的方法，发现“自上而下”的考核方式和政策任务逐级下发的形式，对当地政府起激励作用；中央财政补贴对其未起到激励作用。[⑦]贺东航等（2011）依据中国社会特色提出，我国存在

① ［英］希尔，［荷］休普.执行公共政策［M］.黄健荣，等，译.北京：商务印书馆，2011.

② 宁骚主编.公共政策学［M］.北京：高等教育出版社，2003.

③ 谢来位.惠农政策“自上而下”执行的问题及对策研究［J］.经济体制改革，2010（2）：74-79.

④ 杨帆，王诗宗.基层政策执行中的规则遵从——基于H市5个街道的实证考察［J］.公共管理学报，2016，13（4）：53-64，154-155.

⑤ 郑石明，雷翔，易洪涛.排污费征收政策执行力影响因素的实证分析——基于政策执行综合模型视角［J］.公共行政评论，2015，8（1）：29-52，198-199.

⑥ 丁煌.我国现阶段政策执行阻滞及其防治对策的制度分析［J］.政治学研究，2002（1）：28-39.

⑦ 陈佳，高洁玉，赫郑飞.公共政策执行中的“激励”研究——以W县退耕还林为例［J］.中国行政管理，2015（6）：113-118.

“多属性”和“层级性”等问题，应采取“高位推动”“层级性治理”和“多属性治理”的策略，应对政策执行失真现状和“孤岛现象”。[①]

丁煌等（2004）发现，在政策执行的过程中，地方政府和中央政府经常采取的是非合作博弈模式，使得政策执行效果一般。[②]而“自下而上”的模式是一种互动博弈和谈判博弈，使得当地政府有积极性去认真执行相关的政策。姚华（2008）通过分析居委会直选政策来说明基层管理人员和居委会的互动博弈过程，并通过“民主化程序”解决了双方的矛盾。[③]龚虹波（2008）依据中国公共政策实际，从分权和主导的关系出发，提出“执行结构—政策执行—执行结果”的分析框架。[④]周雪光等（2011）通过谈判博弈视角，分析省环保厅和市环保局在环境政策执行过程中的行为。[⑤]丁煌等（2008）运用政策网络和博弈途径来构建“整合模型”，并用于分析房价宏观调控政策的执行。[⑥]以上研究是学者依据中国实际情况提出的政策执行模式和方法。

在教育政策的执行过程中，首先，教育政策经过法定程序得到批准后，通过官方渠道发布，比如通过国务院办公厅、教育部等部门发布。其次，省教育厅和市教育局等部门负责传达政策到县一级教育局。最后，由县级教育局和学校执行相关的政策。政策的执行是实现政策目标的唯一途径，是执行权威性公共政策的过程，也是政策过程的实践阶段。[⑦]在我国，公共政策具有层级性，往往是中央出台指导性文件，而地方根据实际情况对政策进行落实和执行，形成了中央统一性和地方“形态各异”的情形。[⑧]在政策执行的过程中，政策执行者主要是当地的政府官员和公务人员，在教育政策领域一般是当地教育行政官员；另外，还有“中间人”直接执行政策，比如义务教育阶段学校的校长和管理人员辅助政策执行，在此过程中发挥着非常重要的

---

① 贺东航，孔繁斌.公共政策执行的中国经验［J］.中国社会科学，2011（5）：61-79，220-221.

② 丁煌，定明捷.“上有政策、下有对策”——案例分析与博弈启示［J］.武汉大学学报（哲学社会科学版），2004（6）：804-809.

③ 姚华.权力关系重构与政策难题化解——以S市2003年居委会直选政策的执行过程为例［J］.上海大学学报（社会科学版），2008（3）：114-119.

④ 龚虹波.中国公共政策执行的理论模型述评［J］.教学与研究，2008（3）：92-96.

⑤ 周雪光，练宏.政府内部上下级部门间谈判的一个分析模型——以环境政策实施为例［J］.中国社会科学，2011（5）：80-96，221.

⑥ 丁煌，杨代福.政策网络、博弈与政策执行：以我国房价宏观调控政策为例［J］.学海，2008（6）：79-85.

⑦ 严凌燕.义务教育教师绩效工资政策执行偏差研究［D］.华东师范大学，2017.

⑧ 贺东航，孔繁斌.公共政策执行的中国经验［J］.中国社会科学，2011（5）：61-79，220-221.

作用。[①]

总而言之，本研究中“政策执行”是指一种动态的、综合性的义务教育政策执行，即在义务教育阶段相关政策实施的过程中，当地教育行政官员、公务人员、学校校长和管理人员等执行主体为了实现教育政策目标，按照政策内在要求，采取各种措施和方法，积极调动各类资源将政策方案明细化，根据当地实际情况制定符合实际的政策，并逐步将政策目标转化为现实的过程。具体地，指绩效工资政策和职称评聘政策被传达至县级教育局后，教育局下发通知到各个学校，由各个学校依据自身的实际情况制定相关绩效工资和职称评聘政策的落实方案。本书拟研究政策落实执行的结果对教师工作积极性的影响。

2.2.2 委托—代理理论

本书对绩效工资和职称评聘政策的执行进行研究，这两个政策分别由国务院办公厅和教育部等上级部门下发，省教育厅和市教育局接收后，再下发到县级教育局，最后通知到学校。基于这样层层“委托”和“代理”的关系，本研究拟用“委托—代理”理论解释这两个政策的执行过程。

委托—代理理论主要研究委托—代理关系中委托人与代理人的不同行为表现及其相应的制度安排；包含四个假设，分别是经济人假设、目标函数不一致假设、信息不对称假设、不确定性假设（见图 2–1）。

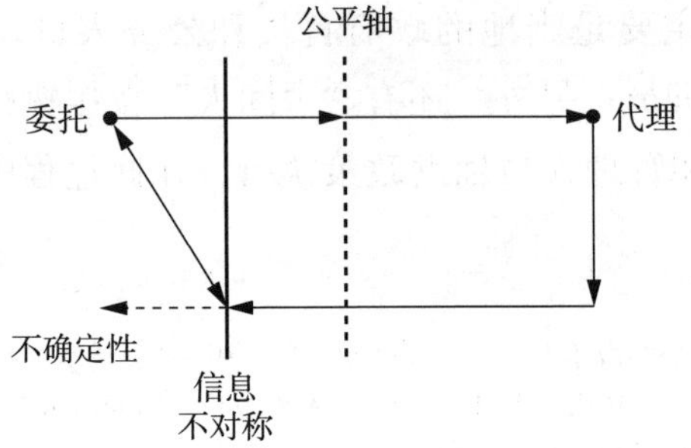

图 2–1 “委托—代理”理论假设

在图 2–1 中，代理人与委托人分别扮演理性经济人的角色，由于目标不同，目标函数存在差异，居于公平轴的两侧。一方面，由于存在信息不对称和不确定性，代理人可能会偏离委托人的目标函数；另一方面，由于委托人

① ［美］弗朗西斯. 教育政策学导论：第2版［M］. 许庆豫，译. 南京：江苏教育出版社，2007.

难以观察和监督代理人，可能会引发代理人损害委托人利益的现象。[①]

委托—代理关系存在道德风险和逆向选择等问题。道德风险是指从事经济活动的人最大限度地增进自身效用时做出不利于他人的行动。逆向选择是委托人不知道代理人的某些信息，以致不能预测其代理行为，使委托人无法全面了解代理人，从而签订可能有利于代理人的委托契约。委托—代理理论主要是通过实现委托人利益的最大化，同时让代理人利益实现最大化，使二者的行为目标最大限度地趋于一致，从而避免道德风险和逆向选择。[②]

我国的教育政策由“各级人民政府、教育主管部门、其他有关部门下发和监督，各级各类学校及其工作人员负责执行”，[③]因此，县域内绩效工资和职称评聘政策的执行主体是地方教育行政部门、学校等，委托方是地方教育行政部门，代理人是学校，故存在地方教育行政部门—学校这样的委托—代理关系。

首先，上级教育行政部门与地方教育行政部门间存在着委托—代理关系。上级教育行政部门要想实现教师政策目标，依赖地方教育行政部门、学校和教师对政策的具体执行。为了提高政策执行效率，中央政府将政策的具体执行权下放给地方政府，由地方政府负责政策的具体执行。

其次，县级教育行政部门与学校间存在着委托—代理关系。地方教育行政部门会将教师激励政策的具体执行权下放到学校，地方教育行政部门是中间委托人，学校是代理人。

最后，学校与教师之间存在着委托—代理关系。教师激励政策要想实现均衡区域内教育资源、促进教育公平的目标，需要教师参与进来。学校对绩效工资和职称评聘政策进行细化，并制定对应的规则和条例，激励教师们去努力达成自己的目标。在执行的过程中，教师是委托—代理关系的最后一环，对政策的执行有着直接体验，并可以反馈结果。故本研究通过设计相关问卷，随机下发到教师群体，获取他们的反馈，来检验政策执行的情况，并以此为研究的基础。

综上，在研究教师工作积极性方面，运用委托—代理理论进行分析和解释是有一定的可操作性的。

---

① 李正图 . 新制度经济学委托代理理论视野的拓展［J］. 经济理论与经济管理，2020（6）：21-38.

② 孙科技 . 基于委托代理理论的“双一流”政策执行优化路径探索［J］. 高教探索，2019（11）：9-15.

③ 袁振国主编 . 教育政策学［M］. 南京：江苏教育出版社，2001.

2.2.3 工作要求—资源理论

工作要求—资源理论（Job Demands–Resources Model，JD–R 模型）提供了关于员工工作倦怠以及工作积极性影响因素和机制的理论解释模型。该理论指出，每种职业都有影响工作者身心健康和工作状况的独特因素，这些因素可被归纳为工作要求和工作资源。

工作要求（job demands）指需要工作者持续不断地付出身体或心理努力的因素，主要包括工作负荷、角色冲突、情绪要求等；工作资源（job resources）指能为工作者提供支持和帮助的因素，如社会支持、工作报酬、绩效反馈等。[①] 工作要求与工作资源对员工心理健康具有直接影响和交互影响。就直接影响来看，工作要求过高或者持续时间过长会损耗员工的工作热情，甚至使其产生职业倦怠；工作资源具有激励作用，因为它们使员工感受到工作的意义，并向他们提供有关工作的正反馈。就交互作用来看，一方面，工作资源可以缓解工作要求导致的职业倦怠[②]；另一方面，在高工作要求的情形下，工作资源的激励作用则更加显著[③]，尤其是在高要求—高资源情形下。

最初工作要求—资源理论从工作特征角度为研究员工工作积极性的问题提供了适切的解释框架。随着研究的深入，该理论模型也在不断完善，如细分工作特征变量、引入个体特征变量、拓展组织内外变量。其中，工作特征变量中的工作要求被细分为阻碍性要求、挑战性要求、发展性要求等；个体特征变量包括个体资源（如自我效能感、基于组织的乐观和自尊等）、个体差异等；组织层面的变量包括组织公平感、组织气氛、组织文化等。[④]就教师群体而言，有学者专门探讨了教师集体效能和学校管理风格对教师工作积极性的影响。

---

① Bakker A B，Demerouti E. The job demands–resources model：State of the art［J］. Journal of Managerial Psychology，2007（22）：309–328.

② Bakker A B，Demerouti E，Schaufeli W B. The crossover of burnout and work engagement among working couples［J］. Human Relations，2005，58（5）：661–689.

③ Bakker A B，et al. Job resources boost work engagement，particularly when job demands are high［J］. Journal of Educational Psychology，2007，99（2）：274–284.

④ 齐亚静，伍新春. 工作要求—资源模型：理论和实证研究的拓展脉络［J］. 北京师范大学学报（社会科学版），2018（6）：28–36.

2.2.4　布朗芬—布伦纳社会生态系统理论

布朗芬—布伦纳将生态学的知识引入人类行为，强调人类所处社会环境的复杂性。该理论将个体所处的社会生态系统分为 5 个子系统：微系统、中系统、外系统、宏观系统和历时系统。其中，微系统指处在社会生态环境中的个人，个人既是生物的，又是社会的、心理的社会系统类型；中系统是指小规模的群体，比如家庭、单位等；宏观系统是囊括更大群体的一些社会系统，比如文化、制度、习俗、机构等。①这些系统相互作用，不断与个体发生着联系和互动，为研究人类的行为提供了动态互动的视角。但过多重视背景因素，忽略了人的主观能动性在自身发展中扮演的角色。

将该理论应用到教师工作积极性领域可以为研究提供新的理论视角。本研究选取该理论作为分析框架，主要有以下几方面考虑：第一，该理论将个体所嵌入的社会环境系统划分为中观系统和宏观系统。迁移到本研究中，在中观系统中纳入了教师所处学校这一环境中的学校管理风格以及班级环境中的师生互动，在宏观系统中纳入了教师职称评聘政策、培训政策、绩效工资政策等政策保障因素，以扩展对教师工作积极性相关背景环境的认识。第二，该理论深入探讨微观系统内部要素对个体发展的作用。应用到本研究中，深入探讨教师自我效能感这一具有主观能动性的变量对教师工作积极性的影响，在探讨背景性因素影响的基础上，层层递进，揭开影响教师工作积极性各类因素的“神秘面纱”。第三，该理论以不同系统间的互动为研究对象，借助该理论框架呈现教师工作积极性的影响机制，对于教师工作积极性的研究而言是一种理论突破，可借以弥补以往研究对教师工作积极性发展的内在机制探讨不足的缺陷；同时也为建立政策保障、学校管理机制的支持网络提供了策略和依据。

2.3　教师工作积极性研究现状

现有研究的研究对象覆盖了中小学、高职院校和普通高校教师，研究表明，整体上教师工作积极性不高，多种激励方式的效果不明显。

中小学教师整体的工作积极性不高。楚红丽（2017）通过研究发现，中

① 师海玲，范燕宁.社会生态系统理论阐释下的人类行为与社会环境——2004 年查尔斯・扎斯特罗关于人类行为与社会环境的新探讨［J］. 首都师范大学学报（社会科学版），2005（4）：94-97.

小学教师积极性不高，特别是对平时学校活动表现消极，大部分学校活动只能靠少部分的骨干教师来推进。[①]杨小丽等（2014）研究发现，在绩效工资政策背景下，中小学教师的工作积极性依旧很难得到提升，激励效果不明显。[②]梅玲（2009）研究认为，得益于多种激励措施，包括自我激励、绩效工资和团体奖励等措施的执行，美国中小学教师的积极性得到一定程度的提升。[③]高职院校和普通教师的积极性也有待提升。对于高校教师而言，其科研和学术激励是最受关注的。刘宇文等（2021）研究发现，由于"近亲繁殖"、功利化环境以及创新成果低效等，高校教师的积极性得不到较好的激励。[④]得益于交叉学科教师绩效评估体系，亚利桑那州立大学教师的积极性得到了很好的激励。[⑤]

基于教师工作积极性不高的现状，教育行政部门和学校都采取了多样的激励措施，包括补助、绩效工资、团体绩效、住房补贴及职称评聘、评奖评优、培训优先等。[⑥⑦]虽然方式多样，但激励教师积极性的效果并不明显。有很多学者探寻背后的原因，认为主要原因包括外在的对立与内在的对抗、城乡差距、奖励性绩效工资的效价低、考核方式方法形式化严重、高考奖励占绩效工资比例过高、绩效工资和职称相关而导致失效等[⑧⑨⑩⑪]。

通过分析上述研究，可以发现无论是国内还是国外，对教师的激励主要是依靠政策去提升教师的工作积极性，这也是大家目前达成的共识，因为教师依附于教育行政体系，需要采取更多的教育政策去改进现状。故本研究拟聚焦于相关教育政策视角，进一步研究如何提升我国教师的工作积极性。

---

①⑧ 楚红丽.外在的对立与内在的对抗：破解教师工作积极性问题［J］.教育学术月刊，2017（6）：88-95.

②⑨ 杨小丽，杜学元.义务教育学校教师绩效工资激励效果的影响因素及归因分析——基于四川省的调查［J］.基础教育，2014，11（4）：32-41.

③⑦ 梅玲.美国中小学教师激励措施及其对我国的启示［J］.外国中小学教育，2009（3）：6，63-65.

④ 刘宇文，范乐佳.高校教师学术生命的激励研究［J］.湖南师范大学教育科学学报，2021，20（6）：48-54.

⑤ 魏丽娜，张炜，林成华.激励学术创新：亚利桑那州立大学交叉学科教师绩效评估体系及其经验启示［J］.高教探索，2020（7）：54-60.

⑥ 黄斌，张琼文，云如先.货币性激励能提升中小学教师校际交流意愿吗？——基于7省市278所学校的调查数据［J］.华东师范大学学报（教育科学版），2019，37（6）：94-108.

⑩ 宁本涛.高中绩效工资制实施进展分析——基于东中西部13省高中的调查［J］.华东师范大学学报（教育科学版），2020，38（1）：73-84.

⑪ 王强.中美中小学教师薪酬激励制度比较研究［J］.教师教育研究，2017，29（5）：96-100.

对于不同层级教师，相关研究均有涉及。2022 年教育部发布的相关数据显示，我国专任教师达到 1844.37 万人，其中占比最大的义务教育阶段教师有 1057.19 万人，占比 57.32%，故本研究拟聚焦最大教师群体进行相关的研究。

总体来说，教师工作积极性现状堪忧，需要进一步去研究促进。本书研究的是中小学义务阶段教师的工作积极性，从教育政策视角出发，提出针对性的建议，进一步完善现有的激励政策，切实提高教师的工作积极性。

2.4　绩效工资对教师工作积极性影响研究

1908 年，美国就开始实施绩效工资制度。在 1920 年以后，美国公立学校开始试行绩效工资，但由于问题重重，中途停止了执行此项政策。在《国家处于危机之中》的指导下，从 20 世纪 80 年代开始，美国的学校重新实施绩效工资政策，旨在提升教师质量和改进学校效能。[①] 在美国，丹佛市采用教师职业津贴，而纽约市采用教师绩效工资，并以学生成绩为目标，增加教师间的竞争性，激发其工作积极性。[②] 从 2009 年开始，美国哥伦比亚学区启动教师绩效工资政策，通过“影响力”项目，提升中小学教师积极性，提高教师绩效，取得了显著的成效。[③] 在我国，1949—1984 年，教师工资制度由供给制转变为等级工资制；1985—2006 年，教师工资制度由结构工资制转变为职务级别工资制。2008 年，教育部提出“绩效工资政策旨在激励广大中小学教师工作积极性”。[④] 显然，绩效工资直接作用于教师工作积极性，让教师积极性得到充分调动是其目标。但绩效工资政策在执行过程中出现了很多的问题，激励效果有限。随后，《关于深化教育体制机制改革的意见》提出“完善中小学教师绩效工资制度，改进绩效考核办法”。[⑤]

政策的目标是提高教师工作积极性，而现有对绩效工资效果的研究是相

---

① 马文起.美国义务教育教师典型绩效工资方案及其政策审视［J］.当代世界，2009（12）：89-91.

② 姜蕴.基于学生成绩的美国中小学教师奖励性绩效工资考核制度研究——以丹佛市教师职业津贴（ProComp）和纽约市教师绩效工资（SPBP）为例［J］.外国教育研究，2017，44（6）：27-40.

③ 赵德成.美国哥伦比亚学区教师绩效工资制度的经验与启示［J］.比较教育研究，2021，43（5）：36-44.

④ 国务院办公厅转发人力资源和社会保障部　财政部　教育部《关于义务教育学校实施绩效工资指导意见的通知》［EB/OL］.（2008-12-23）［2021-06-03］. https://china.findlaw.cn/fagui/p_1/353033.html.

⑤ 中共中央办公厅，国务院办公厅.关于深化教育体制机制改革的意见［EB/OL］.（2016-09-24）［2021-06-03］. http://www.gov.cn/xinwen/2017-09/24/content_5227267.htm.

当多元化的，主要包括教师工资、学生成绩、教师绩效、工资满意度、教师工作积极性等视角。吴红斌等（2017）的研究结果表明，随着绩效工资政策的实施，教师工资水平得到了明显改善。[①]在学生成绩方面，薛海平等（2013）研究发现教师绩效工资对学生成绩有积极影响，教师集体绩效工资的作用更加明显。[②]其他国家相关研究发现，绩效工资政策的实施大大提升了以色列、印度和肯尼亚教师的积极性，同时也提高了学生的学业成绩；但美国的学生成绩并没有得到明显的提升。[③④⑤⑥]周兴平（2013）研究发现，所调查的2005名教师对绩效政策满意度为"基本满意"。[⑦]在教师工作积极性方面，学者研究了不同中小学教师样本绩效工资对其工作积极性的影响，并未得到统一结论。一部分学者认为绩效工资对教师的工作积极性有正向影响，另一部分学者认为绩效工资对教师的工作积极性没有显著影响，还有一部分学者认为绩效工资对教师的工作积极性有一定的负向影响。范先佐等（2011）对我国中部部分学校调查发现，绩效工资的实施调动了教师工作积极性。[⑧]蔡永红等（2019）认为目前我国绩效工资、教师津补贴对教师激励作用有限，可以学习英国设置专门的激励津贴，充分激励教师工作积极性。[⑨]赵宏斌等（2011）访谈了279所学校的校长，93%的校长认为绩效工作调动了教师的积极性。[⑩]而大部分研究显示绩效工资对教师工作积极性影响效果不佳。王聪（2017）通过对北京主要城区进行调研，发现中小学教师对绩效工资认知存在偏差，导

① 吴红斌，马莉萍.义务教育绩效工资改革对教师工资水平的影响——基于县级面板数据实证分析的研究［J］.教育研究，2017，38（3）：46–52，90.

② 薛海平，王蓉.教师绩效奖金对学生成绩影响研究［J］.中国教育学刊，2013（5）：34–38.

③ Lavy V. Evaluating the effect of teachers' group performance incentives on pupil achievement［J］. Journal of Political Economy，2002，110（6）：1286–1317.

④ Muralidharan K，Sundararaman V. Teacher performance pay：Experimental evidence from India［J］. Journal of Political Economy，2011，119（1）：39–77.

⑤ Lazear E P. Teacher incentives［J］. Swedish Economic Policy Review，2003，10（2）：179–214.

⑥ Figlio D N，Kenny L W. Individual teacher incentives and student performance［J］. Journal of Public Economics，2007，91（5–6）：901–914.

⑦ 周兴平.教师和学校差异如何影响教师绩效工资实施效果——基于阶层线性模型HLM的实证分析［J］.教育科学，2013，29（6）：71–76.

⑧ 范先佐，付卫东.义务教育教师绩效工资改革：背景、成效、问题与对策——基于对中部4省32县（市）的调查［J］.华中师范大学学报（人文社会科学版），2011，50（6）：128–137.

⑨ 蔡永红，李燕丽.英国中小学教师工资制度及其对我国的启示［J］.教育科学研究，2019（5）：72–77.

⑩ 赵宏斌，惠祥凤，傅乘波.我国义务教育教师绩效工资实施的现状研究——基于对25个省77个县279所学校的调查［J］.教育理论与实践，2011，31（28）：24–27.

致其认同感低，绩效工资对教师工作积极性激励效果不如预期。[①]秦玉友（2019）等对 12 省 23 县中小学教师进行调研，发现绩效工资对东部地区教师、城市教师、初中教师和高职称教师工作积极性的调动作用不明显。[②]杨小丽等（2014）通过对四川省 9 市 43 所学校 588 名教师和领导进行调查，发现由于存在奖励性绩效工资的效价低、考核方式方法形式化等问题，绩效工资的激励效果不佳。[③]严凌燕（2018）通过研究中部 A 省乡村教师，发现绩效工资政策对男性以及中年教师工作积极性的激励偏弱。[④]在部分研究中，绩效工资对教师工作积极性产生了负向影响。宁本涛（2015）通过对上海 P 区中小学教师进行访谈和问卷调研，发现教师对绩效工资满意度一般，工作积极性未能得到很好的激发，甚至出现消极影响。[⑤]安雪慧（2015）通过对东中西部 16 个省 40 个市 9183 名中小学教师的研究，发现绩效工资对中小学教师激励效应不显著，甚至存在负面效应。[⑥]薛海平等（2017）对全国东中西 7 省 7 个县（市）调查发现，由于绩效工资奖励比例过低、平均分配普遍化等问题，教师工作积极性不升反降。[⑦]

绩效工资政策之所以鲜有成效、成效不足甚至出现负效应，是因为在实施的过程中存在很多问题，主要包括政策理解、制度公平、政策执行等方面的问题。

在政策理解方面，安雪慧（2012）发现绩效工资政策宣传不到位，理解有偏差，导致教师把其简单理解为“涨工资”，而其意义在于建立激励机制，提升教师积极性。[⑧]辛治洋（2012）发现绩效工资政策存在“有效即无效”的

---

① 王聪.绩效工资制度下义务教育教师管理现状与改革突破——基于北京市主要城区调研的思考［J］.中国教育学刊，2017（5）：30–35.

② 秦玉友，曾文婧，许怀雪.绩效工资政策的预期实现了吗？——12省义务教育教师绩效工资实施状况调查［J］.教育与经济，2019，35（5）：52–61.

③ 杨小丽，杜学元.义务教育学校教师绩效工资激励效果的影响因素及归因分析——基于四川省的调查［J］.基础教育，2014，11（4）：32–41.

④ 严凌燕.乡村教师绩效工资政策的激励作用和完善路径——以中部 A 省为例［J］.基础教育，2018，15（5）：46–54.

⑤ 宁本涛.义务教育阶段教师绩效工资政策实施的激励效应分析——以上海市P区教师调查为例［J］.教育发展研究，2015，35（22）：16–20.

⑥ 安雪慧.义务教育学校教师绩效工资政策效果分析［J］.中国教育学刊，2015（11）：53–60.

⑦ 薛海平，唐一鹏.理想与现实：我国中小学教师工资水平和结构研究［J］.北京大学教育评论，2017，15（2）：17–38，186–187.

⑧ 安雪慧.中小学教师绩效工资政策的价值追求和有效实施［J］.人民教育，2012（20）：13–17.

有效性困境，存在“消效为绩”和“消绩为效”的问题。[①] 郝东星等（2019）研究发现山西省 W 学校绩效工资政策的宣传力度不足，使得教师主动参与意识弱。[②]

在公平性方面，赵宏斌等（2011）研究发现存在绩效评价不系统不全面、保障资金不足和公平问题难以解决等问题。[③] 龚婷（2013）发现绩效工资公平性难以保证，出现了新的不平衡。[④] 薛珊（2019）发现现有绩效评价未能反映教师实际绩效，公平度欠缺，导致教师工作积极性难以被激发。[⑤]

在政策执行方面，庞丽娟等（2010）研究发现 2009 年绩效工资的实施面临经费保障不足、城乡差距大、区域间差距大等问题。[⑥] 叶怀凡（2016）发现绩效工资政策在实施过程中，存在象征性、选择性和替代性执行等问题。[⑦] 乔锦忠等（2017）研究发现，中小学绩效工资政策在执行过程中存在失真现象，由于绩效工资方案不完备和配套措施不健全，教师和学校管理者之间关系紧张，导致教师工作积极性受到影响。[⑧]

政策执行也是导致政策失真的最主要原因。魏红梅（2014）发现在绩效工资政策执行过程中，存在政策失真，对于年青教师来说，绩效工资的实施导致了工作量增大，工资增长幅度却不及工作量增加幅度，打击其工作积极性。[⑨] 胡耀宗等（2017）通过问卷调查和访谈，发现绩效工资政策存在执行偏差，绩效工资政策激励目标空传。[⑩] 皇甫林晓等（2020）通过史密斯模型分析发现教师对政策的认识存在偏差，且绩效工资“透明度”不高。[⑪] 李梅等

---

① 辛治洋 . 教师绩效工资制度实施的困境与出路［J］. 中国教育学刊，2012（9）：1–4.

② 郝东星，彭学琴 . 义务教育学校教师绩效工资实施现状及问题研究——以山西省 W 学校为例［J］. 教育理论与实践，2019，39（29）：38–40.

③ 赵宏斌，惠祥凤，傅乘波 . 我国义务教育教师绩效工资实施的现状研究——基于对 25 个省 77 个县 279 所学校的调查［J］. 教育理论与实践，2011，31（28）：24–27.

④ 龚婷 . 绩效工资实施中存在的突出问题与解决策略［J］. 教学与管理，2013（31）：9–12.

⑤ 薛珊 . 绩效要素与分配公平感：义务教育学校奖励性绩效工资分配研究——基于对 808 位浙江省教师的调查［J］. 教师教育研究，2019，31（4）：68–75，84.

⑥ 庞丽娟，韩小雨，谢云丽，等 . 完善机制 落实义务教育教师绩效工资政策［J］. 教育研究，2010，31（4）：40–44.

⑦ 叶怀凡 . 义务教育教师绩效工资政策的执行偏差与矫正［J］. 中国教育学刊，2016（4）：31–36.

⑧ 乔锦忠，陈剑 . 中小学绩效工资的实践反差与理性突围［J］. 中国教育学刊，2017（2）：46–49.

⑨ 魏红梅 . 论教师绩效工资政策的失真与回归［J］. 教育理论与实践，2014，34（1）：30–33.

⑩ 胡耀宗，严凌燕 . 义务教育教师绩效工资政策执行偏差及其治理——基于沪皖豫三省市教师和校长的抽样调查［J］. 教师教育研究，2017，29（5）：14–18.

⑪ 皇甫林晓，代蕊华 . 义务教育教师绩效工资政策执行困境与破解之道——基于史密斯政策执行过程模型的视角［J］. 教育科学研究，2020（3）：20–26，45.

（2020）研究发现“绩效工资”在很多教师眼中属于“官效工资”，对其认可度低，主要是因为其公平性难以得到保障，因此存在消极态度。[①] 李根等（2014）发现目前我国绩效工资政策执行效果不容乐观，主要原因在于过于偏重个人绩效，忽视了团体绩效；而“关系”“变通”使得绩效和行政岗位关系密切，失去了原本的意义。[②] 姚翔等（2018）通过对 29 省市教育局局长和督学进行访谈和调研，发现绩效工资政策执行存在偏差，“新平均主义”盛行。[③] 李孔珍（2013）通过访谈和案例分析，发现在小规模学校中，绩效工资的实施使得教师工作满意度增加，教师工作积极性增强；在大规模学校中，有部分教师产生职业倦怠。[④]

教师工资制度在我国已经实施多年，但对其效果还没有统一的定论。对于政策效果的论证主要聚焦于教师工资、学生成绩、教师绩效工资满意度和教师工作积极性等方面。其中，对受到最直接影响的教师工作积极性的研究较为全面。通过梳理现有文献发现，绩效工资政策在小部分研究中是积极的，在多数研究中效果一般或者欠佳，甚至出现负效应。反观其中的问题，发现绩效工资政策存在政策理解、制度公平、政策执行等问题。其中政策执行的问题最为突出，包括政策失真、政策不透明、“新平均主义”盛行等现象。基于以上文献，本研究拟从绩效工资政策视角出发，聚焦政策执行问题，对教师工作积极性展开研究。

2.5　职称评聘对教师工作积极性影响研究

在我国，教师职称评聘一直是一个热门的话题。对不同教育层级，均有相关学者进行研究，包括高校、高职院校、中职学校和中小学教师。

高校教师职称制度经历了三个发展阶段，分别是 1952—1965 年的任命制，1977—1983 年的评审制，1986 年至今的聘任制。[⑤] 在制度执行过程中，

① 李梅，阮成武，王清涛．义务教育教师绩效工资政策执行：难为与可为［J］．当代教育科学，2020（7）：61-65.

② 李根，葛新斌．义务教育教师绩效工资政策执行困境及其突破［J］．教育发展研究，2014，33（4）：41-46.

③ 姚翔，刘亚荣．义务教育教师绩效工资政策执行现状及其治理——基于29省市教育局长和督学的调查［J］．现代教育管理，2018（8）：86-91.

④ 李孔珍．义务教育不同类型学校绩效工资政策执行分析［J］．教育研究，2013，34（5）：46-52.

⑤ 牛风蕊．我国高校教师职称制度的结构与历史变迁——基于历史制度主义的分析［J］．中国高教研究，2012（10）：71-75.

也存在一些问题。汪建华（2013）通过梳理，发现高校教师职称评聘存在诸多问题，其中重成果数量轻质量，使得很多学者为了晋升而科研，为评职称而发论文；重职前聘任，对职后评价不够重视，造成部分学有所长、能力强的教师由于职务数量有限，未能评上更高职称，工作热情受到了一定程度的影响。[①]在国外，澳大利亚高度重视高校教育质量，引入市场机制，对高校教师职称评聘制度进行改革，在教学和科研比例上做了修订，取得一定的成绩，教学质量提升的同时，教师积极性也得到较好的提升。[②]其中，昆士兰大学实行职务变更制，让教师能够按照个人的愿望和工作表现，实现职业生涯的转变，从而激发了他们的工作热情。[③]王名扬等（2020）通过总结梳理美国现有的高校教师职称评聘制度，认为我国应该重视实践型教师，充分肯定其实践成果，在“以师为本”的原则下，充分发挥其研究能力。[④]立足于国内高校现状，曾婧婧等（2016）对20所高校职称评聘制度进行梳理后，发现文理科划分、多元方式考核，有利于激励弱势学科教师的工作积极性；评聘分离政策有助于引进竞争机制，打破高校教师职务终身制，使得教师职务可以弹性调整，从而激励教师工作积极性和创造性。[⑤]宋广文等（2010）针对我国高校职称评聘问题，建议对高校教师实施分类管理、分级管理，强化聘任制，破除终身制，激励高校教师的积极性。[⑥]赵晓芳（2016）根据胜任力模型把高职院校职称评聘分为教学型、实验教学型、科研型、服务型，并依据类别来决定考核的方式，分类激励教师工作积极性。[⑦]宫雪（2013）发现我国中等职业学校教师职称设置不够合理，最高职称仅为“高级讲师”，相当于副教授，限制了教师专业发展，也打击了教师工作积极性。[⑧]

① 汪建华.高校教师职称评聘现状分析与对策探究［J］.教师教育研究，2013，25（5）：18–22.

② 徐晓红，郭婧.澳大利亚大学教师职称晋升政策的历史变迁与最新改革［J］.复旦教育论坛，2014，12（3）：103–108.

③ Vardi I，Quin R. Promotion and the scholarship of teaching and learning［J］. Higher Education Research & Development，2011，30（1）：39–49.

④ 王名扬，秦惠民，王苏阳.美国大学现行教师评聘制度的特点、成因与影响研究［J］.中国高教研究，2020（11）：72–77.

⑤ 曾婧婧，邱梦真.当前我国高校教师职称评聘的特点——基于20所“985工程”高校的职称评聘细则［J］.现代教育管理，2016（10）：73–80.

⑥ 宋广文，李建惠，何文广.高校教师职称制度改革的几点思考［J］.国家教育行政学院学报，2010（5）：20–25.

⑦ 赵晓芳.基于胜任力模型的高职教师职称评定体系构建［J］.教育理论与实践，2016，36（36）：24–26.

⑧ 宫雪.中等职业学校教师职称制度建设的回顾、分析与展望［J］.中国职业技术教育，2013（33）：74–80.

普通高校、高职、中专为了激励教师，均采取了不同的职称评聘政策，为中小学教师也提供了较好的参照。本研究聚焦于中小学教师工作积极性的研究，进一步对中小学教师职称评聘政策进行梳理和分析。

1986 年，教育部出台有关中小学教师职称评聘的文件，提出中小学教师职称评聘制度的实施是为了“调动小学、中学教师的工作积极性”。[①] 在此之后，中小学教师职称制度经历了评聘独立、评聘结合、评聘分离和评聘融合四个阶段。[②]《关于深化中小学教师职称制度改革的指导意见》做出了明确的规定，要建立“符合教师职业特点、统一的中小学教师职称（职务）制度，充分调动广大中小学教师的积极性”。[③]

关于中小学教师职称评聘政策实施现状，学者对不同样本进行分析和研究。整体上来看，实施效果较好，但依旧存在一些明显的问题。彭温豪博（2019）认为中小学教师职称评聘的执行效果良好，职称设置和标准越来越规范化，职称评聘的审查机构也更加专业化，评审方式多元化且程序更加精简。[④] 李廷洲等（2018）对 11 省 48 县的 155 名校长和 507 名教师进行访谈和问卷调查发现，职称改革取得了一定的成效，制度体系逐渐健全，评价标准趋于完善。[⑤] 但依然存在问题，中高级岗位数量有限导致一些教师感觉晋升无望而缺乏积极性，缺乏职称退出和降级机制，65.8% 的已聘高级教师出现了职业倦怠。[⑥] 高晓娜等（2020）认为在教师职称制度实施的过程中，教师协作的意愿降低，工资与职务的关系也有了新的不平等，从而影响了教师的工作热情。[⑦] 实际上，中小学教师职称评聘过程中不可避免地出现了一些问题，包括职称结构、地区分布、评定标准、制度弹性等问题。高慧斌（2016）从宏观的视角进行研究，发现存在中小学教师职称结构不合理、西部教师高级

---

① 教育部 . 关于转发国家教育委员会中、小学教师职务试行条例等文件的通知［EB/OL］.（1986-05-19）［2021-06-03］. http://www.moe.gov.cn/s78/A04/s7051/201001/t20100129_180695.html.

② 李廷洲，陆莎，金志峰 . 我国中小学教师职称改革：发展历程、关键问题与政策建议［J］. 中国教育学刊，2017（12）：66-72，78.

③ 人力资源和社会保障部，教育部 . 关于深化中小学教师职称制度改革的指导意见［EB/OL］.（2018-08-28）［2021-06-03］. http://www.moe.gov.cn/jyb_xxgk/moe_1777/moe_1779/201509/t20150902_205165.html.

④ 彭温豪博 . 中小学教师职称制度的变革与发展趋势［J］. 上海教育科研，2019（2）：20-23.

⑤⑥ 李廷洲，金晨，金志峰 . 中小学教师职称改革成效如何？——基于多元评估理论的政策评估研究［J］. 教育发展研究，2018，38（18）：17-23.

⑦ 高晓娜，王嘉悦 . 教师“职称—薪酬”制度：异化与革新［J］. 当代教育科学，2020（10）：78-84.

职称比例偏低、高级职称教师比例省际差距过大等问题。[①]周彪（2016）认为目前我国中小学教师职称体系存在实践效果欠佳、评价模式活力不足、评审标准偏单一性等问题。[②]蒋科星（2017）认为当前的职称制度存在“教师冲突”和“教育腐败”等问题。[③]吴乐娇等（2020）认为由于职称对应过多的工具价值信号，等级和符号资本挂钩，出现了恶意竞争、制度异化，偏离了激发教师积极性的初心。[④]李廷洲等（2017）通过访谈和问卷调查，发现职称和教师收入关系不合理的问题。在成为高级教师之后，很多教师出现了职业倦怠，不再担任班主任，而在一线的教师工作量很大，但工资却不如高级职称教师，导致了不平衡，也打击了年轻教师的工作积极性。[⑤]

而这些问题在农村学校更为突出，高慧斌（2017）研究发现乡村教师高级职称结构、中级职称结构与城市教师存在较大差异，区域之间、省份之间也存在较大差异，乡村教师职称结构不够完善。[⑥]庞丽娟等（2019）通过对4468名教师进行调研，发现教师职称评聘还存在突出的城乡差异，乡村教师高级职称数量占比较低，晋升困难，制约乡村教师职业发展和待遇提升，导致乡村教师工作积极性不高。[⑦]郝德贤（2017）认为乡村教师面临的两个重大问题是高级职称名额少和评价体系利于城市教师；可以采用“刚性需求”和“弹性要求”相结合的方式来改革现有的乡村教师评聘制度。[⑧]万华等（2020）通过研究发现乡村教师职称评聘在问题认定和方案选择上存在价值目标偏离，导致教师自我认可度低，工作积极性难以得到提升。[⑨]虽然目前农村教师积极

① 高慧斌.中小学教师职称制度改革特征与现状分析［J］.教师教育研究，2016，28（6）：25–31.

② 周彪.中小学教师职称制度及改革对策研究［D］.湘潭大学，2016.

③ 蒋科星.走向职级制：中小学教师职称改革新探［J］.当代教育科学，2017（10）：73–76.

④ 吴乐娇，吴黛舒.小学教师职称限额设计的制度性困境与反思［J］.当代教育科学，2020（2）：31–36.

⑤ 李廷洲，陆莎，金志峰.我国中小学教师职称改革：发展历程、关键问题与政策建议［J］.中国教育学刊，2017（12）：66–72，78.

⑥ 高慧斌.乡村教师职称（职务）评聘制度演变及改革策略［J］.当代教育科学，2017（1）：17–21，61.

⑦ 庞丽娟，杨小敏，金志峰.乡村教师职称评聘的困境、影响与政策应对［J］.教师教育研究，2019，31（1）：31–36.

⑧ 郝德贤.“乡村教师支持计划”支持乡村教师发展的路径选择［J］.教育探索，2017（3）：102–105.

⑨ 万华，唐方华，李祥.乡村教师职称倾斜制度的价值偏离及其矫正［J］.教学与管理，2020（16）：7–11.

性整体不理想，但由于实施了相关措施，部分地区教师工作积极性得到改善。王红等（2019）通过文本梳理和抽样检查发现，北京市、山东省等地区单设乡村学校特级和优秀教师指标，使得教师工作积极性得到提高。①

另外，“一分政策，九分执行”，中小学教师职称评聘政策的执行是非常重要的环节，也有很多学者针对此环节进行讨论。徐友礼（2016）通过分析发现，山东潍坊根据本地区情况创新了教师职称制度，让教师有更多的自主权，完善校内治理结构，并注重区域、校际均衡，调动了教师工作积极性。②朱忠明等（2016）的研究结果表明，各个学校都在大力推进中小学教师高级职称的设立，但有些地方还没有建立相关制度，乡镇教师在担任高级职务时，对农村和薄弱小学的教育经验和规定不能很好地落实。③蔡群青等（2016）通过分析发现，中小学教师评聘过程中存在很多的问题，包括存在一定的价值偏离、滞后性、等级设置不合理和评定标准不科学等。④徐清秀（2021）对 T 乡镇中学的行政人员和教职工进行访谈后发现，学校行为主体在感受到正当的压力时，采用“目标取代”的行为战略，将“重师德、业绩、能力”的评价标准改为对老师进行定量考核，使学校与老师都围绕着考核指标“转”，结果造成了教师的“内卷化”，使教师无法获得发展，工作积极性难以提升。⑤

从已有研究来看，中小学教师职称改革取得了一定成效，制度设计越来越完备，评审制度越来越健全。但实施过程中存在一系列问题，包括职称结构、地区分布、评定标准、制度弹性等，农村地区高级职称偏少和评价体系利于城市学校等问题突出。“一分政策，九分执行”，问题的出现和政策执行是分不开的。中小学教师评聘政策在执行过程中也出现了价值偏离、等级设置不合理、评定标准不科学、评定出现了内卷化等问题，使得教师工作积极性得不到很好的激发。故本书拟聚焦职称评聘的政策执行进行深入研究。

---

① 王红，邬志辉．乡村教师职称改革的政策创新与实践检视［J］．中国教育学刊，2019（2）：42–47.

② 徐友礼．山东潍坊：问题导向的中小学教师职称制度改革探索［J］．中小学管理，2016（2）：14–16.

③ 朱忠明，张旭．中小学教师职称制度存在的问题及其改进——基于11县2888名乡村教师的调查［J］．当代教师教育，2016，9（3）：82–87.

④ 蔡群青，夏海鹰．中小学教师职称制度改革探究［J］．教育探索，2016（5）：122–124.

⑤ 徐清秀．目标替代、惯习区隔与教师职称评定的内卷化——基于T乡镇中学的考察［J］．北京社会科学，2021（4）：116–128.

2.6 教师培训政策、教学效能感与工作积极性的关系研究

2.6.1 教学效能感与工作积极性的关系

目前关于教学效能感与工作积极性的研究，以实证研究为主，发现教学效能感与工作积极性存在密切联系，能显著正向预测工作积极性（Burić & Macuka，2018；Granziera & Perera，2019）。

一些认为教师自主性、自我效能感对工作积极性有积极影响。随着研究的深入，学者们开始探索多个变量之间的关系。在目前的研究中，教学效能感对教师的工作积极性及其各维度活力、奉献和专注度都具有正向的预测作用。教学效能感高的教师认为自己对工作的胜任力更强，从而获得更多的情感和动力，让自己专注于工作。

2.6.2 教师培训政策与教学效能感的关系

郝林晓等（2004）的研究指出，教师专业发展指的是教师的教育教学能力在内外因素的双重作用下，通过对新兴的知识和技能进行重新建构，达到波浪式前进的过程。①

根据以往的研究发现，20 世纪 60 年代末至 90 年代，“教师专业发展”慢慢地替代了原来的教师教育与培训的概念。②近年来，研究教师专业发展与教学效能感关系的成果有很多，基本上，教师专业发展都能正向预测教学效能感（Chen，2019；Ross et al.，2012；Lotter et al.，2016）。

Tschannen-Moran 等（2009）通过实验研究发现，职后的专业发展活动对教师的教学效能感有积极影响。③教师专业发展和专业协作以及工作满意度对教师教学效能感也都有极为显著的正向影响。④CPD（教师专业发展）干预项目可以提高教师的自我效能感，一项研究表明，参与一项为期两周的专业发展项目，提高了教师的自我效能感和教学质量。

---

① 郝林晓，折延东.教师专业能力结构及其成长模式探析［J］.教育理论与实践，2004（14）：30-33.

② 南腊梅.试论教师培训促进教师专业发展的策略［J］.无线音乐·教育前沿，2012（12）：4-5.

③ Tschannen-Moran，Megan Peggy McMaster. Sources of self efficacy：Four professional development formats and their relationship to self Efficacy and implementation of a new teaching strategy［J］. The Elementary School Journal，2009，110（2）：228-245.

④ 陈纯槿.国际比较视域下的教师教学效能感——基于TALIS调查数据的实证研究［J］.全球教育展望，2017，46（4）：11-22，128.

在我国，教师培训是实现教师专业发展的有效措施[①]。目前对教师专业发展与教学效能感的关系的研究，基本上结果与国外相同。王玉洁等（2019）提出有效的、持续性的专业发展可以提高教师的教学效能感[②]。

同时，也有针对教师培训同教学效能感的关系的研究。如左敏等（2016）发现，情绪智力培训有助于提升高校护理女教师的教学效能感，以某中医药大学护理学院 21 名女教师为研究对象，通过培训，护理女教师在教学效能感的 3 个维度评分都有显著的提高。[③] 马春花等（2018）通过对临床护理兼职教师的调查研究发现，培训对教师的教学能力会产生正面的影响[④]，教学能力的提高也意味着教学效能感的提高。

综上所述，国内外的研究中都发现教师培训对教学效能感的正向预测作用，但是国内具体探索教师培训政策与教学效能感的关系的研究不多。

2.6.3 教师培训政策与工作积极性的关系

目前关于教师培训政策与工作积极性的理论研究很多，但实证研究比较少，一般是对教师的培训效果进行评估和描述[⑤]，而在相关的理论研究结果中，包含了工作积极性的各个维度。但是一般在此类研究中，缺乏对工作积极性的具体评估，只是研究者在分析时引入了一个相对模糊的概念，并不等同于前面所说的有具体维度的工作积极性。如梁堃（2012）发现佛山南海的教师通过网络培训后，对科学教育研究的积极性提升了。[⑥]

鲍明月（2019）通过对河北省滦平县幼儿园教师培训的研究发现，通过培训，教师在个人层面、认知结构、教育理念、职业道德、个性心理品质、教育教学能力等方面都有所提高，同时还积累了学习经验；在组织层面，通

---

① 荆永君，李昕．持续关注理论视角下的教师培训迁移支持服务研究［J］．中国电化教育，2014（11）：95–100.

② 王玉洁，惠节．TPACK 框架下航海类高职院校教师职教能力的培养［J］．教育现代化，2019，6（12）：46–47，50.

③ 左敏，王佳琳．高校护理女教师情绪智力培训效果研究［J］．护理研究，2016，30（17）：2155–2157.

④ 马春花，罗艳华，钟丽强，等．临床护理兼职教师教学能力、教学效能感对临床教学质量的影响［J］．中国实用护理杂志，2018，34（28）：2211–2214.

⑤ 刘超，张宏智，赵一平，等．安徽省高校“扩招”后体育教师队伍结构现状调查与分析［J］．体育科学，2004（2）：73–74.

⑥ 梁堃．“视像中国”项目推进跨区域教育协同发展［J］．教育信息技术，2012（11）：5–7.

过培训，与其他教师的交流增加了，人际沟通的能力也增强了。[①]他们在个人与组织中的行为与情感都有所变化。

该研究启示我们，教师培训与工作积极性确实存在联系，但相关的实证研究还不多。

2.7 其他控制变量对教师工作积极性的影响研究

教师工作积极性受到很多因素的影响，包括性别、年龄、教龄、婚姻状况、最高学历、在校劳动关系、班主任职务、行政职务、教学工作量、工作时间、绩效工资额度、职称级别等。

在性别方面，女性教师的工作积极性显著高于男性教师，Topchyan 等（2021）发现女性教师在认知积极性、人际关系积极性方面的表现都优于男性教师。[②③]在工作经验方面，既有研究尚未得到一致结论。Guglielmi 等（2016）认为，年轻教师具有更高的工作积极性。[④]Schweitzer（2014）则表示，教学经验越丰富的教师，工作积极性越高。[⑤]在城乡方面，教师工作积极性存在显著的差异，具体表现为，相比城市教师，农村中小学教师的工作积极性较低。[⑥]另外，中小学教师还在职称、婚姻状况、学历、任教科目、收入水平、是否担任班主任、所教教育阶段等方面存在差异。[⑦⑧⑨]

根据影响因素与教师个体之间的关系层次，可将其分为个人资源因素、

① 鲍明月 . 2010 年以来幼儿园教师培训实施情况调查分析——以河北省滦平县为例［D］. 河北大学，2019.

② 贾文华 . 农村中小学教师角色认同、工作投入及其关系研究［J］. 教育研究与实验，2012（3）：83–86.

③ Topchyan R，Woehler C. Do teacher status，gender，and years of teaching experience impact job satisfaction and work engagement?［J］. Education and Urban Society，2021，53（2）：119–145.

④ Guglielmi D，Bruni I，Simbula S，et al. What drives teacher engagement：A study of different age cohorts［J］. European Journal of Psychology of Education，2016，31（3）：323–340.

⑤ Schweitzer M J C. Predictors of work engagement among teachers in Regina and Saskatoon［D］. The University of Regina（Canada），2014.

⑥ 周丽丽 . 小学组织气氛与教师工作投入及其关系研究［J］. 教育学术月刊，2009（2）：51–53.

⑦ Guglielmi D，Bruni I，Simbula S，et al. What drives teacher engagement：A study of different age cohorts［J］. European Journal of Psychology of Education，2016，31（3）：323–340.

⑧ 李敏 . 中学教师工作投入感的现状及成因研究——基于我国 13 省市调查数据的实证分析［J］. 教师教育研究，2019，31（5）：94–99.

⑨ 蓝海，梁斌 . 农村中小学教师工作价值观与工作投入的关系：社会支持的中介作用［J］. 四川师范大学学报（社会科学版），2019，46（4）：96–104.

人际资源因素等。其中个人资源的自我效能感和与学生的互动程度是受到较多关注的，本研究也从这两个方面对教师个人工作积极性进行研究。其中，自我效能感是备受关注的一个心理变量。唐旭琳等（2013）认为，中学教师的教学效能感在希望自我与工作积极性之间起到中介作用。[①]Granziera 等（2019）发现，教师的自我效能感对工作积极性有正向影响。[②]教师与学生的互动程度与工作投入之间存在正相关关系。[③]学校管理风格与组织工作积极性显著相关。[④]故在个人积极性方面，选择自我效能感和与学生的互动程度作为控制变量；而对于组织积极性，应选择的变量是学校管理风格。

2.8　影响教师工作积极性的关键因素

当前学界对教师工作积极性的影响因素进行了较为细致的研究，但是对影响教师工作积极性的关键因素研究较少，且对于城乡之间首要因素的差异比较研究也较少。而精准探究影响城乡教师工作积极性的关键因素有助于识别出需要优先关注的群体，从而精准施策。

第一，从影响教师工作积极性的首要因素来看，如果将影响因素分为外在因素和内在因素，前者包括社会经济地位、工作条件、学校制度等，后者包括教师的学历、个人期望、自我效能感、成就感等。一些学者认为，外在因素比内在因素对教师工作积极性的影响更大[⑤⑥]，比如，武向荣（2022）认

① 唐旭琳，夏云颖，甘怡群.中学教师希望自我与其工作投入和工作倦怠［J］.北京大学学报（自然科学版），2013，49（2）：329–335.

② Granziera H，Perera H N. Relations among teachers' self–efficacy beliefs，engagement，and work satisfaction：A social cognitive view［J］. Contemporary Educational Psychology，2019（58）：75–84.

③ Runhaar P，Sanders K，Konermann J. Teachers' work engagement：Considering interaction with pupils and human resources practices as job resources［J］. Journal of Applied Social Psychology，2013，43（10）：2017–2030.

④ 贾文华.农村中小学教师角色认同、工作投入及其关系研究［J］.教育研究与实验，2012（3）：83–86.

⑤ Card D，et al. Inequality at work：The effect of peer salaries on job satisfaction［J］. The American Economic Review，2012，102（6）：2981–3003.

⑥ Okpara J O，Pamela W The impact of ethical climate on job satisfaction，and commitment in nigeria：Implications for management development［J］. The Journal of Management Development，2008，27（9）：935–950.

为，政策保障、学校资源短缺是制约教师工作积极性的关键因素。[①] 陈纯槿（2017）通过夏普利值分解法发现，学校物质资源短缺对教师工作积极性的影响是最大的，影响程度远远大于教师性别、教龄等个体层面的背景因素。[②] 但是笔者认为，鉴于教师这份工作的专业性、复杂性、示范性等特点，影响最大的应该是对自身教学水平、学生学习行为以及成就表现的主观感知。

第二，从政策保障的城乡异质性比较分析来看，有学者认为，对于城区教师来说，学校管理是影响其工作积极性的首要因素；对于镇区、乡村教师来说，政策保障是影响其工作积极性的首要因素，而在所有的政策保障因素中，他们尤其看重职称政策的合理性，并且十分重视自己在学校评职称时的参与度以及公平性。[③] 另外，对于收入接近生存线的镇区、乡村教师来说，工资收入也是影响其工作积极性的重要因素，当月收入在 5000 元以上，影响的首要因素将从政策保障变为学校管理。[④]

也有学者持不同的观点，赵新亮（2019）认为，对于乡村教师来说，工资待遇因素并不是影响工作积极性的最主要因素，而教师培训、教师奖励和教师职务等关于个人专业发展的因素，对于其工作积极性的影响更大，因为他们对于个人专业发展以及职业成长的需求更强烈。[⑤] 还有许多从中师走出来的乡村教师认为，他们积极工作的动力不单单是教学绩效和薪酬，更多是对生养他们的乡村、与他们有着千丝万缕血缘和地缘关系的子孙后代的责任心，是帮助乡村贫困孩子走出大山、走出乡村、出人头地的信念。

2.9 研究述评

综上所述，应通过充分调动广大师生的工作热情，来改善学校的教学质量。国家也出台了多项相关政策来激励教师，包括班主任政策、教师培训政策、绩效工资政策、减负政策、职称评聘政策、轮岗政策等，其中，针对最直接对教师工作积极性有影响的绩效工资政策、职称评聘政策和减负政策的

①④ 武向荣.哪些关键因素影响了乡村教师工作满意度［J］.教育与经济，2022，38（2）：62-69，96.

② 陈纯槿.中学教师工作满意度影响因素的实证研究——基于 PISA2015 教师调查数据的分析［J］.教师教育研究，2017，29（2）：41，84-91.

③ 武向荣.义务教育教师工作满意度影响因素的实证研究［J］.教育研究，2019，40（1）：66-75.

⑤ 赵新亮.我国乡村教师队伍建设的实践困境与对策研究——基于全国 23 个省优秀乡村教师的实证调查［J］.现代教育管理，2019（11）：81-87.

研究比较丰富。研究也表明，即使有众多激励政策的加持，我国中小学教师工作积极性依旧难以得到很好的激发。从绩效工资政策角度来看，除了个别研究表明绩效工资政策对教师工作积极性产生积极影响，大部分研究表明其影响不显著，甚至出现负面影响。反观其中的问题，发现绩效工资政策存在政策理解、制度公平、政策执行等问题。特别是在执行过程中，存在政策失真、政策不透明、“新平均主义”盛行等问题。从职称评聘角度来看，改革取得了一定成效，制度设计越来越完备，评审制度越来越健全。但实施过程中存在一系列问题，包括职称结构、地区分布、评定标准、制度弹性等问题。在执行过程中也出现了价值偏离、等级设置不合理、评定标准不科学、评定出现内卷化等现象。由于减负政策出台时间不长，各地落地实施有限，故没有过多的高质量研究，本书也不对此进行研究。另外，本书将在研究中对性别、年龄、教龄、婚姻状况、最高学历、在校劳动关系、班主任职务、行政职务、教学工作量、工作时间、绩效工资额度、职称级别、教师自我效能感、教师与学生互动程度等变量进行控制。

总体来看，相关研究非常丰富，但还存在以下问题：首先，大部分研究采用“效果”来考察教师工作积极性。所以本研究聚焦教师工作积极性，更加具有针对性。其次，对于教师工作积极性没有统一的界定，大部分研究通过简单问卷调查或者访谈进行研究，主观性较强。本研究拟采用科学化心理量表，在现有常用可靠的量表中选取组合，用来测量中小学教师工作积极性。最后，大部分研究所涉及的问题视角过多，在讲述时过于复杂，有交叉。所以本研究只从政策执行视角来研究政策执行对教师工作积极性的影响，并从绩效工资政策和职称评聘政策两个角度出发，在探究各自角度影响的同时，探索两个政策对教师工作积极性是否存在合力作用。

此外，就教师培训、教学效能感与教师积极性三个变量之间的关系而言，目前的研究也有一些不足之处：①影响路径模糊化。目前，国内以教师培训激励政策、教学效能感和工作积极性为主题的研究有许多，但往往是单一变量的现状描述，佐以影响因素分析，抑或是两个变量之间的影响研究，关于三者的整体关系的研究以及影响路径的揭示尚未有明确的结果。②理论研究薄弱。目前国内外有大量关于变量关系的实证研究，但是相关的理论和理论模型的建立还比较少，这是研究的薄弱环节。之后的研究可以关注到研究的理论建设，形成“理论指导实践，实践丰富理论”的良性循环。③研究方法同质化。已有的研究以量化为主，而本研究则采用了混合研究的方式，以相关理论为指导，应用实证研究验证假设，同时进行访谈，整理相关的研究结果进行印证，既丰富了研究方法，也让研究结果更有说服力。④缺乏对教师激励政策的激励效果的关注。虽然在一些研究中提到了“培训激励”“工作积极性”之类的词，但这只是感性层面的描述，并未将其作为一个变量进行衡量，探索二者的关系。

就教师工作积极性的影响因素而言，当前多数研究聚焦于个人资源、工作特征，对政策保障这一变量的研究不足，而从宏观的政策保障到中观学校层面再到微观层面的研究更为稀少。另外，已有研究较少探究影响教师工作积极性的关键因素，并且很少聚焦到县域层面探究县城、乡镇教师工作积极性的影响因素的异质性，进而针对不同群体精准施策。

总而言之，以往的实证研究已经取得了令人瞩目的成就，为了进一步探索，本研究运用了混合的研究方法，对教师培训激励政策与教师工作积极性的关系进行研究，并借助访谈进行更深入的分析，给予教师个体更多的关注与发声机会，以期对现有的研究有所丰富。

第3章

教师激励政策的合力效果预调研分析报告

3.1 预调研概况

本次调研面向义务教育阶段教师发放调查问卷，获取了有关教师激励政策的合力效果的第一手实证资料。调研的城市为北京市，共调研了HD区和MT区3所学校。其中，初中1所，共调研教师29名；小学2所，共调研教师36名。

课题组在发放和回收调查问卷时对填写调查问卷的教师基本情况也进行了相应的调查和统计，具体情况如表3-1所示。

表3-1 调研对象基本情况

项目			初中		小学	
			频数/均值	百分比/标准差	频数/均值	百分比/标准差
人口统计学信息	性别	男	2	6.90	5	13.89
		女	27	93.10	31	86.11
	年龄（岁）		38.89	7.49	36.06	7.15
学历	初任教时学历	本科以下	4	13.79	23	63.89
		本科	16	55.17	9	25.00
		硕士	9	31.04	4	11.11
	当前最高学历	本科以下	1	3.45	—	—
		本科	16	55.17	32	88.89
		硕士	12	41.38	4	11.11
工作经验	教龄（年）		15.59	8.46	14.90	8.88
	当前学校工作年限（年）		11.12	6.70	10.35	6.93
	担任班主任年限	5年及以下	11	37.93	14	43.75
		6~10年	8	27.59	7	21.87
		11~15年	6	20.69	2	6.25
		16~20年	3	10.34	6	18.75
		21~25年	1	3.45	2	6.25
		26年及以上	—	—	1	3.13

续表

项目		初中		小学	
		频数 / 均值	百分比 / 标准差	频数 / 均值	百分比 / 标准差
曾任教年级	小学	—	—	33	100.00
	七年级	26	89.66	—	—
	八年级	25	86.21	—	—
	九年级	27	93.10	—	—
	高一	3	10.34	—	—
	高二	3	10.34	—	—
	高三	2	6.90	—	—
当前任职班主任年级	未担任班主任	6	24.00	—	—
	初一	8	32.00	—	—
	初二	8	32.00	—	—
	初三	3	12.00	—	—
	小学	—	—	5	13.89
当前任教学科	语文（周课时量）	4	13.79	7.87	3.09
	数学（周课时量）	6	20.69	6.33	3.54
	英语（周课时量）	11	37.93	8.67	3.06
	物理（周课时量）	—	—	—	—
	历史（周课时量）	2	6.90	—	—
	政治（周课时量）	1	3.45	14.00	0.00
	化学（周课时量）	3	10.34	—	—
	地理（周课时量）	1	3.45	—	—
	生物（周课时量）	1	3.45	—	—
	音、体、美（周课时量）	—	—	13.57	5.41
	班会（周课时量）	—	—	1.38	1.06
	其他（周课时量）	—	—	9.62	7.67
当前职称	没有职称	—	—	2	5.71
	二级教师	6	20.69	6	17.14
	一级教师	15	51.72	25	71.44
	高级教师	8	27.59	2	5.71
兼任的行政职务	没有兼任	19	67.86	32	91.43
	年级负责人	5	17.86	—	—
	学科负责人	3	10.71	2	5.71
	德育主任 / 副主任	—	—	1	2.86
工作量	每周课时量	11.57	2.89	—	—
	承担教学任务的班级数	4.21	9.14	—	—
	工作总时长	49.70	13.68	—	—
	班主任相关的工作时长	27.75	15.11	—	—
	上课时长	10.79	3.76	—	—
	备课时长	11.50	9.46	—	—
	课后批改、辅导时长	8.90	5.15	—	—
	参与教研活动时长	3.16	2.45	—	—

由表 3–1 可知，本次调研中，初中、小学教师的基本情况存在些许差异。在性别方面，初中教师的性别比更低，男性教师占样本教师的比例不足 10%，小学男性教师的这一比例接近 15%。在年龄方面，小学教师队伍更加年轻化，平均年龄约为 36 岁，初中教师约为 39 岁，这一比例比较符合中学和小学对教师学历要求的差异。在学历方面，初中教师学历普遍较高，85% 以上在本科及以上，而小学教师的这一比例约为 36%；经过继续教育，小学教师的学历水平有较大幅度提升，有 23 名教师由本科以下提升至本科学历，初中教师中有 6 名实现学历的提升。在教龄与当前学校工作年限方面，小学教师与初中教师没有表现出太大差异，分别为 10~15 年以及 11~16 年。在担任班主任年限方面，小学教师承担该职责的年限更长，约 30% 有 15 年以上的班主任工作经验，初中教师的这一比例约为 15%。在曾任教年级方面，初中教师的教学经历更为丰富，约有 10% 的教师有高中教学经历，但小学老师没有中学教学经历。在当前是否承担班主任职务方面，有 24% 的初中教师并未担任班主任。在当前任教学科方面，初中教师中教授英语、数学、语文的教师最多；小学中，政治、音体美等任课教师的周课时量最多，平均约 14 课时。在当前职称方面，初中教师的职称更高，高级教师约占样本教师的 28%，小学教师的这一比例约为 6%。在兼任行政职务方面，小学教师中约 10% 兼任学科负责人、德育主任等行政职务。在工作量方面，初中教师将绝大部分时间都用于班主任工作、备课、上课等活动。

3.2　班主任政策的实施情况

班主任政策的实证分析可以从激励措施、政策普及情况、政策实施效果以及工作影响因素等层面进行考察。班主任政策的激励措施以及普及情况反映了该政策的实施现状，而实施效果与工作影响因素则指明了该政策进一步完善的方向。针对以上方面，课题组进行了相应的调研，具体如表 3–2 所示。

表 3–2　班主任政策的实施情况

项目		初中		小学	
		频数 / 均值	百分比 / 标准差	频数 / 均值	百分比 / 标准差
班主任津贴	学校发放班主任津贴	19	79.97	—	—
	班主任津贴金额（元 / 月）	1182.35	305.13	—	—

续表

项目			初中		小学	
			频数 / 均值	百分比 / 标准差	频数 / 均值	百分比 / 标准差
班主任津贴	对工作的影响	没有影响	4	17.39	—	—
		影响较小	4	17.39	—	—
		影响一般	6	26.09	—	—
		影响比较大	5	21.74	—	—
		影响很大	4	17.39	—	—
	超课时后发放补贴		8	34.78	—	—
其他激励措施	评职称优先考虑		19	79.17	—	—
	定期奖励		8	33.33	—	—
	其他奖励措施		1	4.17	—	—
	初任班主任岗前资质培训		18	66.67	—	—
	班主任工作量以标准工作量折半计		4	15.38	—	—
政策普及情况	对学校目前实施班主任政策的了解程度	完全不了解	2	7.41	—	—
		不太了解	7	25.93	—	—
		一般了解	9	33.32	—	—
		比较了解	7	25.93	—	—
		非常了解	2	7.41	—	—
	对教育部目前实施班主任政策的了解程度	完全不了解	3	11.11	—	—
		不太了解	8	29.63	—	—
		一般了解	11	40.74	—	—
		比较了解	3	11.11	—	—
		非常了解	2	7.41	—	—
政策实施效果	班主任政策对工作的影响	消极影响	14	56.00	8	28.57
		没有影响	1	4.00	1	3.57
		积极影响	10	40.00	19	67.86
	对工作的消极影响程度	没有影响	—	—	—	—
		影响较小	—	—	—	—
		影响一般	3	27.28	2	10.00
		影响比较大	4	36.36	12	60.00
		影响很大	4	36.36	6	30.00
	对工作的积极影响程度	影响很大	—	—	2	20.00
		影响比较大	1	14.29	2	20.00
		影响一般	4	57.14	2	20.00
		影响较小	2	28.57	1	10.00
		没有影响	—	—	3	30.00
	班主任政策对工作行为的改变	没有改变	6	24.00	4	15.38
		改变较小	5	20.00	—	—
		改变一般	4	16.00	13	50.00
		改变比较大	8	32.00	3	11.54
		改变很大	2	8.00	6	23.08

续表

项目		初中		小学	
		频数 / 均值	百分比 / 标准差	频数 / 均值	百分比 / 标准差
班主任工作的影响因素排序	对班主任工作的喜爱	8	33.33	8	44.44
	正在实施的班主任政策	5	20.83	3	16.67
	师生关系	5	20.83	1	5.56
	学校相关规章制度	3	12.50	2	11.11
	家长关系	2	8.33	3	16.67
	与同事的人际关系	1	4.17	—	—
	与领导的人际关系	—	—	1	5.56

由表 3–2 可知，激励措施方面，包括班主任津贴和其他激励措施。就班主任津贴而言，实施情况并不理想。在初中学校，约 80% 的教师表示学校发放班主任津贴，月平均金额约 1200 元，而且有约 35% 的班主任在承担超课时工作量时，学校将以超课时补贴发放班主任津贴。不过，约 35% 的教师认为，当前实施的班主任津贴对其工作没有影响或影响较小。在班主任津贴之外，学校现行若干其他激励措施，以职称评聘、岗前资质培训、定期奖励等措施为主。在政策普及方面，相比教育部制定的班主任政策，初中教师往往更加了解学校实施的政策，约 33% 的教师比较了解或非常了解学校实施的班主任政策，但只有不到 20% 的教师比较了解或非常了解教育部的相关政策。在政策实施效果方面，相比初中教师，小学教师对班主任政策的态度更为积极，近 70% 的小学教师认为班主任政策对他们的工作具有积极影响，但持相同观点的初中教师比例仅为 40%；应注意到，小学教师同时也认为班主任政策的消极影响显著，18 位教师认为该政策的消极影响比较大或很大，而初中教师中只有 8 位这样认为；就班主任政策对教师行为的影响而言，该政策对小学教师的影响更大，约有 35% 的小学教师认为该政策实施后，他们的工作行为发生了较大或很大的改变，而在初中教师中，约 44% 的教师认为该政策几乎没有改变他们的工作方式。在班主任工作的众多影响因素中，小学教师和初中教师一致认为对班主任工作的热爱和现行的班主任政策对他们的工作影响最大；在班主任所面临的多重人际关系中，对小学班主任而言，与家长的关系对做好该工作较为重要，而对初中班主任而言，师生关系更为重要。

3.3 教师培训政策的实施情况

教师培训面向教师工作的方方面面，是教师队伍建设的重要一环。因为教师工作复杂，故而教师培训涉及内容广泛，培训形式多样，诸多的排列组合会对教师参训的积极性造成一定影响。因此，调查组针对教师培训政策的多个方面展开了较为详尽的调查，调查结果如表 3–3 所示。

表 3–3 教师培训政策的实施情况

项目		初中		小学	
		频数 / 均值	百分比 / 标准差	频数 / 均值	百分比 / 标准差
培训频次	每学期参与培训时长（小时）	48.67	32.45	—	—
培训内容	班主任工作	13	44.83	—	—
	师德	11	37.93	—	—
	教育理论	10	34.48	—	—
	教学技能	18	62.07	—	—
	校本课程开发与教材开发	9	31.03	—	—
	学科新进展	8	27.59	—	—
	教育信息技术	6	20.69	—	—
	研究方法	6	20.69	—	—
	论文写作	1	3.45	—	—
	学生管理	3	10.34	—	—
	其他	0	0.00	—	—
培训级别	国家级	3	10.34	—	—
	省级	2	6.90	—	—
	市级	12	41.38	—	—
	区县级	25	86.21	—	—
	学校级	22	75.86	—	—
培训形式	网络培训	23	79.31	—	—
	面授校内培训	24	82.76	—	—
	校外培训	21	72.41	—	—
	理论讲授	14	48.28	—	—
	案例分析	14	48.28	—	—
	说课评课	18	62.07	—	—
	导师带教	2	6.90	—	—
	研讨交流	12	41.38	—	—
	课题研究	9	31.03	—	—
	其他	0	0.00	—	—

续表

项目			初中		小学	
			频数 / 均值	百分比 / 标准差	频数 / 均值	百分比 / 标准差
培训时间	工作日		29	100.00	—	—
	双休日		8	27.59	—	—
	寒暑假		7	24.14	—	—
	脱产培训		0	0.00	—	—
对学校关于教师培训的规定的了解程度	完全不了解		1	3.45	—	—
	不太了解		1	3.45	—	—
	一般了解		14	48.28	—	—
	比较了解		10	34.48	—	—
	非常了解		1	3.45	—	—
学校的激励措施	评职称		10	34.48	—	—
	评优评奖		16	55.17	—	—
	提供培训补助		2	6.90	—	—
	没有措施		6	20.69	—	—
	不太清楚		7	24.14	—	—
教师参与程度	参加培训时的态度	如果不是要求，完全不想参加	1	3.45	0	0.00
		比较敷衍	1	3.45	0	0.00
		比较积极参与	16	55.17	12	33.33
		非常积极参与	11	37.93	24	66.67
	参加培训时的学习状态	消极被动地学习	1	3.57	0	0.00
		机械式地学习	3	10.71	3	8.57
		积极主动地学习	21	75.00	30	85.71
		创造式地学习	3	10.71	2	5.71
培训效果	对工作有积极作用的培训内容	班主任工作	9	31.03	15	41.67
		师德	6	20.69	7	19.44
		教育理论	7	24.14	5	13.89
		教学技能	21	72.41	28	77.78
		校本课程开发与教材开发	11	37.93	7	19.44
		学科新进展	12	41.38	7	19.44
		教育信息技术	5	17.24	10	27.78
		研究方法	3	10.34	10	27.78
		论文写作	1	3.45	6	16.67
		学生管理	10	34.48	11	30.56
		其他	0	0.00	0	0.00

续表

项目			初中		小学	
			频数 / 均值	百分比 / 标准差	频数 / 均值	百分比 / 标准差
培训效果	对工作有积极作用的培训形式	网络培训	18	62.07	10	27.78
		面授校内培训	20	68.97	14	38.89
		校外培训	11	37.93	22	61.11
		理论讲授	5	17.24	3	8.33
		案例分析	6	20.69	21	58.33
		说课评课	11	37.93	14	38.89
		导师带教	1	3.45	14	38.89
		研讨交流	8	27.59	10	27.78
		课题研究	4	13.79	5	13.89
		其他	0	0.00	0	0.00
	参加培训对班主任工作的帮助	没有帮助	1	3.70	0	0.00
		帮助比较小	0	0.00	2	6.90
		帮助一般	4	14.81	1	3.45
		帮助比较大	16	59.26	13	44.83
		帮助很大	6	22.22	13	44.83
	参加培训对教学技能的帮助	没有帮助	0	0.00	0	0.00
		帮助比较小	0	0.00	0	0.00
		帮助一般	5	17.24	3	8.82
		帮助比较大	17	58.62	14	41.18
		帮助很大	7	24.14	17	50.00
	能将培训所学迁移到教学实践中	完全不符合	0	0.00	0	0.00
		基本不符合	0	0.00	0	0.00
		有点符合	5	17.24	3	8.33
		比较符合	16	55.17	15	41.67
		非常符合	8	27.59	18	50.00
	参加教师培训是否对教学行为有改变	没有改变	0	0.00	0	0.00
		改变比较小	0	0.00	0	0.00
		改变一般	7	24.14	10	27.78
		改变比较大	16	66.17	16	44.44
		改变很大	6	20.69	10	27.78

由表 3–3 可知，教师培训政策的实施情况包含多个维度，分别为活动的具体实施、政策普及程度、激励措施、教师参与程度、培训效果等。在活动的具体实施方面，总体而言，教师培训尽管存在一定的不足，但教师对这一政策的评价普遍较好。具体来说，在培训频次上，初中教师每学期参加培训的时长平均约为 49 小时，远超过教育部规定的 5 年 360 学时。在培训内容

上，教师接受最多的培训内容分别为教学技能、班主任工作、师德、教育理论等，关于学生管理、论文写作等内容的培训较少。在培训级别上，教师培训呈现出机构下沉的现象，85% 以上的教师都参与过区县级的培训，其次依次为学校、市、国家，而省级教师培训较少。在培训形式上，当前的教师培训以面授、网络培训为主，传统的说课评课、理论讲授、案例分析、研讨交流也仍然常用。在培训时间上，所有样本教师均在工作日参加过教师培训，也有部分教师参加过双休日、寒暑假的培训，但没有教师参加过脱产培训。在政策普及方面，接近 40% 的教师认为自己对教师培训政策比较了解或非常了解。在学校实行的激励措施方面，1/3 以上的教师表示自己所在的学校通过评优评奖、评职称等措施激发教师参加培训的积极性；但同时，约 45% 的教师表示“不太清楚”学校的激励措施，或学校“没有措施”。在教师参与程度方面，参加培训时的态度、学习状态较好，尤其是小学教师，约 90% 的教师表示他们在参与培训时持有积极的态度。在培训效果方面，教师培训的效果因培训的内容、形式而异，也与教师所在的学段有关。具体地，在培训内容上，无论是在初中还是小学，75% 左右的教师一致认为教学技能对他们的工作有积极作用；而其他的培训内容则体现出了学段差异，40% 左右的初中教师认为学科新进展、校本课程开发等培训内容对工作具有积极作用，相同比例的小学教师则认为班主任工作的培训内容更具积极作用；但论文写作相关的培训内容对绝大多数初中教师和小学教师来说，尤其是初中教师，都没有积极作用。在对工作有积极作用的培训形式上，初中教师和小学教师对不同培训形式作用的感知不太一致。对初中教师而言，最受他们认可的培训形式依次是面授校内培训（68.97%）、网络培训（62.07%）、校外培训（37.93%）、说课评课（37.93%）、研讨交流（27.59%）、案例分析（20.69%）、理论讲授（17.24%）、课题研究（13.79%）；而对小学教师而言，最受他们认可的培训形式依次是校外培训（61.11%）、案例分析（58.33%）、面授校内培训（38.89%）、说课评课（38.89%）、导师带教（38.89%）、网络培训（27.78%）、研讨交流（27.78%）、课题研究（13.89%）。初中教师中只有约 3% 的教师认为导师带教的培训形式对他们的工作起到积极作用，小学教师中只有约 8% 的教师认为理论讲授起到积极作用。在对工作的帮助上，绝大多数教师对培训的反响较好，尤其是小学教师；80% 以上的初中和小学老师认为参加培训对他们班主任工作有较大或很大的帮助；80% 以上的初中教师认为参加培训对教学技能有较大或很大的帮助，90% 以上的小学教师持有相同观点；同样地，绝大多数的初中和小学教师认为他们能将培训所学迁移到教学实践中，且能够在较大程度上改变他们的教学行为。

3.4 教师绩效工资政策的实施情况

教师绩效工资是工业领域中实行的绩效工资的移植，根据绩效工资理论，它是一种与员工绩效密切联系的薪酬形式。换言之，绩效工资究竟能否体现出员工的实际绩效，将决定这一形式能否产生预想的效果。因此，教师绩效工资的工资水平、绩效考核指标、政策普及程度将决定政策实施效果。根据本次调研，教师绩效工资政策的实施情况如表 3–4 所示。

表 3–4 教师绩效工资政策的实施情况

项目		初中		小学	
		频数 / 均值	百分比 / 标准差	频数 / 均值	百分比 / 标准差
工资水平	工资不低于当地公务员	5	18.52	—	—
绩效考核指标	出勤	16	64.00	—	—
	学生学业表现	12	48.00	—	—
	教育教学成果奖励	22	88.00	—	—
	录制公开课	5	20.00	—	—
	超过规定的课时量	12	48.00	—	—
	师德方面的考察	5	20.00	—	—
	参与行政管理	7	28.00	—	—
对教师绩效影响最大的考核指标	出勤	7	28.00	—	—
	学生学业表现	8	32.00	—	—
	教育教学成果奖励	17	68.00	—	—
	录制公开课	4	16.00	—	—
	超过规定的课时量	5	20.00	—	—
	师德方面的考察	2	8.00	—	—
	参与行政管理	2	8.00	—	—
对学校绩效工资规定的了解程度	完全不了解	1	3.70	—	—
	不太了解	12	44.44	—	—
	一般了解	8	29.63	—	—
	比较了解	4	14.81	—	—
	非常了解	2	7.41	—	—

续表

项目			初中		小学	
			频数 / 均值	百分比 / 标准差	频数 / 均值	百分比 / 标准差
绩效工资的效果	绩效工资政策对工作的影响	消极影响	12	48.00	13	36.11
		没有影响	3	12.00	1	2.78
		积极影响	10	40.00	22	61.11
	绩效工资对激发工作积极性的帮助	没有帮助	2	8.00	0	0.00
		帮助比较小	2	8.00	1	2.78
		帮助一般	11	44.00	19	52.78
		帮助比较大	9	36.00	6	16.67
		帮助很大	1	4.00	10	27.78
	绩效工资政策是否对教学行为有改变	没有改变	4	15.38	2	5.56
		改变比较小	3	11.54	3	8.33
		改变一般	12	46.15	19	52.78
		改变比较大	5	19.23	10	27.78
		改变很大	2	7.69	2	5.56

由表 3-4 可知，教师绩效工资政策实施的总体情况不太理想。首先，教师的工资水平仍然处于较低水平，在初中学校，只有不到 20% 的教师认为他们的工资不低于当地的公务员。其次，对教师的绩效考核主要关注教师的教育教学成果、出勤、学生学业表现、超课时量等具备量化特征的指标，缺乏对教师师德建设、专业发展等过程性表现的考核。这种考核指标导致约 70% 的教师都认为教育教学成果对绩效影响最大，形成了一种结果导向的考核价值。最后，教师绩效工资政策透明度也存在一定的问题，约 50% 的教师表示他们“不太了解”甚至“完全不了解”学校关于绩效工资的规定。以上种种问题叠加，导致绩效工资的实施效果不佳，总体来说，60% 的初中教师以及约 40% 的小学教师都不认同绩效工资给他们的工作带来了积极影响；55%~60% 的教师认为绩效工资对激发工作积极性的作用一般甚至更小；同时，在绩效工资对教师教学行为的改变上，初中教师持更加悲观的态度，他们中只有 27% 左右认同绩效工资可以在较大或很大程度上改变他们的教学行为，而小学教师中约有 33% 持相同观点。

3.5　教师激励政策的合力效果

本报告中的“教师激励政策”包括班主任政策、教师培训政策和绩效工资政策，为测量教师激励政策的合力效果，调研组对初中和小学教师进行了相应的调查，具体调查结果如表 3–5 所示。

表 3–5　教师激励政策的合力效果

项目		初中		小学	
		频数 / 均值	百分比 / 标准差	频数 / 均值	百分比 / 标准差
政策合力效果	班主任、教师培训和绩效工资三个政策都没促进工作	1	3.85	1	3.13
	班主任和绩效工资政策促进我的工作	3	11.54	4	12.50
	班主任和教师培训政策促进我的工作	3	11.54	9	28.13
	教师培训和绩效工资政策促进我的工作	6	23.08	7	21.88
	班主任、教师培训和绩效工资三个政策共同促进工作	13	50.00	11	34.38
对教学工作影响最大的因素	中央或地方出台的政策	14	53.85	29	80.56
	学校的相关管理规定	14	53.85	24	66.67
	教师的人际关系	3	11.54	8	22.22
	与领导的关系	2	7.69	4	11.11
	与学生的关系	13	50.00	8	22.22
	与家长的关系	5	19.23	4	11.11
	出于对工作的热爱	23	88.46	28	77.78

如表 3–5 所示，教师激励政策产生了一定的合力，但这并不一定是对教学工作影响最大的因素。具体来说，在政策合力上，几乎所有教师都认为相关的激励政策对他们的工作有一定的促进作用；有一半初中教师表示班主任、教师培训和绩效工资三个政策对他们的工作有共同促进的作用，近 25% 的教师认为教师培训和绩效工资政策可以共同促进他们的工作；有近 35% 的小学教师认为班主任、教师培训和绩效工资三个政策起到合力作用，近 30% 的教师认同班主任和教师培训政策的合力作用。但在对教学工作的影响因素上，教师们并不认为政策、规定对他们的工作具有最大的影响力，初中教师和小学教师对这一问题的看法较为一致，根据调查结果，将对教学工作的影响因素按照影响力从大到小的顺序排列，依次为“出于对工作的热爱”“中央或地方出台的政策”“学校的相关管理规定”“与学生的关系”等。

3.6　问卷修改建议

经过对比、统计分析发现，本次调研所使用的调查问卷的个别题项仍需完善，尤其是小学版问卷。

总体而言，为使数据真实可信，以便后期统计分析，本报告提出几点建议：①将五点量表改为四点量表，去掉“一般”等中间表述，否则将有较多教师选择该选项；②将题目选项的现有编码进行反向编码，如，现有选项的编码顺序一般为：“1——非常了解，2——比较了解，3——一般了解，4——不太了解，5——完全不了解”，在进行数据分析尤其是回归分析时，这种编码顺序违背“数值越大，表现越好”这一不成文的统计习惯，建议修改为“1——完全不了解，2——不太了解，3——比较了解，4——非常了解”。其他类似的选项编码修改建议同上。

此外，还有一些题项有待修改，现将存在争议的具体题项及修改建议列举如下。

3.6.1　基本情况部分

3.6.1.1　小学、初中版问卷：A7 担任班主任年限

修改原因：该题与其他年限有关题项的变量类型不统一，也没有必要设置分类变量。

- 原题：

您担任班主任已经多少年了？

A. 5 年及以下　　B. 6~10 年　　C. 11~15 年

D. 16~20 年　　E. 21~25 年　　F. 26 年及以上

为与其他年限有关变量相统一，建议更改为连续型变量。

- 建议新题修改如下：

您（曾）担任班主任已经________年？（该题目建议移至班主任政策部分第 3 题）

3.6.1.2　小学、初中版问卷：A8 您都带过哪些年级和 A9 当前任职班主任年级

修改原因：小学版问卷题项设置不合理，缺少小学相关选项。

● 原题：

8. 您都带过哪些年级？

A. 七年级

B. 八年级

C. 九年级

D. 高一

E. 高二

F. 高三

G. 小学

9. 您现在担任哪一年级的班主任工作？

A. 初一年级

B. 初二年级

C. 初三年级

D. 高一年级

E. 高二年级

F. 高三年级

● 建议新题修改如下：

8. 您都担任过哪些年级的班主任？ /9. 您现在担任哪一年级的班主任工作？（第 9 题建议移至班主任政策部分第 1 题，第 8 题建议移至班主任政策部分第 2 题）

A. 小学低年级

B. 小学中年级

C. 小学高年级

D. 初中一、二年级

E. 初中三年级

F. 高中一、二年级

G. 高中三年级

H. 从未担任过班主任（第 8 题）/ 未担任班主任（第 9 题）

3.6.1.3 小学、初中版问卷：A10 当前任教学科和课时量

修改原因：小学版问卷题项设置不合理，缺少小学相关选项；初中版问卷题项设置不准确。

● 原题：

10. 您承担的教学科目以及课时量是多少？

语文（　　）节 / 周

数学（　　）节 / 周

英语（　　）节 / 周

物理（　　）节 / 周

历史（　　）节 / 周

政治（　　）节 / 周

化学（　　）节 / 周
地理（　　）节 / 周
生物（　　）节 / 周
音体美（　　）节 / 周
班会（　　）节 / 周
其他（请注明）（　　）节 / 周

- 建议新题修改如下（题项不一定全面，建议再做调研）：

10. 您承担的教学科目以及课时量是多少？

小学版：
小学语文（　　）节 / 周
小学数学（　　）节 / 周
小学英语（　　）节 / 周
小学科学（　　）节 / 周
小学道德与法治（　　）节 / 周
小学信息技术（　　）节 / 周
小学音、体、美（　　）节 / 周
班会（　　）节 / 周
其他（请注明）（　　）节 / 周

初中版：
初中语文（　　）节 / 周
初中数学（　　）节 / 周
初中英语（　　）节 / 周
初中地理（　　）节 / 周
初中思想政治（　　）节 / 周
初中历史（　　）节 / 周
初中历史与社会（　　）节 / 周
初中生物（　　）节 / 周
初中物理（　　）节 / 周
初中化学（　　）节 / 周
初中俄语（　　）节 / 周
初中信息技术（　　）节 / 周
初中音、体、美（　　）节 / 周
班会（　　）节 / 周
其他（请注明）（　　）节 / 周

3.6.1.4　小学版问卷：缺少反映教师工作量的题项

修改原因：与初中版问卷相比，小学版问卷中能反映教师工作量的题项仅有 A10，即承担的教学任务，但教师的工作范围不仅仅包括教学，缺少初中版问卷中 A13~A15Q9 等相关题项，难以全面反映教师的工作负担。

同时，初中版问卷中的 A13~A15Q9 等题项设置也不尽合理，问题主要是教师工作内容有交叉，如既有每周课时量，又有上课时长。

修改建议：在初中版问卷的基础上，保留 A10 题、A15 题（您每周平均工作时间分配是怎样的），删除 A13 题（您每星期承担的课时量是多少）。小学版问卷参照初中版整合相关题项。

3.6.2 班主任政策部分

该部分主要考察班主任政策的实施现状与效果，考虑到问题之间的内部逻辑以及问卷填答的现状，提出以下建议：①班主任政策部分题目进行进一步整合，具体地，将基本情况部分关于班主任任职经历的题目（A9、A8、A7题）移至该部分，按下文具体示例整合 B1~B7 题。②对教师进行分类调研，应分为三类，分别为：从未担任过班主任；以前做过班主任，现在不做班主任；现在担任班主任。对从未担任过班主任的教师要增设问题，如“您不做班主任的原因排序（可包括经济、家庭、人际关系等原因）”，同时也要求这一类教师回答对学校 / 教育部班主任政策的了解程度、影响做好班主任工作的因素排序等问题。对以前做过班主任，现在不做班主任的教师要在从未担任过班主任教师问题的基础上增设问题，包括“最后一次做班主任是哪一年”等。③初中版问卷剩余题目保持原状，小学版问卷题目同初中版问卷保持一致。④面向所有班主任调查其工作积极性现状。

本书对该部分问卷的建议如下。

3.6.2.1 初中版问卷：B1~B5Q4 有关班主任津贴、激励措施等题目

修改原因：B1~B5Q4 题项有部分内容重叠，逻辑不太清晰。

修改建议：将 B1~B5Q4 删去，替换新题如下（题项不一定全面，建议再做调研）：

学校有哪些面向班主任的激励措施？您认为下列哪些激励措施对您做好班主任的影响比较大？（请按照从最重要到最不重要排序，如无影响则不选择）

A. 班主任津贴（如有，每月约________元）

B. 评职称优先考虑

C. 有定期的奖励

D. 其他奖励措施（请简要说明________________________________）

3.6.2.2 初中版问卷：B6~B7 有关班主任培训、工作量计算等题目

修改原因：B6~B7 题项设置目的不明、归类不清。

B6 您所在的学校是否实行教师初次担任班主任应接受岗前培训，符合选聘条件后学校方可聘用的政策？（作为一项培训活动，是否属于对班主任的激励措施？）

B7 您所在的学校是否实行班主任工作量按当地教师标准课时工作量的一半计入教师基本工作量的政策？（是否属于对班主任的激励措施？）

修改建议：如果以上两个题目均属于对班主任的激励措施，建议与 B1～B5Q4 题项整合。

3.6.2.3　小学版问卷 B5 题、初中版问卷 B14 题

修改原因：题干表述不清，“改变”一词不够严谨，易产生歧义。

- 原题：

您认为学校实施的班主任政策是否改变了您的工作行为？

A. 改变很大

B. 改变比较大

C. 改变一般

D. 改变比较小

E. 没有改变

- 建议新题修改如下：

您认为学校实施的班主任政策是否对您的工作行为有所改进？

A. 没有改进

B. 改进较小

C. 改进较大

D. 改进很大

3.6.3　教师培训政策部分

本部分主要关注教师激励政策中的教师培训政策，意在探究这一政策背景下教师参训积极性的现状及原因，因此最好聚焦于影响教师积极性的外部因素和内部因素。外部因素指激励教师参训的外部措施，内部因素指教师培训政策本身对教师参训积极性抑制或提高的方面。针对以上两个层面，本研究认为，在初中版问卷的基础上，应当删去有关教师培训活动本身的问题（C2Q1～C5Q4），将关注点放在教师对待培训的态度（C1+C8+C9）、现行的激励措施（C6+C7）、培训过程中激发或压抑教师积极性的要素等方面。

3.6.3.1　关于现行的激励措施，本研究提出几点参考建议

修改原因：问卷中在 C7 题中列举了“评职称、评优评奖、提供培训补助、没有措施”等激励措施，这一题目一是将“评优”“评奖”在一定程度上混淆，因为评奖可能与奖金挂钩，应与精神性奖励区分开来，也与培训补助

有所不同；二是可能对现行激励措施的了解不够深入，选项不够丰富。建议在选项中突出奖金与评优的区别，同时在丰富已有选项的基础上增加“其他”选项。

修改建议：相关题目的形式可修改如下。

您认为下列激励措施对调动您参训积极性的作用有多大？

项目	学校未实行	没有作用	作用比较小	作用比较大	作用很大
1. 评职称					
2. 评优					
3. 发奖金					
4. 提供培训补助					
5. ……					
6. 其他（请注明）					

这种问答形式的编码为“0——学校未实行……4——作用很大”。

这种问答形式的优点在于，当回答不为 0 时，可以认定学校实行过该种激励措施，进而分析当前激励措施的构成；当进一步分析教师的回答时，可以探明不同激励措施的激励效果。

3.6.3.2 关于培训过程中激发或压抑教师积极性的要素，本研究提出几点参考建议

第一，教师培训可大致分为培训目标、培训内容、培训形式、培训评估四个要素，这些要素的具体构成可能都会影响教师参训的积极性，但由于培训目标难以为教师所感知，因此建议着重考察后三者对教师积极性的影响。

以培训内容为例，建议将相关题目的形式修改如下。

您认为下列培训内容对您相关工作的帮助有多大？

项目	未参加过	没有帮助	帮助比较小	帮助比较大	帮助很大
1. 班主任工作					
2. 师德（道德伦理）					
3. 教育理论					
4. 教学技能					
5. 课程开发与校本教材开发					
6. 学科新进展					

续表

项目	未参加过	没有帮助	帮助比较小	帮助比较大	帮助很大
7. 教育信息技术					
8. 研究方法					
9. 论文写作					
10. 学生管理					
11. 其他（请注明）					

这种问答形式的编码为“0——未参加过……4——帮助很大”。

建议培训形式、培训评估等方面的问题也形如上题。

第二，教师培训的四个要素反映的是培训实施的现状，但是仍缺乏对现实所蕴含的经验与问题的概括，这些先进经验或问题也同样会对教师参训的积极性带来积极或者消极影响。例如，根据已有研究，教师培训存在“培训的内容理论太多、仍采用大班讲授的方式、培训者培训严重不足”等问题（王志明，2013），这些问题无疑会挫伤教师参加培训的积极性。因此，本研究建议在问卷修订时，查阅相关文献，尽可能地列举出教师培训政策现存的优缺点，并在“教师培训政策”部分增设相关问题，探究这些优 / 缺点对教师积极性的激发 / 抑制程度。

以培训存在的缺点（未能穷尽，仍需进一步研究）为例，建议将相关题目的形式修改如下。

您认为下列问题对您参加培训积极性的消极影响有多大？

项目	影响很大	影响比较大	影响比较小	没有影响
1. 培训内容理论知识太多				
2. 网络培训流于形式				
3. 大班讲授效果欠佳				
4. 培训占用了过多时间				
5. ……				

3.6.4　教师绩效工资政策部分

教师绩效工资政策实行已久，但其实行的结果长久以来并不尽如人意。根据绩效工资理论，它是一种与员工绩效密切联系的薪酬形式。换言之，绩效工资究竟能否体现出员工的实际绩效，将决定这一形式能否产生预想的效果。因此，关于绩效工资政策对教师工作积极性的影响的调查，应当明确绩效工资的具体实施情况以及教师对绩效工资的主观认知，否则可能难以获得有效的调查结果。

（1）关于绩效工资的具体实施情况，本研究提出以下参考建议

额外调查教师的总工资金额、绩效工资金额（设置“不清楚”这一选项）。

（2）关于教师对绩效工资的主观认知，本研究提出几点参考意见

①额外调查教师对校内不同职务（如，校长、非毕业班班主任、毕业班教师及班主任、学校中层干部、非毕业班教师、教辅人员、工勤人员）绩效工资的排序；

②额外调查教师对绩效工资能否体现实际绩效的看法（选项：1——很不一致……4——非常一致）；

③额外调查教师关于绩效工资对不同工作内容的激励作用（问题形式同上文中题目：您认为下列问题对您参加培训积极性的消极影响有多大）的看法，删去 D6、D7 题。

④额外调查教师关于绩效工资实施中的优 / 缺点对工作积极性的积极 / 消极影响（问题形式同上文中题目：您认为下列问题对您参加培训积极性的消极影响有多大）的看法。

3.6.5 教师激励政策合力效果部分

（1）关于政策合力效果，本研究提出以下参考建议

在原问卷的政策合力效果部分，所有题目总共包含了三种情况，分别为三项政策未产生合力作用、两两政策产生合力作用、三项政策共同产生合力作用，但因为题目回答的设置，当前只能获知教师对这些选项的认可情况，无法获得他们的认可程度。建议在原题目的基础上，删去 E1~E5 题，将问题更改为：“以下说法是否符合您的工作情况？”选项更改为“1——完全不符合……4——完全符合”。

（2）关于对教学工作影响最大的因素，本研究提出以下参考建议

该部分题目的选项中，“教师的人际关系”和“与领导 / 学生 / 家长的关系”存在语义上的重叠，建议将“教师的人际关系”更改为“与同事的关系”或本来要表述的意思。

第4章

绩效工资和职称评聘政策执行对中小学教师工作积极性的影响研究

4.1 研究问题提出

在每一项政策出台之际，均有其实施方案和具体措施，而其政策执行情况如何是值得去关注、思考和回应的问题，其预期目标是否达到亦值得探讨。所以本书主要从政策的执行情况和执行效果进行研究。具体地，基于绩效工资和职称评聘政策出台的目标——激励广大中小学教师工作积极性，本书将对两者执行情况对中小学教师工作积极性的影响展开相关的研究。

第一，中小学教师工作积极性如何？此问题有助于了解教师工作积极性的现状，从个人和组织两个视角出发，研究个人和组织工作积极性的差异；同时，对不同教师群体进行差异性分析。

第二，绩效工资和职称评聘政策执行情况如何？此问题有助于了解目前绩效工资和职称评聘政策的执行情况，分析执行过程中的成效和问题，为后面分析做铺垫。

第三，绩效工资和职称评聘政策执行对中小学教师工作积极性的影响如何？此问题有助于了解绩效工资和职称评聘政策分别对中小学教师工作积极性的影响程度，同时可结合访谈，挖掘背后的影响机制。

第四，绩效工资和职称评聘政策执行对中小学教师不同群体工作积极性的影响有何不同？此问题有助于了解绩效工资和职称评聘政策对不同特征教师的工作积极性的影响差异，以便对不同群体提出针对性建议。

第五，绩效工资和职称评聘政策协同执行对中小学教师工作积极性产生什么样的影响？此问题是从政策合力的视角出发，研究两个政策共同对中小学教师工作积极性的影响，并探索其背后的影响机制。

4.2 研究框架

为调动教师的工作积极性，国家出台了一系列相关政策，包括绩效工资、职称评聘、减负、培训、教师轮岗和班主任等激励政策。其中，绩效工资、职称评聘、减负直接影响教师工作积极性，而培训、教师轮岗和班主任政策通过影响绩效工资、职称评聘进而影响教师工作积极性；由于减负政策出台时间短，政策执行还没有完全落实，故本研究从绩效工资和职称评聘政策出发，研究其对教师工作积极性的影响。

本研究首先通过问卷调查 7 省 22 所中小学教师和访谈多位在职教师，对教师工作积极性进行统计分析；其次，对绩效工资和职称评聘政策的执行情况进行梳理，计算政策执行得分；再次，研究政策执行得分对教师工作积极性的影响，同时考虑个人特质、教师自我效能感、教师与学生互动以及学校管理风格等控制变量的影响；最后，结合政策执行现状和对教师工作积极性的影响程度，对政策执行和激励教师工作积极性提出相关建议。

研究框架如图 4–1 所示。

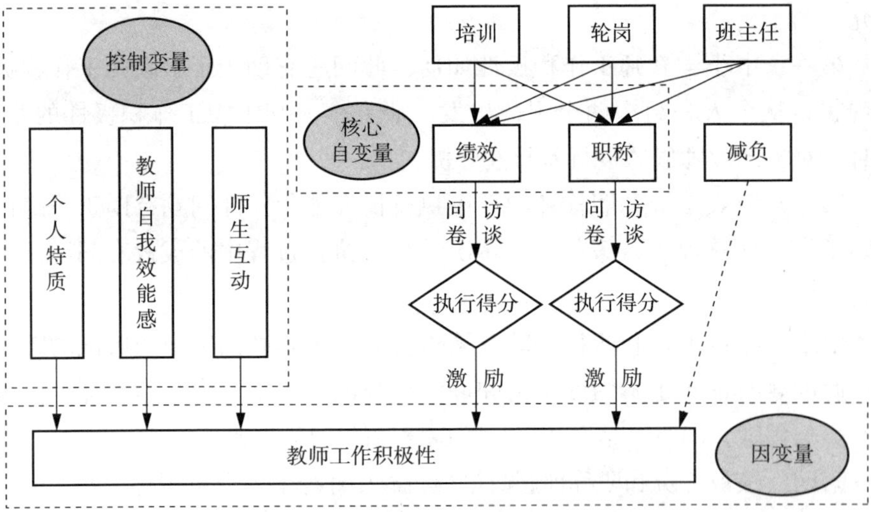

图 4–1 研究框架

4.3　研究思路

首先，对中小学教师工作积极性进行描述性统计分析，采取方差分析的方法。其次，对绩效工资和职称评聘政策执行现状进行描述性统计分析，计算政策执行得分，并进行方差分析。再次，研究绩效工资和职称评聘政策执行对中小学教师工作积极性的影响，采取多元回归分析，并加入控制变量。最后，探索两个政策对教师工作积极性的合力效果，采取多元回归的方法。研究思路如图 4–2 所示。

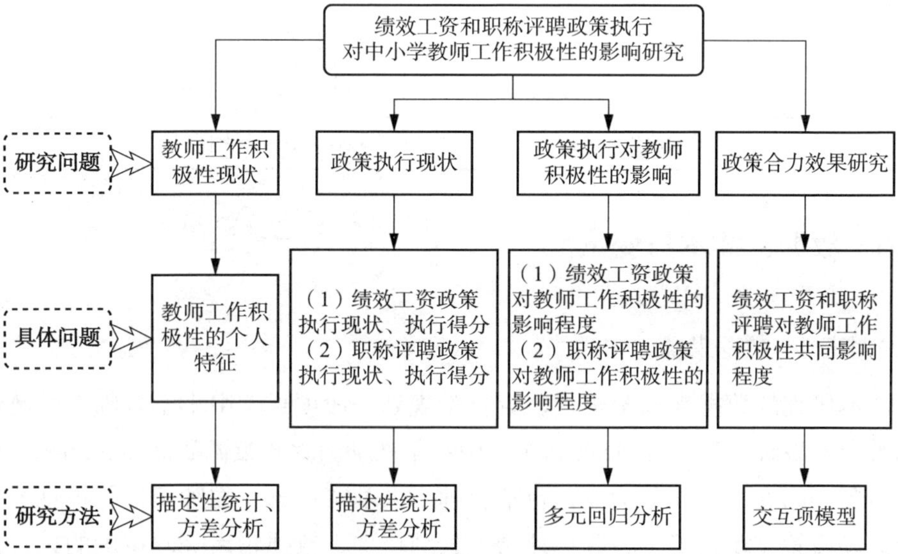

图 4–2　研究思路

4.4　研究假设

基于研究问题，本研究将进行一系列的实证分析。首先，对教师工作积极性群体特征的方差分析，包括个人特质、教师自我效能感、教师与学生互动程度以及学校管理风格，其中个人特质包括性别、教龄、婚姻状况、最高学历、学校类别、学校层级、是否担任班主任、劳动关系、职称、有无行政职务、教学任务量、教学工作量、参与轮岗情况等。其次，对绩效工资和职称评聘政策的执行情况进行描述性统计，并分析绩效工资和职称评聘政策执行对教师个人和组织工作积极性的影响。最后，探索绩效工资和职称评聘政策执行对教师个人和组织工作积极性的合力效果。具体的研究假设见表 4–1。

表 4–1　研究假设

假设代码	假设内容
1	绩效工资政策执行得分越高，教师个人工作积极性越低
2	绩效工资政策执行得分越高，教师组织工作积极性越低
3	职称评聘政策执行得分越高，教师个人工作积极性越低
4	职称评聘政策执行得分越高，教师组织工作积极性越低
5	绩效工资和职称评聘政策对教师个人工作积极性不具有合力作用
6	绩效工资和职称评聘政策对教师组织工作积极性不具有合力作用

4.5　数据、样本与变量

4.5.1　数据来源

本研究的数据来源于全国教育科学规划一般项目“中小学教师激励政策的合力效果研究”（BGA180059）、《中小学教师激励政策调研问卷》和相关访谈材料。问卷由 5 部分构成，包括教师个人基本信息、教师工作积极性、教师激励政策（绩效工资、职称评聘、教师培训、教师轮岗等政策）的执行情况、其他控制变量、政策合力效果。在本研究中，采用的相关数据包括教师个人基本信息、教师工作积极性、绩效工资和职称评聘政策执行情况，以及其他控制变量。

4.5.2　研究样本

本研究所选取的样本包括东中西部地区，即河北省、湖北省、广东省、云南省、江西省、北京市、山西省 7 省市，共 22 所中小学校。[①] 对学校教师发放调查问卷《中小学教师激励政策调研问卷》以及随机抽取教师进行访谈。

① 22所学校中，有19所是具体到学校，另外3所是学校的集合，包括其他农村小学、其他城镇小学和其他城镇初中。

本研究累计发放问卷 1600 份，回收 1449 份，回收率为 90.56%；有效问卷 1418 份，有效率为 97.86%。本研究累计访谈教师和校长 47 人。

4.5.3　测量量表

经过综合考虑已有量表的测量内容、测量特征与应用范围，编制本研究所使用的教师工作积极性量表。该量表包含个人和组织两个维度，各维度下又考虑情感与行为两个视角。其中，个人积极性的情感视角借鉴的是 Schaufeli 等的 UWES-3，行为视角综合考虑 Saks 和 May 等及 Klassen 等的 ETS 量表；组织积极性的情感视角借鉴 Saks 的 JOE 量表，行为视角参考 Runhaar 等的 OCB's 量表。以上量表均通过多次检测和验证，本研究拟对这些量表进行本土化表述，展开教师工作积极性的相关研究。具体地，教师工作积极性量表如表 4-2 所示；教师工作积极性量表题目见表 4-3。

表 4-2　教师工作积极性量表

分量表	一级指标	操作性定义	题项	题目来源及说明
个人积极性	情感积极性	个人工作中表现出的活力、奉献、专注等积极情绪	1~3	源自 Schaufeli 等的 UWES-3[①]
	行为积极性	个人在本职工作、与学生互动中表现出的积极行为	4~9	第 4 题参考 Saks；第 5~7 题参考 May 等；第 8~9 题为自编题目，在参考 Klassen 等 ETS 量表的基础上编制，考察教师与学生互动的积极行为[②③④]； 第 4、第 6、第 7 题为反向计分题目

① Schaufeli W B，Shimazu A，Hakanen J，et al. An ultra-short measure for work engagement：The UWES-3 validation across five countries［J］. European Journal of Psychological Assessment，2019，35（4）：577-591.

② Saks A M. Antecedents and consequences of employee engagement［J］. Journal of Managerial Psychology，2006，21（7）：600-619.

③ May D R，Gilson R L，Harter L M. The psychological conditions of meaningfulness，safety and availability and the engagement of the human spirit at work［J］. Journal of Occupational and organizational Psychology，2004，77（1）：11-37.

④ Klassen R M，Yerdelen S，Durksen T L. Measuring teacher engagement：Development of the Engaged Teachers Scale（ETS）［J］. Frontline Learning Research，2013，1（2）：33-52.

续表

分量表	一级指标	操作性定义	题项	题目来源及说明
组织积极性	情感积极性	个人对组织工作表现出的积极情绪	10~12	参考 Saks 的 Job and Organization Engagement 量表[①]；第 11 题为反向计分题目
	行为积极性	有益于其他个体的工作行为、有益于整个组织的工作行为	13~18	参考 Runhaar 等的 OCB's 量表[②]

表 4-3 教师工作积极性量表题目

维度	个人积极性	组织积极性
情感积极性	1. 在工作中，我感到精力充沛	10. 对我来说，参与学校里的事务令我比较兴奋
	2. 我对自己的工作充满热情	11. 我不喜欢我们学校里发生的事情
	3. 我沉迷于工作	12. 我在我们学校中的积极性很高
行为积极性	4. 工作的时候，我经常走神，会想其他的事情	13. 如果有同事缺勤或者休息，我会主动承担他的任务
	5. 我工作没完成就不会下班	14. 我会帮助工作繁重的同事
	6. 只要有可能，我就尽量不加班	15. 即使没有人要求，我也会不遗余力地帮助新同事
	7. 我不会让我的工作太辛苦	16. 我自愿为我所处的部门做一些事情
	8. 我愿意为了学生做一些工作要求之外的工作	17. 为了部门的共同利益，我会自愿执行任务
	9. 在课堂上，我关注学生的感受和问题	18. 我会留意学校内部的通知，以便随时了解情况

4.5.4 数据变量说明

从表 4–4 中可以看出，数据变量包括因变量、核心自变量、个人特质以及其他控制变量。首先，核心自变量包括绩效工资政策执行得分和职称评聘政策执行得分。从表 4–5 中可以看出绩效工资和职称评聘政策执行条目及来源依据。其中，绩效工资政策执行从期望工资、工资水平、考核方案、考核

① Saks A M. Antecedents and consequences of employee engagement［J］. Journal of Managerial Psychology，2006，21（7）：600–619.

② Runhaar P，Konermann J，Sanders K. Teachers' organizational citizenship behaviour：Considering the roles of their work engagement，autonomy and leader–member exchange［J］. Teaching and Teacher Education，2013（30）：99–108.

结果、结果应用等维度进行度量；职称评聘政策执行从评审标准、评审机制和评审程序等维度进行度量。其次，个人特质包括性别、教龄、婚姻状况、最高学历、学校类别、学校层级、是否担任班主任、劳动关系、职称、行政职务、教学任务量、工作时间、参与轮岗情况。最后，其他控制变量包括教师自我效能感、教师与学生互动程度、学校领导风格。关于教师自我效能感，本研究以 Tschannen–Moran 等以 Bandura 的理论为基础，针对既有的教师自我效能量表出现的种种问题，重新构建的教师效能感量表（TSES），从中选取最重要的 3 个题目。[①] 对于教师与学生互动程度，本研究选取 Runhaar 等构建的 Motivating Interaction with Pupils 量表，以衡量师生互动对教师的激励作用，从中选取最重要的 3 个题目。[②] 关于学校领导风格，Paur 通过专家评审、多轮测试构建了 DSL characteristics 量表，[③] 本研究选取 4 个最具代表性的题目，作为问卷中学校领导风格的内容。各维度的具体选题见表 4–6。

表 4–4　数据变量说明

维度	名称	变量类型	变量解释
因变量	教师个人工作积极性（*PWM*）	定序	非常不同意 =1，不太同意 =2，一般 =3，比较同意 =4，非常同意 =5
	教师组织工作积极性（*OWM*）		
核心自变量	绩效工资政策执行得分（*mpp*）	定序	非常不符合 =1，不太符合 =2，一般 =3，比较符合 =4，非常符合 =5
	职称评聘政策执行得分（*tap*）	定序	
个人特质	性别（*gen*）	定类	男 =0，女 =1
	教龄（*ta*）	定序	0~5 年 =0，6~10 年 =1，11~20 年 =2，21~30 年 =3，30 年以上 =4
	婚姻状况（*ms*）	定序	未婚 =1，已婚 =2，其他 =3
	最高学历 [a]（*he*）	定比	大学本科以下 =11，大学本科（成人高等教育）=14，大学本科（普通高等教育）=16，硕士 =19

① Tschannen–Moran M，Hoy A W. Teacher efficacy：Capturing an elusive construct［J］. Teaching and Teacher Education，2001，17（7）：783–805.

② Runhaar P，Sanders K，Konermann J. Teachers' work engagement：Considering interaction with pupils and human resources practices as job resources［J］. Journal of Applied Social Psychology，2013，43（10）：2017–2030.

③ Paur M. Development and validation of a research instrument for measuring the presence of democratic school leadership characteristics［J］. Educational Management Administration & Leadership，2020（3）：1–17.

续表

维度	名称	变量类型	变量解释
个人特质	学校类别[b]（*sc*）	定类	乡镇学校 =0，县级以上学校 =1
	学校层级[c]（*scl*）	定类	小学 =0，初中 =1
	是否担任班主任[d]（*ht*）	定类	否 =0，是 =1
	劳动关系（*lr*）	定类	无编制 =0，有编制 =1
	职称[e]（*ad*）	定序	没有职称 =1，三级教师 =2，二级教师 =3，一级教师 =4，高级教师 =5
	行政职务（*jt*）	定类	无职务 =0，有职务 =1
	教学任务量（*att*）	定比	教学班级数，单位：个
	工作时间（*tw*）	定比	在校工作时长，单位：小时
	参与轮岗情况（*pjr*）	定类	未参与 =0，参与 =1
其他控制变量	教师自我效能感（*se*）	定序	非常不同意 =1，不太同意 =2，一般 =3，比较同意 =4，非常同意 =5
	教师与学生互动程度（*tsi*）	定序	
	学校领导风格（*sl*）	定序	

注：a. 样本中有一名博士学历教师，但因是个例，故剔除。

b. 依据县级以上（含县级）学校和乡镇学校区分：县级以上（含县级）学校（1）：黄梅县苦竹中学，广水市十里中学，广水市十里中心小学，武穴市实验中学，雄县第二小学，云南省昌宁思源实验学校，山西省太原市万柏林区第三实验小学，北京市清河中学，江西省铜鼓二中，其他城镇小学，其他城镇中学；乡镇学校（0）：安新县郭里口村学校，河北小里镇中心校，容城县黑龙口小学，广东省雷州市沈塘镇中心小学，广东省雷州市沈塘镇农村小学，湖北省天门市岳口镇新堰初级中学，湖北省天门市岳口镇桃林小学，其他农村小学，其他农村中学，雄县朱各庄镇第一小学，武汉市新洲区思源实验学校，十堰市郧阳区胡家营镇初级中学。

c. 依据初中和小学区分：初中（1）：黄梅县苦竹中学，广水市十里中学，武穴市实验中学，十堰市郧阳区胡家营镇初级中学，北京市清河中学，江西省铜鼓二中，湖北省天门市岳口镇新堰初级中学，其他农村中学，其他城镇中学，武汉市新洲区思源实验学校；小学（0）：广水市十里中心小学，安新县郭里口村学校，雄县第二小学，河北小里镇中心校，雄县朱各庄镇第一小学，山西省太原市万柏林区第三实验小学，容城县黑龙口小学，广东省雷州市沈塘镇中心小学，广东省雷州市沈塘镇农村小学，湖北省天门市岳口镇桃林小学，其他农村小学，其他城镇小学；另外：云南省昌宁思源实验学校，小学部分 64 人，初中 97 人，分开统计学校层级变量。

d. 系"目前是否担任班主任"，下同。

e. 题目设计中包含了正高级职称，但样本中没有该职称的教师，故未在分类中。

表 4-5　绩效工资和职称评聘政策执行条目及来源依据

维度	序号	条目
绩效工资	1	我的工资不低于我所期望的工资收入
	2	我的工资不低于当地公务员的平均工资收入水平[a]

续表

维度	序号	条目
绩效工资	3	我认为目前学校绩效考核方案公平公正、公开透明[b]
	4	学校根据考核结果，遵循多劳多得原则，重点向一线教师、骨干教师和做出突出成绩的其他工作人员倾斜[c]
	5	绩效考核结果作为教师资格认定、岗位聘任、职务晋升、培养培训、表彰奖励等工作的重要依据[d]
职称评聘	1	评审标准合理，注重师德素养和教学业绩，减少对论文、学历倾向，优先考虑农村教师[e]
	2	评价机制创新，同行专家加入职称评聘过程，评审过程公开透明[f]
	3	教师岗位空缺时，及时评聘，并严格按照个人申报、考核推荐、专家评审、学校聘用程序进行[g]

注：a.《关于义务教育学校实施绩效工资的指导意见》第二部分第（一）条。

b.《教育部关于做好义务教育学校教师绩效考核工作的指导意见》第四部分第 3 段。

c.《关于义务教育学校实施绩效工资的指导意见》第三部分第（二）条。

d.《教育部关于做好义务教育学校教师绩效考核工作的指导意见》第五部分第 2 段。

e.《关于深化中小学教师职称制度改革的指导意见》第二部分第（二）点。

f.《关于深化中小学教师职称制度改革的指导意见》第二部分第（三）点。

g.《关于深化中小学教师职称制度改革的指导意见》第二部分第（四）点。

表 4–6　其他控制变量题目

维度	题目
教师自我效能感[a]	1. 在教学中，我相信我能够使用多样的评价方法
	2. 我相信我能够安抚捣乱或吵闹等不遵守课堂纪律的学生
	3. 我相信我能够让学生建立对学业的自信
教师与学生互动程度[b]	1. 良好的师生关系能够激励我工作
	2. 相比非教学工作，教学工作本身更能够激励我
	3. 学生的学业进步能够激励我工作
学校领导风格[c]	1. 领导帮助我理解个人目标与团队目标之间的关系
	2. 在做一些与我相关的决策时，领导会征求我的意见
	3. 领导相信我能处理复杂、困难的任务
	4. 领导允许我按照自己的方式完成工作

注：a.Tschannen–Moran M，Hoy A W. Teacher efficacy：Capturing an elusive construct［J］.Teaching and Teacher Education，2001，17（7）：783–805.

b.Runhaar P，Sanders K，Konermann J. Teachers' work engagement：Considering interaction with pupils and human resources practices as job resources［J］. Journal of Applied Social Psychology，2013，43（10）：2017–2030.

c.Paur M. Development and validation of a research instrument for measuring the presence of democratic school leadership characteristics［J］. Educational Management Administration & Leadership，2020（3）：1–17.

4.5.5 访谈文本说明

本研究运用访谈文本对研究结果进行说明和讨论。共访谈了 47 名教师和校长，具体编码原则举例说明如下：I–3–LAH–T–U–3，其中，“I”表示访谈材料；“3”表示学校，有学校 1~6；“LAH”是受访者的匿名处理符号；“T”或者“P”表示老师或者校长；“U”或者“R”表示县级以上学校或者乡镇学校；“1”“2”“3”分别表示来源于绩效工资文本、职称评聘文本、其他相关文本。

4.6 分析方法与模型设定

4.6.1 描述性统计和方差分析

对于教师工作积极性和政策执行现状进行描述性统计分析以及进行方差分析。首先，在教师工作积极性方面，对个人和组织工作积极性分别进行描述性统计和因子分析。其次，从教师个人特质视角出发，对教师个人和组织工作积极性分别进行方差分析。最后，对绩效工资和职称评聘政策执行得分情况分别进行描述性统计并计算各自的综合得分。

4.6.2 多元回归

通过多元回归来研究绩效工资和职称评聘政策对教师工作积极性的影响。

首先，以教师个人工作积极性（*PWM*）作为因变量，加入职称评聘和绩效工资政策执行得分，得到模型 1。再加入个人特征控制变量，得到模型 2。在模型 2 的基础上加入教师自我效能感和教师与学生互动程度，得到模型 3。

式（4–1）代表的是模型 1，*PWM* 代表教师个人工作积极性，*tap* 代表职称评聘政策执行得分，*mpp* 代表绩效工资政策执行得分，β_{11}、β_{12} 分别代表 *tap*、*mpp* 对应的系数，α_1 代表常数项，ε_1 代表残差。

$$PWM^1 = \alpha_1 + \beta_{11}tap + \beta_{12}mpp + \varepsilon_1 \tag{4–1}$$

式（4–2）代表的是模型 2，X_i 代表 13 个个人特征变量，其中 n=13，β_{23} 代表各个控制变量的系数，α_2 代表常数项，ε_2 代表残差。

$$PWM^2 = \alpha_2 + \beta_{21}tap + \beta_{22}mpp + \beta_{23}\sum_{i=1}^{n} X_i + \varepsilon_2 \tag{4–2}$$

在模型 2 的基础上，加入教师自我效能感（*se*）、教师与学生互动程度（*tsi*），得到模型 3。β_{34} 代表教师自我效能感的系数，β_{35} 代表教师与学生互动程度的系数。

$$PWM^3 = \alpha_3 + \beta_{31}tap + \beta_{32}mpp + \beta_{33}\sum_{i=1}^{n} X_i + \beta_{34}se + \beta_{35}tsi + \varepsilon_3 \qquad (4-3)$$

式（4–4）代表的是模型 4，*OWM* 代表教师组织工作积极性，*tap* 代表职称评聘政策执行得分，*mpp* 代表绩效工资政策执行得分，β_{41}、β_{42} 分别代表 *tap*、*mpp* 对应的系数，α_4 代表常数项，ε_4 代表残差。

$$OWM^4 = \alpha_4 + \beta_{41}tap + \beta_{42}mpp + \varepsilon_4 \qquad (4-4)$$

式（4–5）代表的是模型 5，X_i 代表 13 个个人特征变量，其中 n=13，β_{53} 代表各个控制变量的系数，α_5 代表常数项，ε_5 代表残差。

$$OWM^5 = \alpha_5 + \beta_{51}tap + \beta_{52}mpp + \beta_{53}\sum_{i=1}^{n} X_i + \varepsilon_5 \qquad (4-5)$$

在模型 5 的基础上，加入学校领导风格（*sl*），得到模型 6。β_{64} 代表学校领导风格的系数。

$$OWM^6 = \alpha_6 + \beta_{61}tap + \beta_{62}mpp + \beta_{63}\sum_{i=1}^{n} X_i + \beta_{64}sl + \varepsilon_6 \qquad (4-6)$$

4.6.3　分类回归

在多元回归的基础上，进行分类回归。以教龄、学校类别、学校层级、行政职务作为分类变量，探究绩效工资和职称评聘政策在不同教龄、学校类别、学校层级和行政职务的教师中，对个人和组织工作积极性的影响。

在模型 3 的基础上，以教龄作为分类变量，进行分类回归，得到模型 7。在模型 3 的基础上，以学校类别作为分类变量，进行分类回归，得到模型 8。在模型 3 的基础上，以学校层级作为分类变量，进行分类回归，得到模型 9。

$$PWM^7 = \alpha_7 + \beta_{71}tap + \beta_{72}mpp + \beta_{73}\sum_{i=1}^{n} X_i^7 + \beta_{74}se + \beta_{75}tsi + \varepsilon_7 \qquad (4-7)$$

在模型 7 中，X_i^7 在控制变量的基础上，剔除了教龄，β_{71}、β_{72} 分别代表 *tap*、*mpp* 对应的系数，α_7 代表常数项，ε_7 代表残差。

$$PWM^8 = \alpha_8 + \beta_{81}tap + \beta_{82}mpp + \beta_{83}\sum_{i=1}^{n} X_i^8 + \beta_{84}se + \beta_{85}tsi + \varepsilon_8 \qquad (4-8)$$

在模型 8 中，X_i^8 在控制变量的基础上，剔除了学校类别，β_{81}、β_{82} 分别表示 *tap*、*mpp* 对应的系数。

$$PWM^9 = \alpha_9 + \beta_{91}tap + \beta_{92}mpp + \beta_{93}\sum_{i=1}^{n}X_i^9 + \beta_{94}se + \beta_{95}tsi + \varepsilon_9 \tag{4-9}$$

在模型 9 中，X_i^9 在控制变量的基础上，剔除了学校层级，β_{91}、β_{92} 分别表示 *tap*、*mpp* 对应的系数。

在模型 6 的基础上，以教龄作为分类变量，进行分类回归，得到模型 10；以学校类别作为分类变量，进行分类回归，得到模型 11；以学校层级作为分类变量，进行分类回归，得到模型 12；以行政职务作为分类变量，进行分类回归，得到模型 13。

$$OWM^{10} = \alpha_{10} + \beta_{10\_1}tap + \beta_{10\_2}mpp + \beta_{10\_3}\sum_{i=1}^{n}X_i^{10} + \beta_{10\_4}sl + \varepsilon_{10} \tag{4-10}$$

在模型 10 中，X_i^{10} 在控制变量的基础上，剔除了教龄，β_{10_1}、β_{10_2} 分别表示 *tap*、*mpp* 对应的系数，α_{10} 表示常数项，ε_{10} 表示残差。

$$OWM^{11} = \alpha_{11} + \beta_{11\_1}tap + \beta_{11\_2}mpp + \beta_{11\_3}\sum_{i=1}^{n}X_i^{11} + \beta_{11\_4}sl + \varepsilon_{11} \tag{4-11}$$

在模型 11 中，X_i^{11} 在控制变量的基础上，剔除了学校类别。

$$OWM^{12} = \alpha_{12} + \beta_{12\_1}tap + \beta_{12\_2}mpp + \beta_{12\_3}\sum_{i=1}^{n}X_i^{12} + \beta_{12\_4}sl + \varepsilon_{12} \tag{4-12}$$

在模型 12 中，X_i^{12} 在控制变量的基础上，剔除了学校层级。

$$OWM^{13} = \alpha_{13} + \beta_{13\_1}tap + \beta_{13\_2}mpp + \beta_{13\_3}\sum_{i=1}^{n}X_i^{13} + \beta_{13\_4}sl + \varepsilon_{13} \tag{4-13}$$

在模型 13 中，X_i^{13} 在控制变量的基础上，剔除了行政职务。

4.6.4　交互项模型

在多元回归的基础上，探索绩效工资和职称评聘政策的合力效果。本研究拟采用交互项进行探究，并依据结果进行解释和说明。

在模型 3 的基础上，加入绩效工资和职称评聘政策执行得分的交互项作为自变量，得到模型 14，用来探索两项政策在教师个人工作积极性上的合力效果。如式（4–14）所示，$tap \times mpp$ 是绩效工资和职称评聘政策执行得分的交互项，β_{14_6} 系合力效果对应的系数。

$$PWM^{14} = \alpha_{14} + \beta_{14\_1}tap + \beta_{14\_2}mpp + \beta_{14\_3}\sum_{i=1}^{n}X_i + \beta_{14\_4}se + \beta_{14\_5}tsi + \beta_{14\_6}tap \times mpp + \varepsilon_{14} \tag{4-14}$$

在模型 6 的基础上，加入绩效工资和职称评聘政策执行得分的交互项作为自变量，得到模型 15，用来探索两项政策在教师组织工作积极性上的合力效果。如式（4–15），β_{15_5} 系合力效果对应的系数。

$$OWM^{15} = \alpha_{15} + \beta_{15\_1}tap + \beta_{15\_2}mpp + \beta_{15\_3}\sum_{i=1}^{n}X_i + \beta_{15\_4}sl + \beta_{15\_5}tap \times mpp + \varepsilon_{15} \tag{4–15}$$

4.7　教师工作积极性的基本情况分析

教师工作积极性作为因变量，需要对其进行全面客观的讨论，以便后面的分析。故本章拟对全样本数据的教师工作积极性变量进行描述性统计分析和方差分析。从教师个人和组织两个不同视角出发，统计分析两种积极性的不同；以个人特征变量为分类依据，进行方差分析。

4.7.1　教师工作积极性的描述性统计分析

本研究通过 Stata15.0 处理分析 1418 份有效问卷，从个人和组织视角分别对教师工作积极性进行描述性统计，结果如表 4–7 所示。其中，个人行为 4、个人行为 6、个人行为 7 和组织情感 2 是反向计分，在统计过程中已经进行了处理。

表 4–7　教师个人和组织工作积极性描述性统计

个人	均值 ± 方差	组织	均值 ± 方差
个人情感 1	3.826 ± 0.978	组织情感 1	3.752 ± 0.913
个人情感 2	4.240 ± 0.862	组织情感 2	3.597 ± 1.075
个人情感 3	3.781 ± 0.962	组织情感 3	4.039 ± 0.842
个人情感均值	3.950 ± 0.812	组织情感均值	3.796 ± 0.682
个人行为 4	4.266 ± 0.965	组织行为 4	3.982 ± 0.883
个人行为 5	3.851 ± 1.226	组织行为 5	3.984 ± 0.817
个人行为 6	2.833 ± 1.220	组织行为 6	4.055 ± 0.839
个人行为 7	3.063 ± 1.114	组织行为 7	4.161 ± 0.796
个人行为 8	4.099 ± 0.866	组织行为 8	4.224 ± 0.766
个人行为 9	4.572 ± 0.661	组织行为 9	4.399 ± 0.742
个人行为均值	3.781 ± 0.540	组织行为均值	4.134 ± 0.684
个人积极性均值	3.837 ± 0.532	组织积极性均值	4.021 ± 0.621

由表 4–7 可知，1418 名教师的工作积极性整体较高，组织积极性比个人积极性高；83.33% 的变量均值超过 3.7，最高达到 4.572，系个人积极性的课堂行为，可见教师非常关注学生的感受和他们所提的问题。其中，个人情感积极性均值为 3.950，最高值为 4.240，系教师的奉献态度；个人行为积极性均值为 3.781，最高值为 4.572，系教师课堂行为；组织情感积极性均值为 3.796，最高值为 4.039，系教师的组织适应度；组织行为积极性均值为 4.134，最高值为 4.399，系教师的组织信息关注度。在访谈中，对组织积极性有所提及，主要是和学校领导相关。

学校领导对教师的管理政策对本人积极性有所影响。主要希望学校在人文关怀、教师生活方面多加关注。（I–1–LXW–T–R–3）

学校领导跟教师之间交流沟通的能力不同，有的领导能力强，有的领导能力差一点，对教师工作的积极性都会产生一些影响。（I–1–FXF–T–R–3）

由于本研究的因变量较多，有 18 个，在进行量化分析过程中过于累赘，为了使得因变量更具有代表性，本研究运用 Stata15.0 对教师个人和组织工作积极性变量进行因子分析，分别计算教师个人工作积极性综合得分（*PWM*）和教师组织工作积极性综合得分（*OWM*），并用作各个模型的因变量。

首先，对教师个人工作积极性的 9 个变量进行 *Cronbach-α* 系数（信度）求解，值为 0.6851，小于 0.7，不符合因子分析要求。通过数据检验，剔除变量个人行为 6 和个人行为 7，重新计算得 0.7438，符合要求。进行 *KMO* 值（效度）检验，*KMO* 值为 0.788，说明剩余的 7 个变量适合做因子分析。通过因子分析提取 2 个特征值大于 1 的因子，累计贡献率为 57.98%。计算因子得分，并对因子得分进行归一化处理，得到教师个人工作积极性综合因子得分，范围为 0~1，均值为 0.7729，标准差为 0.1570。

其次，对教师组织工作积极性的 9 个变量进行 *Cronbach-α* 系数求解，值为 0.8863，符合因子分析要求。进行 *KMO* 值检验，*KMO* 值为 0.921，说明这 9 个变量适合做因子分析。通过因子分析提取 2 个特征值大于 1 的因子，累计贡献率为 69.82%。计算因子得分，并对因子得分进行归一化处理，得到教师组织工作积极性综合因子得分，范围为 0~1，均值为 0.7551，标准差为 0.1669。

综上，整体上来看调查问卷设计较为合理，所调查的教师工作积极性较高，其中，教师的组织积极性较个人积极性高。但在个人工作积极性的测量中，由于反向问题设置不够周全，选项的内容界定较为模糊，导致结果不甚理想。在因子分析的过程中，由于两个变量的数据不符合因子分析的基本要求，予以剔除；而在组织工作积极性的测量中，反向问题少且清晰，故未出现类似的问题，全部变量得以保留。因此，在进行反向问题设置时，需要对问题进行反复斟酌，设计完备，展开足够量的预调研，以免变量在处理过程中出现问题，造成变量的“浪费”。

4.7.2　教师工作积极性的个体特征分析

通过文献综述，发现教师的个人特征对教师的工作积极性有着不同程度的影响。本研究通过方差分析，既对前人研究进行验证和回应，也为分类回归提供分类的依据。本研究以教师个人和组织工作积极性作为因变量，从性别、学校类别、学校层级、教龄、最高学历、是否担任班主任、劳动关系、职称、行政职务和参与轮岗情况等方面进行方差分析，如图 4–3 所示。其中，对二分变量进行 t 检验，对多元变量（变量维度大于 2）进行 F 检验。

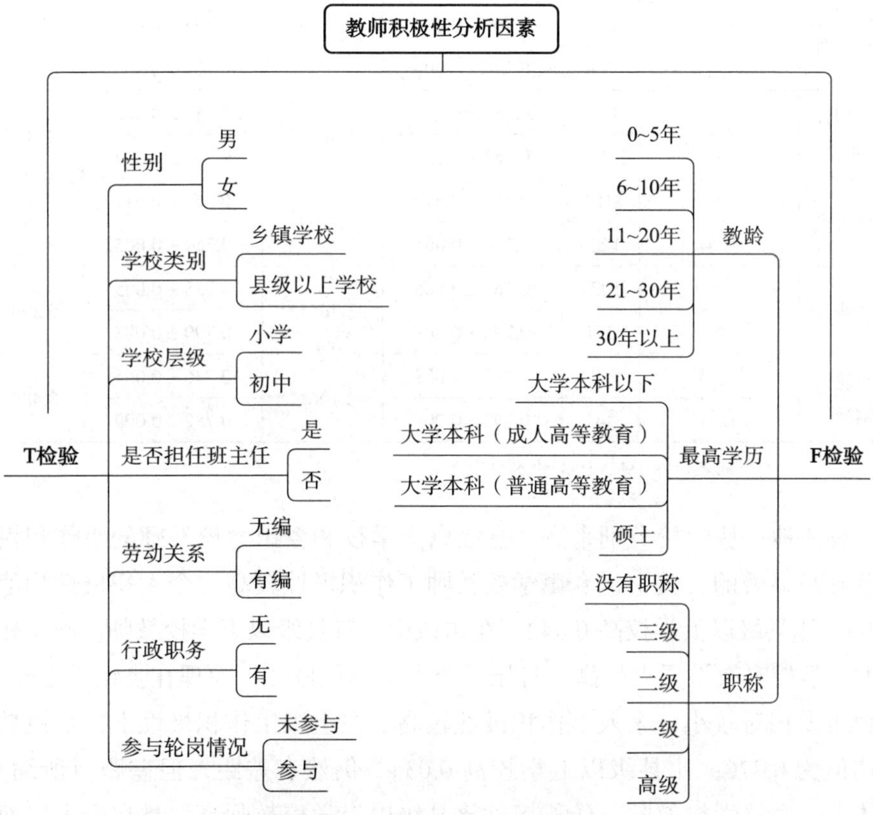

图 4–3　教师积极性分析因素

4.7.2.1 教师工作积极性 t 检验分析

从个人和组织两个维度，对性别、学校类别、学校层级、是否担任班主任、劳动关系、行政职务和参与轮岗情况等变量进行 t 检验，结果如表 4–8 所示。在教师个人和组织工作积极性上，学校类别、学校层级、是否担任班主任、行政职务和参与轮岗情况等变量的影响均在 1% 的水平上差异显著；在组织工作积极性上，性别的影响在 10% 的水平上差异显著，其中女性教师的较高。

表 4–8 教师工作积极性 T 检验结果统计

维度	分类	人数	*PWM* 均值方差	*t* 值	*OWM* 均值方差	*t* 值
性别	男	443	0.763 ± 0.008	−1.582	0.746 ± 0.008	−1.396*
	女	975	0.777 ± 0.005		0.759 ± 0.005	
学校类别	乡镇学校	533	0.799 ± 0.007	4.897***	0.776 ± 0.007	3.751***
	县级以上学校	885	0.757 ± 0.005		0.742 ± 0.006	
学校层级	小学	654	0.805 ± 0.006	7.213***	0.793 ± 0.006	8.020***
	初中	764	0.746 ± 0.006		0.723 ± 0.006	
是否担任班主任	否	830	0.767 ± 0.005	−1.683***	0.745 ± 0.006	−2.709***
	是	588	0.781 ± 0.007		0.769 ± 0.007	
劳动关系	无编	212	0.785 ± 0.010	1.197	0.761 ± 0.011	0.555
	有编	1206	0.771 ± 0.005		0.754 ± 0.005	
行政职务	无	1027	0.763 ± 0.005	−3.707***	0.738 ± 0.005	−6.290***
	有	391	0.798 ± 0.008		0.799 ± 0.008	
参与轮岗情况	未参与	1077	0.767 ± 0.005	−2.706***	0.746 ± 0.005	−3.489***
	参与	341	0.793 ± 0.009		0.782 ± 0.009	

注：***、* 分别表示在 1%、10% 的水平上显著。

具体地，从学校类别来看，县级以上学校和乡镇学校教师的工作积极性的差异是显著的。其中，乡镇学校教师工作积极性较高，个人积极性均值为 0.799，比县级以上学校高 0.042。在访谈中，有县级以上学校教师反映工作压力大，学校对教学要求较高，打压了个人工作积极性；而现在乡镇学生较少，教师压力相对较小，个人工作积极性较高。在组织工作积极性上，乡镇教师的均值为 0.776，比县级以上学校高 0.034，仍然有差距，但差距有所缩小。整体上，乡镇学校教师工作积极性比县级以上学校教师高，且在个人层面更加显著。

从学校层级来看，小学和初中教师的工作积极性的差异是显著的。其中，小学教师的个人工作积极性较高，在个人层面均值为 0.805，比初中教师高 0.059；在组织层面均值为 0.793，比初中教师高 0.07，差距更大。在 1418 名教师中，小学教师比初中教师在工作上更加积极主动，在访谈过程中，初中教师认为初中生处于青春期，较难管理，而且面临升学的压力，工作积极性受多重因素的影响，导致积极性不足。整体上，小学教师工作积极性比初中教师高，且在组织层面更加显著。

从是否担任班主任来看，班主任教师和非班主任教师的工作积极性的差异是显著的。班主任教师的工作积极性较高，在个人层面均值为 0.781，比非班主任教师高 0.014；在组织层面均值为 0.769，比非班主任教师高 0.024，差距变大。通过对校长的访谈发现，绝大部分班主任都是校长或者校领导选任的。由于班主任工作比较繁重，他们一般选择比较有激情、有活力的教师来担任班主任。整体上，班主任教师工作积极性比非班主任教师高，且在组织层面更加显著。

从有无行政职务来看，有职务教师和无职务教师的工作积极性的差异是显著的。有职务的教师工作积极性较高，在个人层面均值为 0.798，比无职务教师高 0.035；在组织层面均值为 0.799，比无职务教师高 0.061，两者的差距更明显。在校长访谈过程中，关于年级组长、学校中层、教务主任等职务的候选人会优先考虑工作业绩突出、积极性较高的教师；而他们在担任领导职务后，工作积极性依旧较高。整体上，有职务教师工作积极性比无职务教师高，且在组织层面更加显著。

从参与轮岗情况来看，参与轮岗和未参与轮岗教师的工作积极性的差异是显著的。参与轮岗的教师工作积极性较高，在个人层面均值为 0.793，比未参与轮岗教师高 0.026；在组织层面均值为 0.782，比未参与轮岗教师高 0.036，两者的差距更大了。参与轮岗的教师仅为 341 人，占比 24.05%，比例偏低；而在访谈的过程中，较少教师参与轮岗，说明这项政策的落地执行有很大的提升空间。整体上，参与轮岗教师工作积极性比未参与轮岗的教师高，且在组织层面更加显著。在访谈中，很多教师表示，轮岗的经历让他们知道不同学校的差距，特别是偏远的农村地区学校，且在轮岗学校让他们获得更多的自信。

在性别和劳动关系方面，除性别对教师组织工作积极性有一定影响，其余差异不是特别明显，即无论是男教师还是女教师、有编制还是无编制，工作积极性的差异都不是非常明显。

从以上 t 检验的结果可以看出，在学校类别、学校层级、是否担任班主任、行政职务和参与轮岗情况等维度，教师个人和组织工作积极性的差异均是显著的。

4.7.2.2 教师工作积极性 F 检验分析

对教龄、最高学历和职称等变量对教师工作积极性的影响进行 F 检验，结果如表 4–9 所示。具体地，从教龄来看，不同教龄教师的工作积极性至少在 5% 水平上是差异显著的。其中，有 30 年以上教学经历的教师工作积极性最高，而工作 6~10 年的教师工作积极性最低，可推测在工作了 6~10 年后，教师出现职业倦怠的可能性较大。在个人层面，有 30 年以上教学经历的教师工作积极性均值为 0.801，比工作 6~10 年的教师高 0.061，而其他教龄段的教师工作积极性均值在 0.771 左右。在组织层面，有 30 年以上教学经历的教师工作积极性均值为 0.780，比工作 6~10 年的教师高 0.066，二者差异更加明显，而其他教龄段教师工作积极性的均值在 0.751 左右。整体上，教师工作积极性随着教龄的上升，呈现先下降后上升的变化趋势，且在组织层面差异更加显著。

从个人最高学历来看，不同学历教师的工作积极性在 5% 水平上差异显著。其中，较低学历教师工作积极性较高，较高学历教师工作积极性反而较低。在个人层面，大学本科（成人高等教育）学历的教师工作积极性最高，均值为 0.780，比硕士学历教师高 0.086，整体呈现先上升后下降的趋势。在组织层面，大学本科以下学历的教师工作积极性最高，均值为 0.763，比硕士学历教师高 0.08，差异略有缩小，整体呈现持续下降的趋势。整体上，教师工作积极性在不同学历上的差异是显著的，且在个人层面上的差异更加显著。

从职称来看，不同职称教师的工作积极性在 1% 水平上的差异是显著的。其中，三级教师的工作积极性最高，而二级教师的最低。在个人层面，三级教师的工作积极性均值最高，为 0.838，比二级教师高 0.085。在组织层面，三级教师的工作积极性均值最高，为 0.794，比二级教师高 0.057。整体上，教师工作积极性随着职称的上升，均值先上升，后下降，再上升；不同职称间差异显著，且在个人层面更加显著。

表 4–9　教师工作积极性 *F* 检验结果统计

维度	分类	人数	*PWM* 均值方差	*F* 值	*OWM* 均值方差	*F* 值
教龄	0~5 年	242	0.771 ± 0.151	2.82**	0.740 ± 0.165	3.84***
	6~10 年	121	0.740 ± 0.165		0.714 ± 0.184	
	11~20 年	277	0.771 ± 0.160		0.751 ± 0.162	
	21~30 年	594	0.772 ± 0.158		0.764 ± 0.167	
	30 年以上	184	0.801 ± 0.149		0.780 ± 0.159	
最高学历	大学本科以下	272	0.774 ± 0.157	3.33**	0.763 ± 0.165	2.69**
	大学本科（成人高等教育）	694	0.780 ± 0.154		0.760 ± 0.164	
	大学本科（普通高等教育）	421	0.766 ± 0.160		0.747 ± 0.171	
	硕士	31	0.694 ± 0.156		0.683 ± 0.182	
职称	没有职称	140	0.797 ± 0.147	5.79***	0.764 ± 0.159	3.36***
	三级	29	0.838 ± 0.148		0.794 ± 0.176	
	二级	329	0.753 ± 0.158		0.737 ± 0.171	
	一级	665	0.765 ± 0.161		0.750 ± 0.172	
	高级	255	0.780 ± 0.145		0.782 ± 0.146	

注：***、** 分别表示在 1%、5% 的水平上显著。

从以上 *F* 检验结果可以看出，在教龄、最高学历和职称等维度，教师的工作积极性差异是显著的。

通过性别、教龄、学校类别、学校层级、最高学历、是否担任班主任、劳动关系、职称、行政职务和参与轮岗情况等方面分析教师个人和组织工作积极性的差异，发现在教龄、学校类别、学校层级、最高学历、是否担任班主任、职称、行政职务和参与轮岗情况等方面有显著差异，后文分析拟从这些维度进行分类回归，以针对不同人群提出适当的建议。

4.8　绩效工资和职称评聘政策对教师工作积极性影响研究

本部分是绩效工资和职称评聘政策对教师工作积极性影响的实证分析。首先，对核心自变量——激励政策的执行现状进行描述性统计分析。其次，采用*OLS*回归进行绩效工资和职称评聘政策执行对教师工作积极性影响的实证分析。再次，依据*OLS*结果和对教师个体特征分析的结果，对不同群体教师进行分类回归。最后，采用交互项的形式，探索绩效工资和职称评聘政策执行的合力效果。

4.8.1 各项激励政策执行现状

我国现有执行，并用于激励教师工作积极性的政策包括绩效工资、职称评聘、教师减负、班主任、教师培训和交流轮岗等。本研究基于实际执行情况，对绩效工资、职称评聘、教师培训和交流轮岗等政策执行进行研究，并对各自的执行得分进行描述性统计，对各项政策执行情况有了一定的了解，结果如表4–10所示。整体上，各项激励政策的执行效果一般，特别是绩效工资和交流轮岗政策，均分分别为3.207和3.294；而职称评聘和教师培训执行效果较好，均分分别为3.709和3.798。

表4–10 各项激励政策执行得分情况统计

维度	变量	均值方差	维度	变量	均值方差
绩效工资	期望工资	2.606 ± 1.154	教师培训	多途径参与	3.829 ± 0.994
	方案公平	3.634 ± 1.041		多方式参与	3.630 ± 1.108
	多劳多得	3.700 ± 1.021		360 学时	3.934 ± 0.968
	奖励晋升依据	3.736 ± 0.988		平均得分	3.798 ± 0.889
	公务员工资	2.356 ± 1.204		综合得分	0.701 ± 0.221
	平均得分	3.207 ± 0.843			
	综合得分	0.576 ± 0.211	交流轮岗	参与便利	3.250 ± 1.081
职称评聘	标准合理	3.579 ± 1.129			
	过程公开透明	3.705 ± 1.055		多样方式参与	3.267 ± 1.117
	及时评聘	3.843 ± 1.006		优惠政策	3.367 ± 1.075
	平均得分	3.709 ± 0.977		平均得分	3.294 ± 0.966
	综合得分	0.678 ± 0.244		综合得分	0.573 ± 0.242

从绩效工资政策执行得分来看，五个变量均值差异明显，总均值为3.207，整体的执行效果一般。其中，“方案公平”“多劳多得”和“奖励晋升依据”的均值均超过3.6，分别为3.634、3.700和3.736，执行效果较好；“奖励晋升依据”执行均分最高，效果最佳。可见，样本学校在公平性、多劳多得原则和晋升挂钩等方面的执行效果较好。

在访谈中，各个学校教师提及具体方案：

绩效工资由学校教代会核算小组进行计算和分配，核算小组根据你这一学年或者一学期的师德、能力、考勤、学生成绩 4 个方面进行计算，按得分进行绩效工资的分配。（I–1–LXW–T–R）

我们这边教体局会根据学生的情况一学期给你一个名次指标，学生交到你手上之后，依据你的平均分、总分、优秀率、全县排名，这些指标来进行绩效工资的发放，是比较清晰透明的。（I–2–ZZY–T–U–1）

我们学校的绩效工资分为四个部分，“德能勤绩”。“德”就是师德方面，设置一定的金额，一般教师都能拿到，除非出现违规补课、治理不好的事情受到处分的。“能”主要体现在教育教学、发表论文、做课题等，这块分儿上去了，钱稍微多一点点，但多不了多少。“勤”是考勤，对教师的要求是坐班考勤打卡。“绩”就是考试成绩，考试成绩由三部分组成：一是原始排名；二是与上一次考试相比进步的幅度，这个指标是比较重要的；三是科目成绩，看不同科目的高分贡献率。这样考核下来应该还是比较公平的，有一套比较成熟的机制。（I–3–CSM–T–U–1）

从整体来看，方案是较为公平公正、公开透明的。

原则：

绩效执行都是以制度、细则规定来的，校长在教代会上制定绩效发放细则，然后由教师提出意见来，若合理我们就定下来。我们学校比较公平合理，就是按照规定来的。有的教师工作量大，他的绩效一定高；有的教师工作量小，他的绩效一定低。（I–1–FXF–T–R）

我们学校绩效工资依据多劳多得原则，作为对你多带课的激励与补偿。另外，还有评价方面的激励，我们的学校考评机制更倾向于那些平时课程比较多的教师，比如优秀教师，在年度考核打分时有一定的照顾。（I–3–LYL–T–U–1）

对不同教师产生的影响不同：

绩效工资最高的可能会达到 1 万多元，最低的可能不超过 3000 元，差距还是很明显的，而且是近几年进行调整后形成的。绩效工资对教师的工作积极性整体影响不大，既有正向影响，也有负向影响。对于多劳多得的教师来说，绩效工资的作用是积极的，而对于绩效收入较低的教师而言，绩效工资的作用是消极的。（I–1–LXW–T–R–1）

由于各个学校的绩效工资政策执行是校长把控的，不同校长风格不同，使得绩效工资的评定标准反复改变，从打分，到平均，再到打分，使得教师

工作积极性受到打击。(I–1–QCY–T–R–1)

我们的绩效工资结果是有公示的，但明细我也不太清楚，这个没有公示。我们做的事情，领导也都知道。我们的绩效工资是按人数算，每个人平均多少，由财政局拨下来，到了学校之后，是由学校来决定的。(I–1–LT–T–R–1)

"期望工资"和"公务员工资"均值分别为 2.606 和 2.356，可见目前教师工资达不到大部分教师的预期，且与当地公务员工资有一定的差距，相关政策执行还需要进一步改进和调整，绩效工资的调整可以从这个方面出发，用绩效工资切实解决教师待遇问题。

在访谈过程中发现以下现象：

在我们这边，教师们都挤破头去考公务员，前年我们一位教师就辞职当公务员了。(I–4–LS–T–U)

有教师拿出了身边的实例：

我的妻子是公务员，我的月工资为 3500 元，她的月工资为 6800 元，我觉得差距还是比较大的。(I–2–ZPJ–T–U–1)

我有同学是公务员，虽然不清楚他们的工资，但听别人说，公务员福利待遇肯定比我们高。不过这两年我们这边有一个政策，就是我们发了"五奖"，连着发了三年，这三年就感觉到活得有点尊严了。以前公务员一直有这种待遇，我们没有。所以工资待遇方面和公务员还是有明显的差距。(I–1–QCY–T–R)

亦有教师道出原因：

三、四线小县城，经济状况一般，没有什么大的企业来支撑，税收来源可能还是不比外边的多，公务员和教师工资差距大。(I–5–ZLJ–T–U–1)

从职称评聘政策执行得分来看，三个变量的平均得分均超过了 3.5，整体执行效果较好。其中，"及时评聘"的平均得分最高，为 3.843；"过程公开透明"的均值为 3.705；"标准合理"的均值为 3.579。可见，样本学校在评聘的及时性、透明性和合理性上均有较好地落实相关政策，相关的经验也值得其他学校学习，可以总结并推广它们的具体做法。

有教师道出职称评聘的方案：

职称评定主要看重个人的教研能力、教研成果，比如学生成绩、荣誉证书，或者是发表了相关的研究论文。(I–3–LYL–T–U–2)

在评聘过程中，各个学校按照公平公正原则：

职称评聘的过程还是公平公正的，主要包括考勤、学生成绩、论文和获奖证书等。每个教师都会根据细则提交支撑材料并进行加分。如果一位教师想评上中学高级职称的话，分别要过学校关、区级教育局关、市级教育局关，同时还要过笔试关和评审关。每一步都是公开透明的。(I–1–LXW–T–R–2)

我们学校教师职称制度公平，同期与我一起申请的校级主要领导没有评上高级职称。本人由于一直担任班主任，一直是一线教师，每年的教学效果较好，工作量也比较大，依据规则顺利评上了高级职称，个人工作积极性得到了提高。(I–4–LCF–T–R–2)

我们学校在职称评聘上还是比较规范的，在每一年的评聘之前，学校会组织评聘委员会来审查教师资格，让符合资格的教师提交相关材料并据此进行打分，从高分到低分进行公示，公示期满，按顺序推荐到上级部门。(I–2–YTT–T–U–2)

从教师培训政策执行得分来看，整体执行情况良好，均分均高于 3.6。其中，在完成“360 学时”上，各个学校认真落实，执行效果最好，均值为 3.934；“多途径参与”的均值为 3.829，说明大部分学校的培训是可以通过多种途径来参与的；“多方式参与”均值为 3.630，执行效果较好。整体上来看，教师培训政策的执行情况较好，可以对其进一步关注，并总结相关经验，以提升教师的继续教育水平和专业能力。

从交流轮岗政策执行得分来看，整体执行情况一般，均分介于 3.2~3.4。其中，“参与便利”均值为 3.250，可见对于轮岗，交通的便利性和方位的便利性是值得进一步探究的。交流轮岗政策的执行还有较大的提升空间。

从整体来看，职称评聘和教师培训政策执行效果较好，而绩效工资和交流轮岗政策执行效果欠佳。基于本研究实际，主要是对直接作用于教师工作积极性的绩效工资和职称评聘政策进行深入研究。故本研究对绩效工资、职称评聘政策执行得分进行了处理，采用因子分析的方法，计算绩效工资政策执行综合因子得分和职称评聘政策执行综合因子得分。

首先，对绩效工资政策执行得分的 5 个变量进行 *KMO* 值求解，值为 0.768，符合要求。通过因子分析提取 2 个因子，累计贡献率为 83.20%。计算因子得分，并对因子进行归一化处理，得到绩效工资政策执行综合因子得分（*mpp*），均值为 0.576，标准差为 0.211。其次，对职称评聘政策执行得分的 3 个变量进行 *KMO* 值（效度）求解，值为 0.73，符合要求。通过因子分析提取 1 个因子，累计贡献率为 84.33%。计算因子得分，并对因子进行归一化处理，得到职称评聘政策执行综合因子得分（*tap*），均值为 0.678，标准差为 0.244。

以绩效工资政策执行综合因子得分和职称评聘政策执行综合因子得分作为后面研究 *OLS* 回归和分类回归的核心自变量。

4.8.2　绩效工资和职称评聘政策执行对教师工作积极性的影响

根据前文的论述，绩效工资和职称评聘政策直接影响教师工作积极性，故以绩效工资和职称评聘政策执行得分为核心自变量，教师积极性综合得分作为因变量，进行 *OLS* 回归，并逐步加入其他控制变量。

具体地，分别以教师个人和组织工作积极性作为因变量，职称评聘和绩效工资政策执行得分作为核心自变量，再加入性别、教龄、婚姻状况、最高学历、学校类别、学校层级、是否担任班主任、劳动关系、职称、行政职务、教学任务量（班级数）、工作时间、参与轮岗情况、教师自我效能感、教师与学生互动程度、学校领导风格等控制变量。其中，在个人层面加入教师自我效能感和教师与学生互动程度变量，在组织层面加入学校领导风格变量。

4.8.2.1　绩效工资和职称评聘政策执行对教师个人工作积极性的影响研究

如表 4–11 所示，在模型 1 中，以教师个人工作积极性综合得分为因变量，以绩效工资和职称评聘政策执行得分为自变量，回归结果显示，系数均为正，且显著；模型的调整 R^2 为 0.2042。其中，绩效工资政策执行得分系数为 0.146，即 *mpp* 每增加 1%，*PWM* 增加 0.146%；职称评聘政策执行得分系数为 0.185，即 *tap* 每增加 1%，*PWM* 增加 0.185%，较前者高，说明职称评聘在个人积极性中发挥的作用较大。

表 4–11　绩效工资和职称评聘政策执行对教师个人工作积极性影响结果统计

项目	模型 1	模型 2	模型 3
绩效工资政策执行得分	0.146***	0.132***	0.068***
职称评聘政策执行得分	0.185***	0.190***	0.076*
性别	—	–0.0006	–0.008
教龄	—	0.017***	0.006
婚姻状况	—	0.002	–0.004
最高学历	—	0.0007	–0.001
学校类别	—	–0.021**	–0.012*
学校层级	—	–0.033***	–0.023***
是否担任班主任	—	–0.0003	–0.002

续表

项目	模型 1	模型 2	模型 3
劳动关系	—	–0.005	–0.0001
职称	—	–0.006	–0.004
行政职务	—	0.005	–0.001
教学任务量（班级数）	—	0.0002*	0.004
工作时间	—	0.0001	–0.0001
轮岗	—	0.0089	0.006
教师自我效能感	—	—	0.385***
教师与学生互动程度	—	—	0.229***
常数项	0.563***	0.566***	0.212***
N	1418	1418	1418
调整 R^2	0.2042	0.2311	0.4974

注：*、**、*** 分别表示在 10%、5%、1% 的水平上显著。

在模型 1 的基础上，加入性别、教龄等 13 个个人特质变量，得到模型 2，模型的调整 R^2 增加至 0.2311。核心自变量的系数在 1% 的水平上依然显著，但有所变化。其中，绩效工资政策执行得分的系数变小，变为 0.132，即 *mpp* 每增加 1%，*PWM* 增加 0.132%，绩效工资政策对教师个人积极性的影响程度变小；职称评聘政策执行得分的系数略有增加，变为 0.190，即 *tap* 每增加 1%，*PWM* 增加 0.190%，职称评聘政策对教师个人工作积极性的影响程度加深。在个人特质变量中，教龄和教学任务量对 *PWM* 的影响显著为正；学校类别和学校层级对 *PWM* 的影响显著为负。

由于教师的个人工作积极性也受其自我效能感、师生互动程度等因素的影响，在模型 2 的基础上，加入这两个变量，得到模型 3，模型的解释度得到较大提升，调整 R^2 增加至 0.4974，模型解释度良好。从各个变量系数来看，变化较为明显。其中，*mpp* 的系数减少为 0.068，但依旧在 1% 的水平上显著；*tap* 的系数减少为 0.076，仅在 10% 的水平上显著。在个人特质变量中，教龄和教学任务量对 *PWM* 的影响不再显著；学校类别对 *PWM* 的影响在 10% 的水平上显著为负，但系数的绝对值变小；学校层级对 *PWM* 的影响依旧在 1% 的水平上显著为负，系数的绝对值也变小。可见，自我效能感、师生互动程度的加入对模型有了一定的修正，为不可忽视的控制变量。

从三个模型的结果来看，假设 1 和假设 3 不成立，绩效工资和职称评聘政策的执行对教师个人工作积极性的影响显著为正；教龄、学校类别和学校层级（教学任务量系数较小、可忽略）的不同在一定程度上对教师个人工作积极性有所影响，考虑作为分类变量，对不同群体进一步进行分类回归，解释不同群体中，绩效工资和职称评聘政策对教师个人工作积极性的影响程度；模型的解释度逐级增加，说明变量的选取越来越合理。

在访谈过程中，部分教师提及绩效工资对个人积极性的影响：

我觉得首先就是一个学期过去了，能拿到绩效工资确实是一件很开心的事情。其次，绩效工资中有一部分是根据考试的情况发放的，所以我觉得还是有一定的激励作用，学校通过发奖状、发绩效工资两种方式来激励你工作，来对你上一学期的工作表示认可。（I–1–LT–T–R–1）

因为实际上职称是直接跟工资挂钩的，中高级一个月可能相差上千元。我们学校有一位老师，他当班主任，又在学校里搞行政之类的，所以晋升比我快，评上了高级职称，工资比我一个月多 1000 多元。这个对我来说是很大的激励。（I–1–QCY–T–R–2）

绩效考核是四优评选，比如说论文的发表、教学教研方面的成果、辅导学生的成果、学校常规工作评优评模等，这对一个教师肯定是有吸引力的。比如说对于论文的发表学校会有奖励性工资。这些都激励了我的积极性。（I–3–LT–T–U–1）

亦有部分教师提及职称评聘对个人积极性影响：

教师渐渐认识到了自己教学的重要性，以及教学效果、公开课、写论文、参加课题研究的重要性。以前是领导要求教师进行课题研究，但是通过今年的职称评定以后，课题研究占了很大的比例，很多教师都报了课题研究，对教师的工作积极性影响很大，但是人数有限，所以有一部分教师参与不了。（I–1–FXF–T–R–2）

我要努力工作，积累工作经验。平时有一些活动，比如讲课比赛，每个学期都有，如果没有职称评定，有些教师可能让他去他也不去，但是如果将其列入职称评定的加分项，他们会参加，其实对调动教师工作积极性的作用还是很大的。（I–2–ZHJ–T–U–2）

评职称对教师工作积极性肯定会有影响，但是影响因人而异。有些教师觉得自己的职称到头了，人生的追求好像一下子止步了，或多或少会对自己的工作积极性产生影响。但是也有教师工作积极性很高，连续评三四次、四五次，年年都评，说不定哪一年就评上了。（I–3–LYL–T–U–2）

4.8.2.2　绩效工资和职称评聘政策执行对教师组织工作积极性的影响研究

如表 4–12 所示，在模型 4 中，以教师组织工作积极性综合得分为因变量，以绩效工资和职称评聘政策执行得分为自变量，回归结果显示，系数在 1% 的水平上显著，且是正向的；调整 R^2 为 0.2696，较模型 1 大。其中，绩效工资政策执行得分系数为 0.218，即 *mpp* 每增加 1%，*OWM* 增加 0.218%；职称评聘政策执行得分系数为 0.188，即 *tap* 每增加 1%，*OWM* 增加 0.188%，较前者低。可见在教师组织工作积极性方面，绩效工资政策有较大的影响。

在模型 4 的基础上，加入性别、教龄等 13 个个人特质变量，得到模型 5，模型的调整 R^2 有一定的增加，解释度比模型 2 大。核心自变量的系数在 1% 的水平上依然显著，且变化幅度不大。其中，绩效工资政策执行得分的系数略有减小，变为 0.217，即 *mpp* 每增加 1%，*OWM* 增加 0.217%；职称评聘政策执行得分的系数变小，变为 0.180，即 *tap* 每增加 1%，*OWM* 增加 0.180%。在个人特质变量中，教龄、学校层级和行政职务对教师组织工作积极性的影响是显著的。其中，教龄对 *OWM* 的影响在 1% 的水平上显著为正；学校层级对 *OWM* 的影响在 1% 的水平上显著为负；行政职务对 *OWM* 的影响在 1% 的水平上显著为正。

在前文的叙述中，发现学校领导风格可能会影响教师的组织积极性，故在模型 5 的基础上，加入学校领导风格，构建模型 6，模型的解释度得到一定幅度的提升，调整 R^2 增至 0.3873，但数值比模型 3 小。从各个变量系数来看，变化较为明显。其中，绩效工资政策执行得分的系数减少为 0.135，但依旧在 1% 的水平上显著，即 *mpp* 每增加 1%，*OWM* 增加 0.135%；职称评聘政策执行得分的系数减少为 0.037，不再显著。可见，绩效工资政策的执行对教师组织工作积极性有显著影响，但职称评聘的影响不再显著。在个人特质变量中，教龄对 *OWM* 的影响在 1% 的水平上显著为正；学校类别对 *OWM* 的影响在 10% 的水平上显著为负，但系数的绝对值变小；学校层级对 *OWM* 的影响依旧在 1% 的水平上显著为负，系数的绝对值也变小；行政职务对 *OWM* 的影响在 5% 的水平下显著为正。可见，学校领导风格的加入对模型起到了一定的修正作用，是影响教师组织工作积极性的重要变量。

从模型 4 至模型 6 的结果来看，假设 2 和假设 4 不成立，整体来看，绩效工资和职称评聘政策的执行对教师组织工作积极性的影响显著为正。教龄、学校类别、学校层级和行政职务在一定程度上对教师组织工作积极性有所影响，考虑作为分类变量，对不同群体进一步进行分类回归，解释不同群体中，绩效工资和职称评聘政策对教师组织工作积极性的影响程度；模型的解释度逐级增加，说明变量的选取越来越合理。

表 4-12　绩效工资和职称评聘政策执行对教师组织工作积极性影响结果统计

项目	模型 4	模型 5	模型 6
绩效工资政策执行得分	0.218***	0.217***	0.135***
职称评聘政策执行得分	0.188***	0.180***	0.037
性别		0.001	−0.001
教龄		0.022***	0.023***
婚姻状况		0.005	0.004
最高学历		0.0009	0.002
学校类别		−0.037	−0.015*
学校层级		−0.040***	−0.036***
是否担任班主任		0.006	0.006
劳动关系		−0.0001	0.003
职称		−0.007	−0.002
行政职务		0.026***	0.018**
教学任务量（班级数）		−0.002	−0.002
工作时间		0.0006	0.0004
参与轮岗情况		0.013	0.008
学校领导风格			0.309***
常数项	0.499***	0.456***	0.352***
N	1418	1418	1418
调整 R^2	0.2696	0.3154	0.3873

注：*、**、*** 分别表示在 10%、5%、1% 的水平上显著。

从表 4-11 和表 4-12 的结果可以看出，绩效工资政策执行得分对教师的个人和组织工作积极性有正向影响；职称评聘政策执行得分对教师个人工作积极性的影响是显著的，但加入学校领导风格后，其对教师组织工作积极性的影响不再显著。从多元回归的结果综合来看，可以从教龄、学校类别和学校层级方面对教师个人工作积极性进行分类回归；可以从教龄、学校类别、学校层级和有无行政职务方面对教师组织工作积极性进行分类回归。

有教师提及绩效工资对其组织工作积极性的影响：

绩效工资的发放主要是国家对我们一线教师的认可，可以激起自己的责任心，以及对学生和学校的责任感，自己也会珍惜来之不易的教学机会，对学校心怀感恩。（I–1–QCY–T–R–1）

绩效工资的发放除增加收入外，对教师来说更是“面子”。如果他们的绩效工资低，说明他们的教学成绩不理想，这样在同事面前就“抬不起头”，绩效工资的发放会激励他们努力工作。（I–1–FXF–T–R–1）

讲课比赛是绩效考核的一部分，我积极参与市级讲课比赛，获得的讲课比赛的证书大约有 20 张，每次站在领奖台上，能为学校带来荣誉，感觉非常自豪。（I–3–LT–T–U–1）

4.8.3　不同群体绩效工资和职称评聘政策执行对教师工作积极性的影响研究

第一，以教龄、学校类别和学校层级为分类变量，对绩效工资和职称评聘政策执行对教师个人工作积极性的影响进行分类回归，结果如表 4–13 和表 4–14 所示。

表 4–13　绩效工资和职称评聘政策执行对教师个人工作积极性的影响结果统计（按教龄分类）（模型 7）

项目	0~5 年	6~10 年	11~20 年	21~30 年	30 年以上
绩效工资政策执行得分	–0.003	0.079	0.162***	0.057*	–0.038
职称评聘政策执行得分	0.160***	0.063	0.044	0.073**	0.037
性别	0.002	0.056	–0.017	–0.011	–0.019
婚姻状况	0.014	0.006	–0.026	0.011	0.021
最高学历	–0.002	–0.020*	–0.002	0.0001	0.007
学校类别	0.015	0.040	–0.012*	–0.021*	–0.013
学校层级	0.037	0.002	–0.054***	–0.026**	–0.050**
是否担任班主任	–0.016	–0.002	–0.006	0.008	–0.0005
劳动关系	–0.018	–0.020	–0.033	0.050	0.014
职称	–0.015**	0.016	0.009	0.011	–0.012
行政职务	0.006	–0.008	–0.008	–0.0002	–0.014
教学任务量（班级数）	0.001	–0.022**	0.006	0.011**	–0.004
工作时间	–0.0003	0.003*	–0.0001	–0.0005	0.0007
参与轮岗情况	–0.018	–0.003	0.005	0.007	0.024
教师自我效能感	0.394***	0.403***	0.281***	0.433***	0.473***

续表

项目	0~5 年	6~10 年	11~20 年	21~30 年	30 年以上
教师与学生互动程度	0.184***	0.154	0.315***	0.194***	0.246***
常数项	0.212***	0.358*	0.262***	0.065	0.121
N	242	121	277	594	184
调整 R^2	0.6425	0.4315	0.5185	0.4511	0.5694

注：*、**、*** 分别表示在 10%、5%、1% 的水平上显著。

表 4-14 绩效工资和职称评聘政策执行对教师个人工作积极性的影响结果统计（按学校类别、学校层级分类）

项目	模型 8		模型 9	
	乡镇学校	县级以上学校	小学	初中
绩效工资政策执行得分	0.0004	0.116***	0.055**	0.085***
职称评聘政策执行得分	0.097***	0.055**	0.099***	0.052*
性别	0.0004	−0.017*	−0.009	−0.011
教龄	0.010*	0.005	0.013**	0.006
婚姻状况	−0.004	−0.002	0.0001	−0.004
最高学历	0.001	−0.002	0.002	−0.002
学校类别	—	—	−0.019**	0.003
学校层级	−0.024**	−0.012	—	—
是否担任班主任	0.016	−0.015*	0.006	−0.015
劳动关系	−0.0005	0.0005	−0.027*	−0.0006
职称	0.002	−0.009	0.0007	−0.011
行政职务	−0.008	0.002	−0.004	0.004
教学任务量（班级数）	0.003	0.003	0.003	0.003
工作时间	0.0002	−0.0002	−0.0003	0.0001
参与轮岗情况	0.014	−0.006	0.022**	−0.010
教师自我效能感	0.443***	0.351***	0.393***	0.375***
教师与学生互动程度	0.223***	0.242***	0.216***	0.239***
常数项	0.107*	0.244***	0.152***	0.231***
N	533	885	654	764
调整 R^2	0.5287	0.4750	0.5463	0.4273

注：*、**、*** 分别表示在 10%、5%、1% 的水平上显著。

在表 4–13 中，以教龄作为分类变量，可以看到教龄 0~5 年的教师有 242 人，6~10 年的有 121 人，11~20 年的有 277 人，21~30 年的有 594 人，30 年以上的有 184 人。只有在教龄为 21~30 年的群体中，*mpp* 和 *tap* 对 *PWM* 的影响均显著为正。其中绩效工资政策执行得分对 *PWM* 的影响在 10% 的水平上显著为正，系数为 0.057，即 *mpp* 增加 1%，*PWM* 增加 0.057%；职称评聘政策执行得分对 *PWM* 的影响在 5% 的水平上显著为正，系数为 0.073，即 *tap* 增加 1%，*PWM* 增加 0.073%，较 *mpp* 系数高，显著性也较高。可见，在执教了 21~30 年的教师群体中，职称评聘政策执行影响更大，推测在该教龄段的教师一般是一级职称，属于学校的中坚力量，并正向着高级职称努力，故职称评聘政策对其激励更加明显。在执教 0~5 年的教师群体中，绩效工资政策执行得分对 *PWM* 的影响不显著，且为负向，系数较小；职称评聘政策执行得分对 *PWM* 的影响显著为正，系数为 0.160，即 *tap* 增加 1%，*PWM* 增加 0.160%。

访谈中也有教师提及原因：

现有的职称评聘对年轻教师较为友好，一般工作一年就可以评三级教师，有些甚至刚工作就是三级教师了。再工作 3~5 年，基本都是二级教师了。（I–4–QCT–T–R–2）

我们第一年是见习期，见习期满之后开始进岗位，最低的是 13 级，我们是本科可以直接进 12 级，工作满三年之后，我们就可以进 11 级。（I–1–LT–T–R–2）

可见职称评聘对刚刚入职教师的吸引力较大，他们迫切有从无职称向三级职称转变、从三级职称向二级职称转变的愿望，而现有制度对这部分教师是较为友好的，故职称评聘政策的执行对他们激励的效果是明显的。在执教 11~20 年的教师群体中，绩效工资政策执行得分对 *PWM* 的影响显著为正，系数为 0.162，即 *mpp* 增加 1%，*PWM* 增加 0.162%，程度较大；而职称评聘政策执行得分对 *PWM* 的影响是不显著的。可见绩效工资对工作了 11~20 年的教师来说比较重要，因为 30~40 岁的年纪，正是经济较为紧张的阶段，绩效工资对这部分教师群体的激励效果明显。

访谈中，该教龄段的教师说出了自己的心声：

绩效工资这块主要按课时量划分，年轻教师，特别是教龄 15 年左右的教师，他们精力好、年轻、有些经验，承担的课时量也较多，绩效工资分得自然多。但一些老教师会有些怨言。（I–2–ZHJ–T–U–1）

本人已经工作15年，目前经济也有一定的压力，因为我跟我丈夫都是教师，收入都不高，两个小孩，生活还过得去，但存不了多少钱。公平公正的绩效工资制度一定程度上体现了我们的劳动努力，所以在一定程度上激励了我们的工作积极性。（I–3–DLJ–T–U–1）

对于教龄为6~10年的教师，绩效工资和职称评聘对其个人工作积极性影响不显著；而教师自我效能感对其影响显著为正，系数为0.403，即*se*增加1%，*PWM*增加0.403%。一般地，这个年龄段的教师面临的经济压力不大，而且刚刚评上新职称，下一阶段的职称评聘还需要一定的时间；此时通过教学成就等来提升其自我效能感，以激发其工作积极性是一种有效途径。在教龄30年以上的教师中，绩效工资和职称评聘对其个人工作积极性的影响均不显著，且绩效工资的系数是负的，因为这个年龄段的教师基本要面临退休了，收入基本达到自己的上限，绩效工资对其影响非常有限，职称也很难有突破，故职称评聘对其影响也不再显著；该群体的积极性受教师自我效能感影响最大，系数为0.473，即*se*增加1%，*PWM*增加0.473%，故在这个阶段需要注重教师自我效能感的保持和提升，尊敬年龄较大的教师可以更好地激发其积极性，譬如，让他们向年轻教师传授教学经验和及时颁发“从教30年”荣誉证书等。

在访谈中，也有教师对这一现象进行解释，主要是高级职称名额少。

职称从中一到中高的话，就会很难，因为高级职称的名额有限，且有很多人适合去竞争这个名额，特别是教龄较大的教师多年得不到晋升，个人工作积极性会受到很大的打击。（I–1–LT–T–R–2）

职称可以说是对一位教师一辈子教育生涯的综合评价，教师教一辈子书，连副高都没评上的话，肯定是有一种挫败感的，但现在最大的现实是“僧多粥少”。截至去年，我们这么大的学校达到评中高职称要求的有100多人，但是名额只有一两个，职称评聘可能会更多挫伤教师积极性，尤其是对那些教龄较长的教师。但是如果教师的性格坚韧一点，经过不懈的努力还是有人成功的。（I–3–CSM–T–U–2）

从表4–13中可以看出，模型7的解释度合适，介于0.4~0.7，对“0~5年”教龄的教师模型解释度最大，调整R^2为0.6425；对“6~10年”教龄的教师模型解释度最低，调整R^2为0.4315。

在表4–14模型8中，学校类别作为分类变量，其中，乡镇学校教师533人，县级以上学校教师885人。绩效工资和职称评聘政策执行对县级以上学校教师的个人工作积极性影响显著为正。其中，绩效工资政策执行得分对 *PWM* 的影响在 1% 的水平上显著，系数为 0.116，即 *mpp* 增加 1%，*PWM* 增加 0.116%，系数较大。

有教师在访谈中提及：

我们学校有不少以前农村学校的老师，也有些校级领导。来到县里学校之后，没有了额外的补贴，对绩效工资比较关注。特别是一些校长，他们以前绩效工资由自己决定，现在作为普通教师，身份的转变，让他们工作变得更加积极，努力争取属于自己的那部分绩效工资。（I–2–ZZY–T–U–1）

职称评聘政策执行得分对 *PWM* 的影响在 5% 的水平上显著，系数为 0.055，即 *tap* 增加 1%，*PWM* 增加 0.055%，系数较小。

对于乡镇学校教师而言，职称评聘政策执行得分对 *PWM* 的影响显著为正；而绩效工资政策执行得分对 *PWM* 的影响不显著。其中，职称评聘政策执行得分对 *PWM* 的影响在 1% 的水平上显著，系数为 0.097，即 *tap* 增加 1%，*PWM* 增加 0.097%。

所访谈的乡镇教师对此有自己的看法：

作为一名乡镇教师，在看到身边同龄人评上高级职称后，觉得机会还是挺大的，开始努力了，是有一些积极性的，起码自己在教学这一块，没有以前那么“佛系”，以前考好考差都差不多，现在非常注重教学成绩，会多和学生互动，促进自己改进现有的课堂习惯，更加关注学生和课堂质量。（I–1–QCY–T–R–2）

现在我们县城教师的职称评定竞争很激烈，一般是根据业绩和工作量来进行评定。像今年和去年我们学校的高级名额都没有了，学校也制定出了一套职称评定的方案。比如说，我们学校有位教师 58 岁了，他还没有升到副高。现在的职称倾斜于乡下的教师，有的乡下中学的教师三十六七岁就已经是副高了。（I–2–ZZY–T–U–2）

可见绩效工资对县级以上学校教师个人工作积极性影响较大，因为他们没有乡镇教师的补贴，而且管理的学生更多，工作量更大，希望能在绩效上有更多的收入。而职称评聘对全体教师的影响均显著，但对乡镇学校教师群体更为显著，说明近几年对于乡镇教师额外单列名额的职称评聘激励了他们，政策有一定的效果。从整体来看，模型 8 的解释度合适，“乡镇学校”部分调整 R^2 为 0.5287，“县级以上学校”部分调整 R^2 为 0.4750，模型对于乡镇学校教师的解释更加充分。

在模型 9 中，学校层级作为分类变量，其中，小学教师 654 人，初中教师 764 人。绩效工资和职称评聘对小学和初中教师个人工作积极性的影响均显著为正。其中，对于小学教师，绩效工资政策执行得分对 *PWM* 的影响在 5% 水平上显著，系数为 0.055，即 *mpp* 增加 1%，*PWM* 增加 0.055%。职称评聘政策执行得分对 *PWM* 的影响在 1% 的水平上显著，系数为 0.099，即 *tap* 增加 1%，*PWM* 增加 0.099%。

有名小学教师在访谈中提到：

由于学校职称名额有限，需要去竞争，作为年轻教师，需要有更多的业绩和成绩。主要从荣誉，比如优秀教师、优秀班主任、优秀共产党员等方面去努力；在教学能力上，不断提升自己的课堂实践能力，上好每一堂课。（I–2–ZPJ–T–U–2）

对于初中教师，绩效工资政策执行得分对 *PWM* 的影响在 1% 的水平上显著，系数为 0.085，即 *mpp* 增加 1%，*PWM* 增加 0.085%。

有名初中教师在访谈中提到：

作为一名初中教师，面临着升学的压力，学生最后的成绩和绩效工资挂钩，故本人会积极调整自己的教学方法，提高学生的成绩，同时保证自己在绩效上不拖后腿。（I–1–XYW–T–R–1）

职称评聘政策执行得分对 *PWM* 的影响在 10% 的水平上显著，系数为 0.052，即 *tap* 增加 1%，*PWM* 增加 0.052%。

可见，对于小学教师，职称评聘对其个人工作积极性影响较大，激励效果较好；对于初中教师，绩效工资对其个人工作积极性影响较大，激励效果较好。从整体来看，模型 9 的解释度较好，“小学”部分调整 R^2 为 0.5463，“初中”部分调整 R^2 为 0.4273。

从分类回归模型 7 至模型 9 可以看出，在不同群体中，绩效工资和职称评聘政策执行对教师个人工作积极性的影响不尽相同。对于不同教龄的教师，绩效工资政策执行对任教“11~20 年”“21~30 年”教师的影响是显著的，系数分别为 0.162 和 0.057；职称评聘政策执行对任教“0~5 年”“21~30 年”教师的影响是显著的，系数分别为 0.160 和 0.073。对于不同学校类型的教师，绩效工资政策执行对县级以上学校教师的影响是显著的，系数为 0.116；职称评聘政策执行对乡镇学校和县级以上学校教师的影响均是显著的，系数分别为 0.097 和 0.055。对于不同学校层级的教师，绩效工资政策执行对小学和初中教师的影响均是显著的，系数分别为 0.055 和 0.085；职称评聘政策执行对小学和初中教师的影响也都是显著的，系数分别为 0.099 和 0.052。

第二，以教龄、学校类别、学校层级和行政职务等作为分类变量，逐个对教师组织工作积极性进行分类回归，结果如表 4-15 和表 4-16 所示。

表 4-15　绩效工资和职称评聘政策执行对教师组织工作积极性的影响结果统计（按教龄分类）（模型 10）

项目	0~5 年	6~10 年	11~20 年	21~30 年	30 年以上
绩效工资政策执行得分	0.025	0.158	0.061	0.019	−0.052
职称评聘政策执行得分	0.119*	0.240**	0.132**	0.113***	0.177***
性别	0.021	0.052	−0.002	0.003	−0.051
婚姻状况	0.013	−0.015	0.007	0.009	0.030
最高学历	0.001	−0.001	−0.002	0.003	0.006
学校类别	−0.023	0.027	0.002	−0.014	−0.019
学校层级	−0.008	−0.032	−0.020	−0.049***	−0.066**
是否担任班主任	−0.016	0.016	0.016	0.011	−0.003
劳动关系	0.013	0.028	0.04	−0.0003	0.007
职称	−0.004	−0.031	−0.004	0.010	−0.011
行政职务	0.041*	0.065	−0.010	0.021	0.006
教学任务量（班级数）	−0.009*	−0.006	0.008	0.001	−0.017**
工作时间	−0.0004	0.002	0.001	0.0003	−0.001
参与轮岗情况	−0.033	0.004	−0.001	0.019	0.027
学校领导风格	0.429***	0.177*	0.318***	0.321***	0.267***
常数项	0.306***	0.345	0.352***	0.350***	0.537***
N	242	121	277	594	184
调整 R^2	0.4603	0.3113	0.3612	0.3850	0.3416

注：*、**、*** 分别表示在 10%、5%、1% 的水平上显著。

表 4-16　绩效工资和职称评聘政策执行对教师组织工作积极性的影响结果统计（按学校类别、学校层级、行政职务分类）

项目	模型 11		模型 12		模型 13	
	乡镇学校	县级以上学校	小学	初中	无职务	有职务
绩效工资政策执行得分	−0.022	0.086**	0.067*	0.007	0.01	0.103**
职称评聘政策执行得分	0.139***	0.132***	0.143***	0.130***	0.150***	0.088**
性别	−0.002	−0.004	0.0002	−0.003	−0.014	0.017

续表

项目	模型 11		模型 12		模型 13	
	乡镇学校	县级以上学校	小学	初中	无职务	有职务
教龄	0.021***	0.024***	0.023***	0.022***	0.019***	0.027***
婚姻状况	−0.004	0.006	0.006	0.001	0.007	−0.014
最高学历	−0.0001	0.003	−0.0001	0.004	0.002	0.003
学校类别	—	—	−0.023**	−0.004	−0.010	−0.026*
学校层级	−0.057***	−0.024**	—	—	−0.042***	−0.023
是否担任班主任	−0.002	0.010	0.004	0.005	−0.004	0.027*
劳动关系	0.026	−0.009	−0.003	−0.002	0.012	−0.022
职称	−0.008	0.001	0.002	−0.003	−0.0004	−0.006
行政职务	0.034**	0.008	0.021*	0.016	—	—
教学任务量（班级数）	−0.004	−0.002	−0.001	−0.004	−0.003	−0.001
工作时间	0.001	0.0001	0.001	0.0001	0.0004	0.0003
参与轮岗情况	0.010	0.005	0.003	0.009	0.004	0.015
学校领导风格	0.259***	0.333***	0.304***	0.314***	0.328***	0.281**
常数项	0.475***	0.270***	0.353***	0.321***	0.354***	0.417***
N	533	885	654	764	1027	391
调整 R^2	0.3475	0.4116	0.4002	0.3196	0.3725	0.3651

注：*、**、*** 分别表示在 10%、5%、10% 的水平上显著。

在模型 10 中，以教龄作为分类变量，探究绩效工资和职称评聘政策执行对教师组织工作积极性的影响。从表 4–15 的结果可以看出，在各个教龄段，绩效工资政策的执行对教师组织工作积极性的影响均是不显著的，其中对教龄为“30 年以上”教师的影响系数为负。而职称评聘政策的执行对教师组织工作积极性的影响是显著的，但是显著性和系数在各个教龄不相同。其中，对于教龄为“30 年以上”的教师，职称评聘政策执行得分对 *OWM* 的影响在 1% 的水平上显著为正，系数为 0.177，即 *tap* 增加 1%，*OWM* 增加 0.177%；对于教龄为“21~30 年”的教师，*tap* 对 *OWM* 的影响在 1% 的水平上显著为正，系数为 0.113，即 *tap* 增加 1%，*OWM* 增加 0.113%。可见，职称评聘的合理性、透明性和及时性激励着教龄较高群体的组织工作积极性，多年的工作让他们对学校系统更加熟悉，对学校的事务也较为支持。对于教龄为“6~10 年”的教师，*tap* 对 *OWM* 的影响在 5% 的水平上显著为正，系数为 0.240，即

tap 增加 1%，*OWM* 增加 0.240%。

有教师在访谈中提及：

在我们学校，评职称主要看的是荣誉证书，而优质课比赛是很多教师拿荣誉证书的主要渠道。优质课的评比包括校级、区县级和市级。虽然这些比赛和职称有关，又比较个性化，但是每年学校非常支持教师去参与这些比赛，激励教师为校争光。每次看到得到荣誉、为学校争光的教师，我们都心生佩服，并积极准备自己的优质课，希望也为学校争取荣誉。这既可以激励教师评职称，提升课堂质量，也增加了对学校的归属感。（I–4–LTC–T–R–2）

对于教龄为“11~20 年”的教师，*tap* 对 *OWM* 的影响在 5% 的水平上显著为正，系数为 0.132，即 *tap* 增加 1%，*OWM* 增加 0.132%。对于教龄为“0~5 年”的教师，*tap* 对 *OWM* 的影响在 10% 的水平上显著为正，系数为 0.119，即 *tap* 增加 1%，*OWM* 增加 0.119%。可见，在年轻教师群体中，职称评聘对教龄为“6~10 年”教师组织工作积极性有较好的激励，访谈过程中，职称评聘和课堂质量、优质课等挂钩，年轻教师在积极准备职称评聘内容的同时，也本着“对学生负责”的原则，这样的利他行为，激发其组织工作积极性。另外，在教龄为“0~5 年”教师中，学校领导风格影响系数为 0.429，即 *sl* 增加 1%，*OWM* 增加 0.429%，说明学校领导风格越民主，教师的组织工作积极性越容易得到激发。

模型 10 的解释度合适，介于 0.3~0.5，对“0~5 年”教龄的教师模型解释度最大，调整 R^2 为 0.4603；对“6~10 年”教龄的教师模型解释度最低，调整 R^2 为 0.3113。

在模型 11 中，以学校类别作为分类变量，其中，绩效工资和职称评聘政策执行对县级以上学校教师的组织工作积极性影响显著为正。其中，*mpp* 对 *OWM* 的影响在 5% 的水平上显著，系数为 0.086，即 *mpp* 增加 1%，*OWM* 增加 0.086%；*tap* 对 *OWM* 的影响在 1% 的水平上显著，系数为 0.132，即 *tap* 增加 1%，*OWM* 增加 0.132%。

有县级以上教师在访谈中提及：

绩效工资对于我们来说不多，主要是一种对学校的责任感。因为每年中考的第一名、小考的第一名，全都是我们学校的，学校会对应发放奖励，并在绩效工资中体现。虽然不多，但也能激励教师继续为学校争光，提升教学水平。（I–2–YTT–T–U–1）

对于乡镇学校教师而言，职称评聘政策执行得分对 *OWM* 的影响显著为正；而绩效工资政策执行得分对 *OWM* 的影响不显著。其中，*tap* 对 *OWM* 的影响在 1% 的水平上显著，系数为 0.139，较县级以上的大，即 *tap* 增加 1%，*OWM* 增加 0.139%。

有乡镇教师提及：

我知道我们同学已经有好多评上中高好几年了，让自己更加有动力去申请。因为他们工资至少每个月比我高 1000 元，让我在学校里面不容易“说话”。另外，办公室同龄的教师基本是中高了，平时教学和能力差距不大，自己也积极向他们看齐，而且我们的名额近两年有优势。（I–1–LHF–T–R–2）

可见绩效工资对县级以上学校教师组织工作积极性影响较大，而对乡镇学校教师没有影响。一般地，县级以上学校绩效工资制度设计较为完备，增加了教师对组织的认可度，激励了其组织工作积极性。另外，更加民主的学校领导风格对县级以上学校教师组织积极性影响更加显著。而职称评聘对全体教师的影响均显著，但在乡镇教师群体更为显著。在访谈过程中，很多教师提到“30+3”的政策，乡村教师在学校工作超过 30 年，每年有额外的 3 个晋级职称的名额，这使得乡镇教师对学校认可度较高，并促进了其组织工作积极性的提升。

具体对于“30+3”政策的解释为：

我们评副高里面有一项是“30+3”这个项目，就是说你在农村义务教育阶段工作了 30 年，然后在 3 年之内快要退休，可以走这个专项。具体地，第一，我们全乡只有 3 个指标评副高。第二，要求在农村义务教育学校工作。第三，“30+3”，实际上就是照顾快要退休的老师，只有 3 个指标，名额有限，但是对于快退休的教师是友好的。这一定程度激励了教龄较长的教师的积极性。（I–6–DYL–T–U–2）

从整体来看，模型 11 的解释度合适，“乡镇学校”部分调整 R^2 为 0.3475，“县级以上学校”部分调整 R^2 为 0.4116。

在模型 12 中，以学校层级作为分类变量，绩效工资和职称评聘对小学教师组织工作积极性的影响均显著为正；职称评聘对初中教师组织工作积极性的影响显著为正，而绩效工资对其影响不显著。其中，对于小学教师，*mpp* 对 *OWM* 的影响在 10% 的水平上显著，系数为 0.067，即 *mpp* 增加 1%，*OWM* 增加 0.067%；*tap* 对 *OWM* 的影响在 1% 的水平上显著，系数为 0.143，即 *tap* 增加 1%，*OWM* 增加 0.143%。

小学教师说出自己工作积极性高的原因：

作为小学教师，我们升学压力较初中部教师小，绩效工资发放也合理，我们对学校是非常感激的，也积极处理好同事关系，配合学校的各项事务。（I–2–YTT–T–U–1）

作为小学部教师，以前是下面学校的副校长，心里还是有对学校的一份情怀。希望通过自己的努力，为学校争取更多的荣誉，做出自己的贡献。（I–2–ZPJ–T–U–2）

对于初中教师，*tap* 对 *OWM* 的影响在 1% 的水平上显著，系数为 0.130，即 *tap* 增加 1%，*OWM* 增加 0.130%。

可见，对于小学教师，职称评聘对其组织工作积极性影响较大，激励效果较好；而绩效工资的激励效果一般。对于初中教师，职称评聘对其组织工作积极性影响较大，激励效果良好。从整体来看，模型 12 的解释度合适，“小学”部分调整 R^2 为 0.4002，“初中”部分调整 R^2 为 0.3196。

在模型 13 中，有无行政职务作为分类变量，其中，“无职务”教师 1027 人，“有职务”教师 391 人。绩效工资和职称评聘对“有职务”教师组织工作积极性的影响均显著为正；职称评聘对“无职务”教师组织工作积极性的影响显著为正。其中，对于“有职务”教师，*mpp* 对 *OWM* 的影响在 5% 的水平上显著，系数为 0.103，即 *mpp* 增加 1%，*OWM* 增加 0.103%；*tap* 对 *OWM* 的影响在 5% 的水平上显著，系数为 0.088，即 *tap* 增加 1%，*OWM* 增加 0.088%。对于“无职务”教师，*tap* 对 *OWM* 的影响在 1% 的水平上显著，系数为 0.150，即 *tap* 增加 1%，*OWM* 增加 0.150%。

无职务教师平时也为评职称努力：

很多普通教师在平时也积极为评职称做准备。第一，他们想在课堂教学上拿出成绩，让人看得见、信得过；第二，在平常的活动中，比如说在发表论文方面需要去努力。如果完成不好的话，同事和学校领导也不会简单就把晋升名额给你的。（I–2–ZZY–T–U–2）

可见，对于“有职务”教师，绩效工资对其组织工作积极性影响较大，激励效果较好；对于“无职务”教师，职称评聘对其组织工作积极性影响较大，激励效果良好。一般地，有行政职务在职称评聘上有一定的优势，故“有职务”教师受到绩效工资激励较大；而无行政职务的教师需要更加适应职称评聘的规则，公平公正的评聘制度有利于激励他们，而民主型的学校领导风格也会激励他们组织工作积极性。从整体来看，模型 13 的解释度合适，“无职务”部分调整 R^2 为 0.3725，“有职务”部分调整 R^2 为 0.3651。

从分类回归模型10至模型13可以看出，在不同群体中，绩效工资和职称评聘政策执行对教师组织工作积极性的影响不尽相同。对于不同教龄的教师，绩效工资政策执行对所有教师的影响都不显著，教龄为“30年以上”教师的系数为负；职称评聘政策执行对教龄为“0~5年”“6~10年”“11~20年”“21~30年”和“30年以上”教师的组织工作积极性影响都是显著的，系数分别为0.119、0.240、0.132、0.113和0.177。对于不同学校类型的教师，绩效工资政策执行对县级以上学校教师的影响是显著的，系数为0.086；职称评聘政策执行对乡镇学校和县级以上学校教师的影响都是显著的，系数分别为0.139和0.132。对于不同学校层级的教师，绩效工资政策执行对小学教师的影响是显著的，系数为0.067；职称评聘政策执行对小学和初中教师的影响都是显著的，系数分别为0.143和0.130。对于不同行政职务身份的教师，绩效工资政策执行对“有职务”教师的影响是显著的，系数为0.103；职称评聘政策执行对无职务和有职务教师的影响都是显著的，系数分别为0.150和0.088。

4.8.4 绩效工资和职称评聘政策执行的合力效果探究

有学者对两个或两个以上相关政策之间的协同情况进行了测量。如封颖等（2020）收集了1978—2018年新材料类中央层面公共政策159条，以该政策是不是国家级机构发文类、多部委协同发文类或者同一新材料小类中既有科技类公共政策又有产业类公共政策来判定其是否体现了新材料科技政策与新材料产业政策协同性。毛子骏等（2018）从纵向政策协同和横向政策协同的角度对我国12个省市政府数据开放政策的差异性进行了研究，进而提出了加强顶层设计等政策建议。

通过以上分析，发现绩效工资和职称评聘政策执行分别对教师个人和组织工作积极性有一定的影响，但是对两个政策合力作用的探究鲜有提及。本研究采用绩效工资和职称评聘政策执行得分交互项作为自变量，其系数代表合力效果，*OLS*回归结果如表4–17所示。

表4–17 绩效工资和职称评聘政策执行的合力效果探究结果统计

项目	模型14	模型15
职称评聘政策执行得分	0.095***	–0.036
绩效工资政策执行得分	0.079***	–0.048

续表

项目	模型 14	模型 15
性别	–0.008	0.002
教龄	0.006	0.023***
婚姻状况	–0.004	0.001
最高学历	–0.001	0.002
学校类别	–0.011*	–0.019**
学校层级	–0.022***	–0.039***
是否担任班主任	–0.002	0.006
劳动关系	–0.0004	0.005
职称	–0.004	–0.002
行政职务	–0.0003	0.011
教学任务量（班级数）	0.004	–0.001
工作时间	–0.0001	0.0003
参与轮岗情况	0.005	0.011
教师自我效能感	0.387***	—
教师与学生互动程度	0.232***	—
学校领导风格	—	0.280***
职称 × 绩效	–0.028	0.255***
常数项	0.202***	0.428***
N	1418	1418
调整 R^2	0.4973	0.4053

注：*、**、*** 分别表示在 10%、5%、1% 的水平上显著。

在模型 14 中，绩效工资和职称评聘对教师个人工作积极性的影响均显著为正；而交互项对教师个人工作积极性的影响不显著，且是负向的。*mpp* 每增加 1%，*PWM* 增加 0.079%；*tap* 每增加 1%，*PWM* 增加 0.095%；绩效工资和职称评聘政策执行对教师个人工作积极性是没有合力效果的。

在模型 15 中，绩效工资和职称评聘对教师组织工作积极性的影响均不显著，且均为负向；而交互项对教师组织工作积极性的影响显著为正。绩效工资和职称评聘政策执行对教师组织工作积极性是有合力效果的，交互项的值每增加 1%，*OWM* 增加 0.255%。

4.9 结论与讨论

4.9.1 研究结论

通过描述性统计分析发现，所调查的 1418 名教师工作积极性较高，且组织工作积极性较个人工作积极性高；通过方差分析，发现个人工作积极性和组织工作积极性在教龄、最高学历、是否担任班主任、职称、行政职务和参与轮岗情况等方面有显著差异。在政策执行上，职称评聘政策执行较好，绩效工资政策执行效果一般。本研究政策执行聚焦于学校层面，发现结果有所不同。一方面，在政策方案细化和落实上，学校均积极主动进行，取得了一定的成果。另一方面，虽有民主参与成分，但是教师的决定权较小，只有教师代表才能参与到方案的制订和执行中来。同时，也有值得肯定的地方，样本学校在评聘的及时性、透明性和合理性上均较好地落实了相关政策。但绩效工资政策作用有限，在教师工资期望和与公务员工资对比上，政策执行有待进一步加强。

通过多元回归发现，绩效工资政策执行得分对教师的个人和组织工作积极性有正向影响；职称评聘政策执行得分对教师个人工作积极性的影响是显著的，但加入学校领导风格后，对组织积极性的影响不再显著。在多元回归的基础上，进一步进行分类回归。

从分类回归模型 7 至模型 9 结果看出，对于不同教龄的教师个人工作积极性而言，绩效工资政策执行对任教“11~20 年”“21~30 年”教师的影响是显著的；职称评聘政策执行对任教“0~5 年”“21~30 年”教师的影响是显著的。对于不同学校类型的教师，绩效工资政策执行对县级以上学校教师的影响是显著的；职称评聘政策执行对乡镇学校和县级以上学校教师的影响均是显著的。对于不同学校层级的教师，绩效工资政策执行对小学和初中教师的影响均是显著的；职称评聘政策执行对小学和初中教师的影响也都是显著的。

从分类回归模型 10 至模型 13 可以看出，对于不同教龄的教师组织工作积极性而言，绩效工资政策执行对所有教师的影响都不显著；职称评聘政策执行对所有教师的影响都是显著的。对于不同学校类型的教师，绩效工资政策执行对县级以上学校教师的影响是显著的；职称评聘政策执行对乡镇学校和县级以上学校教师的影响都是显著的。对于不同学校层级的教师，绩效工资政策执行对小学教师的影响是显著的；职称评聘政策执行对小学和初中教师的影响是显著的。对于不同行政职务身份的教师，绩效工资政策执行对“有职务”教师的影响是显著的；职称评聘政策执行对小学和初中教师的影响都是显著的。在模型 14 中，绩效工资和职称评聘政策执行对教师个人工作积极性是没有合力效果的。在模型 15 中，绩效工资和职称评聘政策执行对教师组织工作积极性是有合力效果的，交互项的值每增加1%，*OWM* 增加 0.255%。

通过以上分析，教师作为“委托—代理”的最后一环，对绩效工资和职称评聘政策的执行确实有较大的体验，并通过问卷和访谈进行了积极的反馈，使得研究数据真实反映了教师心声，也使得研究顺利进行。综上，在教师工作积极性研究中，依据“委托—代理”理论选择教师作为政策执行的反馈者在一定程度上是可行的。

4.9.2 研究讨论

4.9.2.1 绩效工资政策执行对教师工作积极性的影响

从整体上来看，绩效工资政策执行对教师工作积极性的影响显著为正；对组织工作积极性影响较个人工作积极性大。具体地，在模型 6 中，绩效工资政策执行得分的系数为 0.135；在模型 3 中，系数为 0.068，可见绩效工资政策执行对教师的组织工作积极性影响更大。教师的组织工作积极性主要体现在和同事交流以及学校事务处理上，故绩效工资政策的执行对教师在同事关系、学校事务方面的积极性是有积极作用的。

基于方差分析和 *OLS* 回归结果，以教龄、学校类别、学校层级和有无职务等变量进行分类回归，在不同人群中，细化了绩效工资政策执行对教师工作积极性的影响。在不同教龄上，绩效工资对教师个人工作积极性的影响不尽相同，但对教师组织工作积极性的影响没有明显的差异。在模型 7 中，教龄“11～20 年”，*mpp* 的系数为 0.162；“21～30 年”对应的系数为 0.057。教师的个人工作积极性主要体现在学生互动和课堂教学上，故对于这两个教龄段的教师而言，绩效工资政策执行对他们在学生互动和课堂教学方面给予了积极的正反馈。在不同学校类别上，绩效工资的影响类似。在模型 8 和模型 11 中，乡镇学校教师的 *mpp* 系数均不显著，而县级以上学校教师对应的 *mpp* 系数均显著，且为正向。对于县级以上学校教师而言，在模型 8 中，*mpp* 系数为 0.116，且在 1% 的水平上显著；在模型 11 中，*mpp* 系数为 0.086，在 5% 的水平上显著。说明绩效工资政策执行对县级以上学校教师的个人工作积极性影响更大，对他们在学生互动和课堂教学方面的正反馈较在同事关系、学校事务方面的大。在学校层级上，绩效工资主要对个人工作积极性影响较大。对于小学教师而言，在模型 9 中，*mpp* 的系数为 0.055，在 5% 的水平上显著；在模型 12 中，该系数为 0.067，较前者大，但仅在 10% 的水平上显著。综合来看，绩效工资政策执行对小学教师个人工作积极性的影响更加显著，但影响程度不如组织工作积极性。对于初中教师，绩效工资政策执行对其个人工作积极性的影响显著，而对组织工作积极性的影响不显著。在模型 9 中，初中教师 *mpp* 的系数是 0.085，在 1% 的水平上显著；即对于初中教师而言，绩效工资政策的有效执行正反馈于他们在学生互动和课堂教学上的积极性。在有无职务方面，绩效工资政策执行主要对有职务教师组织工作积极性有显著影响，且为正向；对无职务教师的影响不显著。在模型 13 中，有职务教师 *mpp* 系数为 0.103，在 5% 的水平上显著；对于有职务教师而言，绩效工资对其组织工作积极性是有显著影响的，可见绩效工资政策的执行对其同事关系、学校事务方面的积极性有促进作用。

总体而言，对于个人工作积极性，绩效工资政策执行的影响是显著的；对于不同群体，其主要作用于教龄为“11～20 年”和“21～30 年”的教师、县级以上学校教师、初中教师。对于组织工作积极性而言，绩效工资政策执行的影响在整体上是显著的；对于不同群体，其主要作用于县级以上学校教师、小学教师和有职务教师。故针对不同形式的工作积极性、不同群体，可以提供针对性的建议，以保持并提升他们的工作积极性。

4.9.2.2 职称评聘政策执行对教师工作积极性的影响

从模型 3 和模型 6 来看，职称评聘政策执行对教师个人工作积极性的影响是显著的，对组织工作积极性影响不显著。具体地，在模型 3 中，职称评聘政策执行得分的系数为 0.076，在 10% 的水平上显著，可见职称评聘政策执行对教师的个人工作积极性有显著的正向影响，对教师在学生互动、课堂学习等方面是有积极作用的。

基于方差分析和 *OLS* 回归结果，以教龄、学校类别、学校层级和有无职务等变量进行分类回归，在不同人群中，细化了职称评聘政策执行对教师工作积极性的影响。

在不同教龄上，职称评聘对教师个人工作积极性影响迥异，而对教师组织工作积极性的影响均显著，且为正向。在模型 7 中，教龄“0~5 年”，*tap* 的系数为 0.160，在 1% 的水平上显著；“21~30 年”对应的系数为 0.073，在 5% 的水平上显著。对于这两个教龄段的教师而言，职称评聘政策执行对他们在学生互动和课堂教学方面的反馈是正向的。在模型 10 中，教龄为“6~10 年”的教师，*tap* 的系数最高，为 0.240，在 5% 的水平上显著；“30 年以上”对应的系数为 0.177，在 1% 的水平上显著；“11~20 年”对应的系数为 0.132，在 5% 的水平上显著。可见在不同教龄段，职称评聘政策执行对教师组织工作积极性均有显著的正向影响，在“6~10 年”组别系数最大，在“21~30 年”组别系数最小。即职称评聘对各个教龄段教师在同事关系、学校事务的处理方面的影响均是显著的，在“6~10 年”和“30 年以上”教龄段教师的影响程度较大。

在不同学校类别上，职称评聘的影响差别不大。在模型 8 和模型 11 中，乡镇学校和县级以上学校教师的 *mpp* 系数均显著，且为正向，对于乡镇教师的影响更大。对于乡镇学校教师而言，在模型 8 中，*tap* 系数为 0.097，在 1% 的水平上显著；在模型 11 中，*tap* 系数为 0.139，数值较前者大，在 1% 的水平上显著。可见职称评聘政策执行对乡镇学校教师的组织工作积极性影响程度更大。同样地，对于县级以上学校教师而言，在模型 8 中，*tap* 系数为 0.055，且在 5% 的水平上显著；在模型 11 中，*tap* 系数为 0.132，在 1% 的水平上显著，说明职称评聘政策执行对县级以上学校教师的组织工作积极性影响更大。整体上来看，职称评聘政策执行对乡镇教师的影响更大，在组织工作积极性层面的影响程度更大。

在学校层级上，职称评聘政策执行对小学和初中教师均有显著影响，但影响程度不同。对于小学教师而言，在模型 9 中，*tap* 的系数为 0.099，在 1% 的水平上显著；在模型 12 中，该系数为 0.143，较前者大，也在 1% 的水平上显著。综合来看，职称评聘政策执行对小学教师组织工作积极性的影响程度更大。对于初中教师，职称评聘政策执行对其个人工作积极性的影响是显著的，而对组织工作积极性的影响更加显著，且影响程度更大。在模型 9 中，初中教师 *tap* 的系数是 0.052，在 10% 的水平上显著；在模型 12 中，该系数为 0.130，较前者大，且在 1% 的水平上显著。即职称评聘政策执行对初中教师的组织工作积极性影响是更加显著且程度更大的，职称评聘政策的有效执行正反馈于他们在同事关系和学校事务处理方面的积极性。

在有无职务方面，职称评聘政策执行对无职务教师组织工作积极性的影响显著为正；对无职务教师的影响程度不如前者。在模型13中，“无职务”组别 *tap* 系数为0.150，在1%的水平上显著；“有职务”对应系数为0.088，在5%的水平上显著，影响程度较前者低。对于无职务教师而言，职称评聘政策执行对其组织工作积极性的影响程度较大，可见职称评聘政策的执行对其同事关系、学校事务方面的积极性有促进作用，职称评聘可更多用于对无职务教师的激励。

总体而言，对于个人工作积极性，职称评聘政策执行的影响是显著的；对于不同群体，其主要作用于教龄为“0~5年”和“21~30年”的教师、乡镇学校教师、小学教师。对于组织工作积极性而言，职称评聘政策执行的影响在整体上不显著；对于不同群体，其主要作用于“6~10年”和“30年以上”的教师、乡镇学校教师、小学教师和无职务教师。故针对不同形式的工作积极性、不同群体，可以提供针对性的建议，以保持并提升他们的工作积极性。

4.9.2.3 个人工作积极性和组织工作积极性

从上述分析可以看出，教师工作积极性是由多维度构成的，本研究将其划分为个人和组织工作积极性，存在一定的合理性。通过分析发现，教师的个人和组织工作积极性是不尽相同的，绩效工资和职称评聘政策的执行对其影响也是有差异的。整体上，绩效工资对个人和组织工作积极性的影响均是显著的；而职称评聘仅对个人工作积极性有显著影响。在不同群体的分析中，个人和组织工作积极性的区分较为明显。对于个人工作积极性而言，绩效工资政策执行主要作用于教龄为“11~20年”和“21~30年”的教师、县级以上学校教师、初中教师；职称评聘政策执行主要作用于教龄为“0~5年”和“21~30年”的教师、乡镇学校教师、小学教师。对于组织工作积极性而言，绩效工资政策执行主要作用于县级以上学校教师、小学教师和有职务教师；职称评聘政策执行主要作用于“6~10年”和“30年以上”的教师、乡镇学校教师、小学教师和无职务教师。由以上分析可知，区分教师个人工作积极性和组织工作积极性是非常有必要，也是合理的，为提出合理和贴切的政策建议提供了良好的依据。

4.10 政策启示

本书针对绩效工资和职称评聘政策执行对教师工作积极性的影响进行研

究。在研究结果基础上，提出本研究的政策启示。

4.10.1 绩效工资政策启示

本研究基于绩效工资政策的研究结果，得到以下政策启示。

第一，加大绩效工资的投入。在研究中，发现绩效工资政策执行部分“我的工资不低于我所期望的工资收入”“我认为我的工资不低于当地公务员的平均工资”的得分较低。可见，绩效工资的政策执行没有实现与当地公务员相当的目标。王贺通过对 971 名教师调查，发现绩效工资中奖励性金额不高，对教师的吸引力有限，对教师工作积极性激励作用不明显，应进一步提高绩效工资比例。[①]

第二，县级教育行政部门统筹落实绩效工资政策，制定具体标准。在落实绩效工资过程中，从宏观视角积极与省级城市的区比对，制定合理的绩效工资比例。此外，积极争取省级统筹资金，切实增加教师绩效工资，提高教师工资水平，调动教师工作积极性。

第三，学校需要进一步完善绩效工资的细则制定，要更加科学，更加有针对性。比如，对于个人工作积极性而言，对教龄为“11~20 年”和“21~30 年”的教师、县级以上学校教师、初中教师保持并加强绩效工资政策执行力度；对于组织工作积极性而言，对县级以上学校教师和有职务教师保持并加强绩效工资政策执行力度。

4.10.2 职称评聘政策启示

本研究基于职称评聘政策的研究结果，得到以下政策启示。

第一，弱化职称评聘和收入的挂钩。本研究发现职称评聘政策执行对个人工作积极性的影响是显著的，且影响程度较大。在访谈中普遍存在一个问题，职称和收入的关联度很大，对此，需要做出一定的调整。在提高绩效工资比例的同时，需要弱化职称对收入的影响，应该对职称进行荣誉化，使得其与终身教学成绩、年限、艰苦程度等相挂钩，让更多临近退休的教师评上高级职称。

第二，激活“职称评聘”，完善调整机制。高晓娜等（2010）认为职称应为一种荣誉制度，一种精神激励。[②]施贵菊等（2016）建议去除限额评定，紧

---

① 王贺 . 绩效工资政策实施效果实证研究［J］. 中国教育学刊，2015（6）：69-72.

② 高晓娜，王嘉悦 . 教师“职称—薪酬”制度：异化与革新［J］. 当代教育科学，2020（10）：78-84.

扣教师实际工作量，建立“能上能下”制度。[①] 李廷洲等（2017）建议建立“能上能下”制度，而不是职称终身制。[②] 研究发现，职称的评定最后落实在于县级行政管理部门，需要运用动态调整机制，盘活职称评聘。比如，为没有高级职称的优秀教师建立预聘机制，按照对应职称发放奖励性工资，激励教师；对高级和正高级职称教师进行严格考核，建立健全退出机制，对于考核不合格教师，按照下一层级扣除对应工资，真正盘活高级职称的盘子。同时，积极落实教师相关的荣誉制度。

第三，学校需要进一步完善职称评聘的细则，在上级教育行政管理部门文件的基础上，细化职称评聘政策的细则。在访谈过程中发现，部分学校细则明确，加减分项目具体，在执行过程中，得到学校教师的认可；但仍然有学校在职称评聘上使用平均主义，没有落实细则，故需要进一步落实和实施。比如，对于个人工作积极性而言，对教龄为“0~5 年”和“21~30 年”的教师、乡镇学校教师、小学教师保持并加强职称评聘政策执行力度。对于组织工作积极性而言，对“6~10 年”和“30 年以上”的教师、乡镇学校教师、小学教师和无职务教师保持并加强职称评聘政策执行力度。

4.10.3 其他政策启示

依据研究结果和访谈结果，得到以下政策启示。

第一，确实执行“任教 30 年教师荣誉证书”政策。本研究发现绩效工资和职称评聘对教龄 30 年以上的教师激励有限，可以从建立其自我效能感视角出发。在访谈过程中，有教师反映，自己从教超过 30 年了，听闻有“任教 30 年教师荣誉证书”，但是一直没有颁发。故这项政策还没有落实，需要职称评聘相关政策进行补充落实，来调动长期任教教师的工作积极性。

第二，注重区分教师的个人和组织工作积极性。在县级行政部门，对教师工作积极性要重视区分个人工作积极性和组织工作积极性。依据研究结果，个人和组织工作积极性可以通过不同的激励方式进行激励。在下发相关年度文件中，重点强调对不同类型工作积极性的激励，以提高教师整体的工作积极性。

---

① 施贵菊，王珏，杜尚荣.中小学教师职称制度的问题反思与对策建议——基于2015年中小学教师职称制度改革的分析［J］.贵州师范学院学报，2016，32（2）：87-91.

② 李廷洲，陆莎，金志峰.我国中小学教师职称改革：发展历程、关键问题与政策建议［J］.中国教育学刊，2017（12）：66-72+78.

第三，建立健全政策执行反馈机制，保障政策的具体落实。智耀徵等基于霍恩—米特模型，提出通过建立沟通协调机制、健全政策执行机制等措施来提升绩效工资政策执行可行性，以提高教师工作积极性。[①] 在访谈过程中，发现学校缺乏政策执行的反馈部门，对执行结果了解不足，影响了决策者对政策实施的判断，故呼吁广大中小学建立重要政策执行反馈机制，切实落实重要教育政策。

4.10.4　教师个人

政策的执行是一方面，教师自身对政策加深认识，坚守从教初心，积极与学生、同事以及学校领导沟通也是很好的提高自身工作积极性的方法。

第一，坚定从教理想信念，不忘初心，加强责任意识。呼吁广大教师保持从教的初心，积极完成教学任务，教好学生，上好每一节课，积极提升自己的教学能力和专业发展能力。

第二，做好师生沟通，提高课堂质量。积极与学生沟通，去认识每一位学生，走进学生的世界；提高课堂质量和效率，调动个人工作积极性。

第三，积极与同事交流沟通，配合完成学校事务。平时积极与同事沟通，共同克服工作中的困难，形成互帮互助的良好氛围；积极配合学校领导安排的各项事务，完成任务，并为集体做出自己的贡献，以提升组织工作积极性。

① 智耀徵，陈平水.我国义务教育教师绩效工资政策执行研究——基于霍恩—米特模型的分析［J］.教育理论与实践，2019，39（1）：26-30.

第5章

中小学教师的培训政策对教师工作积极性的影响研究

——以教学效能感为中介

5.1 研究设计

本研究以教师培训政策的执行与收获同教师工作积极性的关系作为研究的重点，采用了执行与量化结合的研究方法。研究设计分为研究假设、数据与样本、研究方法、测量工具的编制与信效度的检验。

5.1.1 研究假设与模型构建

5.1.1.1 研究思路

本章围绕着核心问题——教师培训政策的执行与收获对教师工作积极性的影响来进行研究，将核心问题具体细化，包括对每一个变量的现状分析、人口特征对每个变量的影响，以及变量之间的关系，主要采用了描述性分析与方差分析的方法。同时，为了探究变量之间的关系，构建了两个大的中介模型，进行三个变量之间的关系检验，主要运用了相关性分析与中介模型的检验。值得注意的是，模型 1 的自变量为教师培训政策的执行和收获，中介变量为教学效能感，因变量为工作积极性。而模型 2 是为了对模型 1 的结果进行更进一步的分析，以模型 1 中自变量的收获维度即 6 种培训方式取得的收获分别作为 6 个自变量，探索自变量与中介变量教学效能感及因变量工作积极性的关系，也就是不同培训方式的收获对教师工作积极性的影响。量化研究思路如图 5–1 所示。

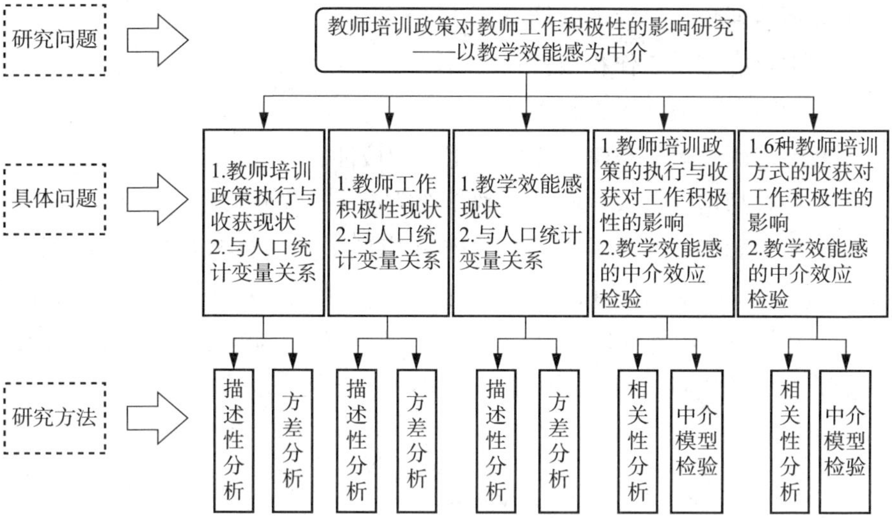

图 5–1　量化研究思路

在进行量化研究的同时，也对 7 省市 19 所学校的教师进行访谈，通过对访谈内容的分析，对量化的结果进行阐释和补充。

5.1.1.2　研究假设

通过对前期文献的梳理与研究问题的思考，本章将进行一系列的实证研究。首先，对教师工作积极性、教师培训政策和教学效能感情况进行描述性统计。其次，对教师工作积极性、教师培训政策的执行和收获情况与教学效能感进行群体特征的方差分析，个人特质主要有性别、教龄、是否担任班主任、劳动关系、职称、最高学历、行政职务、学校类别、学校层级等。再次，通过相关性回归与皮尔森回归分析，验证三个变量及各维度之间的相关性。最后，通过中介变量的结构模型，探索三个变量之间的关系。表 5–1 是研究假设的具体内容。

表 5–1　研究假设

假设代码	假设内容
假设 1	教师培训政策的执行与收获都能正向预测教学效能感
假设 2	教师教学效能感能正向预测工作积极性
假设 3	教师培训政策的执行与收获都能正向预测工作积极性
假设 4	教学效能感在教师培训政策的执行与收获影响工作积极性的路径中起中介作用
假设 5	教学效能感在 6 种教师培训方式的收获影响工作积极性的路径中起中介作用

5.1.1.3　假设模型的构建

根据研究假设，本章定义五条假设路径：

①教师培训政策—教学效能感；

②教学效能感—工作积极性；

③教师培训政策—工作积极性；

④教师培训政策—教学效能感—工作积极性；

⑤ 6 种教师培训方式的收获—教学效能感—工作积极性。

根据假设路径，本章建立了两个结构模型（见图 5-2、图 5-3）。模型 1：自变量为教师培训政策的执行与收获，因变量为工作积极性，中介变量为教学效能感；模型 2：自变量为教师培训方式的收获，因变量为工作积极性，中介变量为教学效能感。

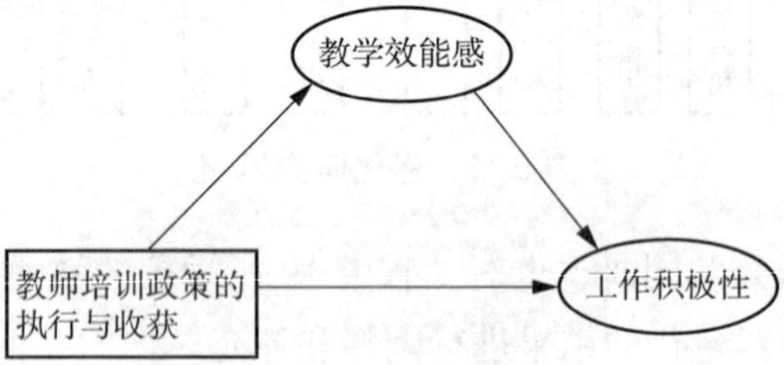

图 5-2　中介模型 1

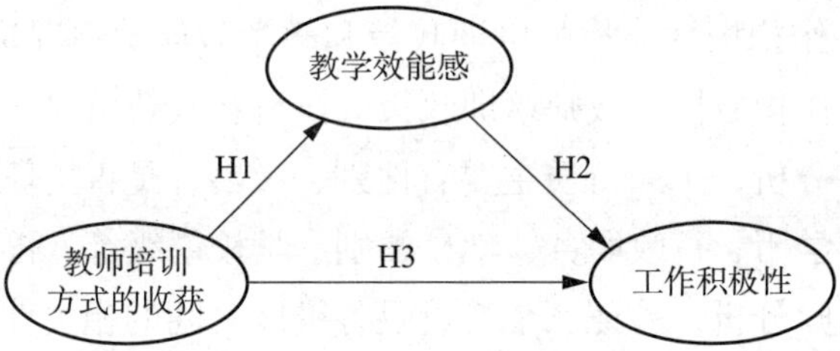

图 5-3　中介模型 2

5.1.2　研究数据与样本

5.1.2.1　数据来源

本研究的数据来源于国家社会科学基金教育学一般课题“中小学教师激励政策的合力效果研究”（BGA180059）、《中小学教师激励政策调研问卷》和相关访谈材料。问卷由 5 部分构成，包括教师个人基本信息、教师工作积极性、教师激励政策（绩效工资、职称评聘、教师培训、教师轮岗等政策）的执行和收获情况、其他控制变量、政策合力效果。在本研究中，采用的相关数据包括教师个人基本信息、教师工作积极性、教师培训政策执行和收获情况以及其他控制变量。变量说明见表 5–2。

表 5–2　变量说明

维度	名称	变量类型	变量解释
因变量	教师个人工作积极性	定序	非常不同意 =1，不太同意 =2，一般 =3，比较同意 =4，非常同意 =5
	教师组织工作积极性		
核心自变量	教师培训政策执行	定序	非常不符合 =1，不太符合 =2，一般 =3，比较符合 =4，非常符合 =5
	教师培训政策的收获（6 种培训方式的收获）	定序	
个人特质[①]	性别	定类	男 =0，女 =1
	教龄	定序	0~5 年 =0，6~10 年 =1，11~20 年 =2，21~30 年 =3，30 年以上 =4
	婚姻状况	定序	未婚 =1，已婚 =2，其他 =3
	最高学历	定比	大学本科以下 =11，大学本科（成人高等教育）=14，大学本科（普通高等教育）=16，硕士 =19
	学校类别	定类	乡镇学校 =0，县级以上学校 =1
	学校层级	定类	小学 =0，初中 =1
	是否担任班主任	定类	否 =0，是 =1
	劳动关系	定类	无编制 =0，有编制 =1
	职称	定序	没有职称 =1，三级教师 =2，二级教师 =3，一级教师 =4，高级教师 =5

5.1.2.2　研究样本的选择与基本情况

本书的研究对象是来自全国 7 省市 19 所中小学的教师。为了让样本更具代表性，样本覆盖了东部、中部、西部，包括湖北省、山西省、河北省、云南省、江西省、广东省、北京市。数据的收集主要通过问卷星发放电子问卷的方式。

本次研究共发放问卷 1499 份，回收 1499 份，其中有效问卷 1418 份，问卷有效率为 94.60%。在 1418 位教师中，男教师 443 人（占 31.2%），女教师 975 人（占 68.8%）。在教龄方面，43.9% 的教师拥有 5 年及以下的教龄，16.1% 的教师教龄在 6~10 年，28.0% 的教师教龄在 11~20 年，11.3% 的教师教龄在 21~30 年，0.7% 的教师教龄在 30 年以上。在职称方面，140 位被调查教师没有职称；29 名被调查教师拥有小学或中学三级职称；329 名被调查教师拥有小学或中学二级职称；665 名被调查教师拥有小学或中学一级职称；255 名被调查教师拥有小学或中学高级职称（见表 5–3）。

① 个人特质变量说明同第 4 章。

表 5-3　研究样本人口统计学分布（N=1418）

类别		人数	占比（%）
性别	男性	443	31.2
	女性	975	68.8
教龄	0~5 年	622	43.9
	6~10 年	228	16.1
	11~20 年	397	28.0
	21~30 年	161	11.3
	30 年以上	10	0.7
婚姻状况	未婚	148	10.4
	已婚	1225	86.4
	丧偶	8	0.6
	离异 / 分居	37	2.6
学历	大学本科以下	272	19.2
	大学本科（成人高等教育）	694	48.9
	大学本科（普通高等教育）	421	29.7
	硕士	31	2.2
学校层次	小学	654	46.1
	中学	764	53.9
学校类别	农村学校	416	29.3
	城镇学校	1002	70.7
是否担任班主任	是	588	41.5
	否	830	58.5
劳动关系	事业编制	1206	85.1
	聘用制	7	0.5
	合同制	60	4.2
	政府购买服务性岗位	50	3.5
	劳务派遣	64	4.5
	“三支一扶”教师	3	0.2
	特岗教师	6	0.4
	代课教师	22	1.6

续表

类别		人数	占比（%）
职称	没有职称	140	9.9
	三级教师	29	2.0
	二级教师	329	23.2
	一级教师	665	46.9
	高级教师	255	18.0
行政职务	没有兼任行政职务	1027	72.4
	年级负责人	75	5.3
	学科负责人	111	7.8
	教务主任 / 副主任	58	4.1
	德育主任 / 副主任	41	2.9
	办公室主任 / 副主任	51	3.6
	总务处	27	1.9
	党团工会	28	2.0
教授的学段	小学低年级（1~2 年级）	222	15.6
	小学中年级（3~4 年级）	259	18.3
	小学高年级（5~6 年级）	269	19.0
	初中一年级	255	18.0
	初中二年级	320	22.6
	初中三年级	287	20.2

5.1.3　研究方法

5.1.3.1　描述性统计和方差分析

对教师培训政策执行和收获、教学效能感与工作积极性现状进行描述性统计分析以及方差分析。首先，在教师工作积极性方面，对个人和组织工作积极性进行因子分析，从而进行描述性统计分析。其次，从教师个人特质视角出发，对教师个人和组织工作积极性进行方差分析。最后，统计分析教师培训政策执行与收获得分情况，分别进行描述性统计并计算各自的综合得分。

5.1.3.2　相关性分析

针对 3 个变量之间的关系，本章将应用相关性分析，探索每个变量及变量各个维度之间的关系，为中介模型的检验做准备。

5.1.3.3 中介模型检验

为了检验假设 1 至假设 5，本研究借助结构模型，用 Amos26.0 进行了两个结构模型的中介效应的检验。

5.1.3.4 访谈法

（1）访谈目的

本研究在量化的基础上佐以质性研究方法——访谈法，以便对教师培训激励政策、教学效能感、工作积极性三者的关系进行更深入的探讨。在发放问卷的学校中，随机选取了 8 名教师通过腾讯视频会议展开了深入访谈。本书希望通过访谈对研究结果进行进一步的探讨，探寻现象背后的原因。

（2）访谈对象

在兼顾人口学特征均衡分布的情况下，课题组采用了方便抽样的方法确定了 40 个访谈对象。根据研究问题的需要，从中选择了 11 位访谈对象（见表 5–4）。

表 5–4 访谈对象基本信息

编号	性别	婚姻状况	学历	职称	教龄	任教学段	学校地域	行政职务
I–1–LHF–T	女	已婚	本科（普通）	中一	21	初中语文	农村	无
I–1–YQ–T	女	未婚	本科（普通）	中二	7	初中英语	农村	无
I–2–LSF–T	女	已婚	本科（成人）	中一	23	初中英语	城镇	备课组长
I–2–ZZL–T	女	已婚	本科（普通）	小一	21	小学数学	城镇	无
I–3–LAH–T	女	离异	本科（普通）	中一	20	初中数学	城镇	无
I–3–LXH–T	男	已婚	本科（成人）	中一	23	初中物理	城镇	无
I–5–FR–T	男	已婚	本科（普通）	中一	13	初中英语	城镇	无
I–5–YDW–T	男	已婚	本科（成人）	中一	22	初中英语	城镇	政教处主任
I–6–WZZ–T	男	已婚	本科（成人）	副高	36	初中语文	城镇	工会主席
I–6–LZZ–P	男	已婚	本科（普通）	中一	20	初中物理	城镇	校长
I–6–SHJ–T	男	已婚	本科（普通）	中一	16	初中语文	城镇	无

为了便于在资料分析和论文撰写过程中运用材料，研究者对每一份访谈材料进行了编号。按照访谈伦理的要求，研究者在整理中按照“收集资料的

类型（访谈 / 观察）+ 学校访谈顺序时间 + 教师姓名缩写 + 身份”进行编号。其中，“I”代表访谈资料，“O”代表观察资料；“XF”表示小飞，“XL”表示小乐；“P”代表校长，“T”表示教师。例如，“I–1–XL–P”表示访谈中的第一所学校的小乐校长的访谈资料编号。

（3）访谈提纲

访谈提纲为课题组共同讨论的成果，基于访谈的目的编写而成，经过了课题组多轮的筛选与讨论，最后确定（见本章附录 9）。

5.1.4　测量工具编制

5.1.4.1　教师工作积极性量表

综观既有研究，研究者均认为，工作积极性的内涵至少包含心理状态这一维度。反观不同学科对工作积极性概念的分歧，其根源在于工作行为究竟是工作积极性的内在组成部分，还是工作积极性所引致的一种外在表现（Macey&Schneider，2008；Runhaar et al.，2013；Klassen et al.，2013）。无论这一概念如何界定，就学校改进与教师质量提升的研究目的来看，测量教师的工作行为是否具有积极性十分有必要。引入行为维度后，可以带来新的研究问题，如内在的情感状态与外显的工作行为是否完全一致、现行的政策对教师的积极行为如何起到激发或者扭曲的作用等。这能够给改进基础教育教师工作状态与相关政策带来很好的启示。

需要特别说明的是，尽管相关研究也关注组织积极性（Saks，2006），但直接将组织公民行为作为工作积极性测量内容的较少；而从现实来看，个体的组织态度与行为在中国的集体主义文化以及学校的合作语境下尤其重要，中国的组织可能更加注重集体行动，教师的工作可能更加需要组织积极性。因此组织态度、公民行为也被纳入考察范围。

基于此，本书综合考虑已有量表的测量内容、测量特征与应用范围，编制教师工作积极性量表。该量表包含个人、组织两个维度，各维度下又考虑情感积极性与行为积极性两个子维度。其中，个人工作积极性分量表结合 UWES–3（Schaufeli et al.，2019）与其他多个研究；组织工作积极性分量表则参考 Saks（2006）关于组织工作积极性的测量题目及 OCB’s 量表。工作积极性的测量如表 5–5 所示。

表 5–5　工作积极性的测量

分量表	一级指标	操作性定义	题项	题目来源及说明
个人工作积极性	情感积极性	个人工作中表现出的活力、奉献、专注等积极情绪	1~3	源自 Schaufeli 等（2019）的 UWES–3①
	行为积极性	个人在本职工作、与学生互动中表现出的积极行为	4~9	第 5~7 题参考 May 等（2004）；第 4 题参考 Saks（2006）；第 8~9 题为自编题目，在参考 Klassen 等（2013）ETS 量表的基础上编制，考察教师与学生互动的积极行为 ②③④ 第 4、第 6、第 7 题为反向计分题目
组织工作积极性	情感积极性	个人对组织工作表现出的积极情绪	10~12	参考 Saks（2006）的 Job and Organization Engagement 量表 ⑤ 第 11 题为反向计分题目
	行为积极性	有益于其他个体的工作行为、有益于整个组织的工作行为	13~18	参考 Runhaar 等（2013）的 OCB's 量表 ⑥

量表中所有题项均采用李克特 5 点量表进行提问，从 1“非常不同意”到 5“非常同意”。具体题目如表 5–6 所示。

表 5–6　工作积极性的问卷维度及题目

标题	关于您的工作，您是否同意下列表述?	关于您的工作，您是否同意下列表述?
维度	个人工作积极性	组织工作积极性
情感	1. 在工作中，我感到精力充沛	10. 对我来说，参与学校里的事务令我比较兴奋
	2. 我对自己的工作充满热情	11. 我不喜欢我们学校里发生的事情
情感	3. 我沉迷于工作	12. 我在我们学校中的积极性很高

① Schaufeli Wilmar B，Shimazu Akihito Hakanen，Jari，et al. An ultra–short measure for work engagement：The UWES–3 validation across five countries. [J]. European Journal of Psychological Assessment，2019，35（4）.

② May D R，Gilson R L，Harter L M. The psychological conditions of meaningfulness，safety and availability and the engagement of the human spirit at work [J]. Journal of Occupational and Organizational Psychology，2004，77（1）：11–37.

③⑤ Saks A M. Antecedents and consequences of employee engagement [J]. Journal of Managerial Psychology，2006，21（7）：600.

④ Klassen R M，Yerdelen S，Durksen T L. Measuring teacher engagement：Development of the engaged Teachers Scale（ETS）[J]. Frontline Learning Research，2013，1（2）：33–52.

⑥ Runhaar P，Konermann J，Sanders K. Teachers' organizational citizenship behaviour：Considering the roles of their work engagement，autonomy and leader–member exchange [J]. Teaching and Teacher Education，2013（30）：99–108.

续表

标题	关于您的工作，您是否同意下列表述？	关于您的工作，您是否同意下列表述？
维度	个人工作积极性	组织工作积极性
行为	4. 工作的时候，我经常走神，会想其他的事情	13. 如果有同事缺勤或者休息，我会主动承担他的任务
	5. 我工作没完成就不会下班	14. 我会帮助工作繁重的同事
	6. 只要有可能，我就尽量不加班	15. 即使没有人要求，我也会不遗余力地帮助新同事
	7. 我不会让我的工作太辛苦	16. 我自愿为我所处的部门做一些事情
	8. 我愿意为了学生做一些工作要求之外的工作	17. 为了部门的共同利益，我会自愿执行任务
	9. 在课堂上，我关注学生的感受和问题	18. 我会留意学校内部的通知，以便随时了解情况

5.1.4.2　教师自我效能感量表

TSES 量表中所有题项均采用李克特 9 点量表进行提问，从 1“完全不”到 9“非常”。其中，加粗的题项序号为因子分析中因子载荷较高的题目（Tschannen–Moran & Hoy，2001；Klassen et al.，2009）。由于 TSES 量表过长，课题组通过与 4 位一线老师的讨论，选择了比较适合国内现状同时在每一维度的因子载荷较高的题目，共计 3 题。为使教师效能感量表的表述与本研究中其他量表保持一致，对 TSES 的表述进行第一人称的修改，并将测量等级改为李克特 5 点量表进行提问，从 1“非常不同意”到 5“非常同意”。改编版本的具体题目如表 5–7 所示。

表 5–7　教学效能感的测量

维度	题目
教学策略效能感	1. 在教学中，我相信我能够使用多样的评价方法
课堂管理效能感	2. 我相信我能够安抚捣乱或吵闹等不遵守课堂纪律的学生
学生参与效能感	3. 我相信我能够让学生建立对学业的自信

在量表的选择和编制过程中，由 3 名高校教师、3 名研究生在阅读相关文献的基础上，对一线教师进行访谈，对量表的维度划分、题目设置、题目表述进行商议、修改，并最后确定。

5.1.4.3 教师培训政策量表

教师培训激励政策量表分为培训政策执行与培训收获两个维度。此量表为课题组自制量表，均来自相关的教师培训激励政策（见表 5–8）。

表 5–8 教师培训政策的测量

维度	序号	条目	依据
培训政策执行	1	“学校采取集中培训、置换脱产研修、远程培训、组织名师讲学团和海外研修等多种有效途径进行教师培训”①	“教育部师范教育司负责人就《关于大力加强中小学教师培训工作的意见》④答记者问”第 4 问
	2	“学校倡导小班教学，采取案例式、探究式、参与式等多种方式开展培训，鼓励教师自主选学”②	
	3	“学校要求完善五年一个周期 360 学时的教师培训任务，建立教师培训管理档案，建立严格的教师培训学分管理制度”③	
培训收获	您认为下列培训形式收获有多大？（李克特 5 级量表）		“教育部师范教育司负责人就《关于大力加强中小学教师培训工作的意见》答记者问”第 4 问 《教育部 财政部关于改革实施中小学幼儿园教师国家级培训计划的通知》 “针对教育教学中存在的突出问题，采取专题讲座、案例研讨与名校观摩等方式，帮助教师开阔视野、更新理念、提升能力” “有效记录学员学习过程及参训成效，激发学员参训动力”
	1	网络培训	
	2	面授校内培训	
	3	校外培训	
	4	理论讲授	
	5	案例分析	
	6	说课评课	
	7	导师带教	
	8	研讨交流	
	9	课题研究	

5.1.5 量表的信效度检验

由于本研究所使用的量表均为自制量表，本节将运用 SPSS25.0 与 amos26.0 对量表进行信效度检验，包括项目分析、探索性因子分析、验证性因子分析。

①②③④ 教育部关于大力加强中小学教师培训工作的意见［J］. 中小学教师培训，2011（1）：3–5.

5.1.5.1　项目分析

本研究起初用极端组法对量表中的题目进行检验，将所有被试的量表得分总和按高低排序，得分前 27% 设为高分组，得分后 27% 设为低分组，对高低两组被试每题得分平均数差异进行显著性检验（两个独立样本 *t* 检验）[①]。研究结果发现：教师教学效能感、工作积极性、教师培训激励政策量表中的全部项目都达到了显著性水平，可以进行效度检验。

5.1.5.2　探索性因子分析

本小节将对 3 个量表进行探索性因子分析，根据探索性因子分析的结果，划分量表的维度。

（1）工作积极性量表的因子分析

本研究编制工作积极性量表时，作为参考来源的均是成熟量表，经过了信效度检验。由于本次对于工作积极性的测量纳入了新的维度，包括个人、组织两个大维度，而两个大维度又进一步划分了情感与行为维度，共 4 个维度，因此，对产生的新量表依然进行信效度的检验。鉴于量表的划分维度过多，维度间又存在交叉的关系，本研究将工作积极性量表分为个人与组织工作积极性量表，分别进行探索性因子分析。

个人工作积极性量表删去了题目 b23、b24（题项的负荷量低）。*KMO* 值为 0.788，说明巴特利特（*Bartlett*）球形度检验显著［*x*（*df*）=2818.734（21），*p*<0.001］；之后再使用主成分分析法提取因子，以特征值大于 1 为提取标准，在量表中提取了 2 个因子，累计解释方差百分比为 57.986%。根据各个题项内容并结合理论，将 b11、b12、b21 和 b13 对应因子命名为“个人情感”，b22、b25 和 b26 对应因子命名为“个人行为”(见本章附录 1，附表 1、附表 2、附表 3)。

对组织工作积极性量表 9 个题项进行探索性因子分析，结果显示，*KMO* 值为 0.921，巴特利特（*Bartlett*）球形度检验显著［*x*（*df*）=7938.564（36），*p*<0.001］。采用特征值大于 1 的准则，用主成分分析法，可以提取因子个数为 2，累计解释方差百分比为 69.849%。但其中因子 2 只有 b32 一道题，故删除。于是重新进行探索性因子分析，方差解释率为 65.66%。这 8 个题项作为一个因子，命名为“组织工作积极性”（见本章附录 2，附表 4、附表 5、附表 6）。

① 吴明隆 . SPSS 统计应用实务：问卷分析与应用统计［M］. 北京：科学出版社，2003.

（2）教师培训政策量表的因子分析

对教师培训政策量表，本研究也采用了主成分分析法提取因子，结果显示 *KMO* 度量值为 0.939，巴特利特球形近似卡方为 13545.963，自由度为 66，*p* 值为 0.000，小于 0.001，达到了显著性水平。由此可知教师培训政策量表的数据非常适合做因子分析（详见本章附录 3，附表 7）。然后本研究采用最大方差法旋转量表因子，通过提取特征值大于 1 的成分，提取了 2 个成分，累计方差解释率为 72.029%，教师培训收获维度的方差解释率为 61.403%，教师培训政策执行维度的方差解释率为 10.626%（详见本章附录 3，附表 8、附表 9），探索出来的因子与问卷的预设一致。

（3）教学效能感量表的因子分析

本次教学效能感量表选择的 3 道题目来源于 TSES 的 12 题版本，题目较少且在各个年级、多个国家或地区均具有良好的信效度。该量表的 *KMO* 度量值为 0.753，巴特利特球形近似卡方为 2870.961，自由度为 3，*p* 值为 0.000，小于 0.001，达到了显著性水平。同时本研究采用最大方差法旋转量表因子，通过提取特征值大于 1 的成分，提取了 1 个成分，累计方差解释率为 84.658%，故变量 d11、d12、d13 同属于一个因子“教师教学效能感”（见本章附录 4，附表 10、附表 11、附表 12）。

5.1.5.3 验证性因子分析

在本小节中，研究者主要运用 amos26.0 对三个变量进行验证性因子分析（CFA）。为了检验数据与理论假设的拟合度，剔除因子荷载值小于 0.4 的题目。此次分析过程中，在调整量表的整体拟合度时，删除了个人工作积极性中题项 b21，教师培训激励政策量表中的 d411、d413、d414（因为 *RMSEA* 值过大，进行修正），组织工作积极性中的 b33 题，修正后的量表其他题项，系数均良好。为了验证量表的效度，对三个量表分别进行结构效度、聚敛效度和区分效度分析。

由于教学效能感模型只有 3 道题，无须区分效度分析，同时 amos26.0 无法得出 3 道题目的变量的整体拟合表。而在工作积极性模型拟合中，基于模型简洁明确以及拟合度最佳的原则，经过 *CFA* 检验，建立了工作积极性二阶模型（见本章附录 5，附图 3），在进行二阶验证性因子分析检验时，由于拟合度不佳，剔除了 b42、b33。由于二阶模型中，一阶潜变量都统一在二阶潜变量之下，因而不需要区分效度分析。

（1）结构效度

由于本研究样本量过大，导致的卡方总值比较大，因而虽然卡方自由度比值大于 5，但依然是可接受的。表 5–9 显示，在教师培训政策量表中，*RMSEA* 为 0.080，小于 0.09，表明此模型可接受（Hu & Bentler，1999）；*GFI* 为 0.930，*AGFI* 为 0.960，*CFI* 为 0.975，*IFI* 为 0.975，*TLI* 为 0.965，均大于 0.9，结果适配良好；*SRMR* 为 0.028，小于 0.05。此模型的各项拟合指标都比较理想。

表 5–9　教师培训政策、工作积极性整体拟合系数

因子	x^2/df	*RMSEA*	*GFI*	*AGFI*	*CFI*	*IFI*	*TLI*	*SRMR*
教师培训政策一阶二因子	10.040	0.080	0.930	0.960	0.975	0.975	0.965	0.028
工作积极性二阶三因子	7.977	0.070	0.954	0.930	0.961	0.961	0.949	0.045
工作积极性一阶三因子	7.977	0.070	0.954	0.930	0.961	0.961	1.949	0.045
工作积极性一阶二因子	16.099	0.103	0.899	0.852	0.914	0.914	0.893	0.079

在检验教师工作积极性的模型时，如表 5–9 所示，研究者做了多轮尝试，发现一阶二因子［个人工作积极性（情感 + 行为），组织工作积极性］模型拟合度非常差，故舍弃。一阶三因子（个人行为积极性，个人情感积极性，组织工作积极性）同二阶三因子（个人行为积极性，个人情感积极性，组织工作积极性）模型的各项指标相同，模拟度良好。具体来说 *RMSEA*=0.070，小于 0.08，说明是拟合模型可接受；*GFI* 为 0.954，说明样本无虚无假设；*AGFI* 为 0.930，说明模型解释力强；*CFI* 为 0.961，*IFI* 为 0.961，*TLI* 为 0.949，均大于 0.9，说明模型可接受；*SRMR*=0.045，小于 0.05。综上所述，各项拟合指标都比较理想。由于一阶三因子模型的因子之间的相关度较高（见本章附录 6，附图 5），各因子均属于工作积极性的子概念，本着模型的俭省明确的原则，本研究选择应用工作积极性的二阶三因子的模型。

（2）聚敛效度

由表 5–10 可知，教师培训政策的两个潜变量执行与收获所对应各个题目的因子载荷范围是（0.774，0.881），都大于 0.7，说明每个潜变量所对应的题目的代表性显著。另外，各个潜变量的平均方差变异 *AVE* 均大于 0.5，且组合信度均大于 0.8，说明聚敛效度很好。

表 5-10　教师培训政策、教学效能感与工作积极性因子荷载

路径	非标准化系数			标准化系数	SE	CR
教师培训政策	c21	←	执行	0.796	0.631	0.837
	c22	←	执行	0.782		
	c23	←	执行	0.804		
教师培训政策	d412	←	收获	0.774	0.718	0.938
	d415	←	收获	0.850		
	d416	←	收获	0.881		
	d417	←	收获	0.866		
	d418	←	收获	0.880		
	d419	←	收获	0.828		
教学效能感	d11	←	教学效能感	0.840	0.771	0.909
	d12	←	教学效能感	0.889		
	d13	←	教学效能感	0.904		
工作积极性	b12	←	个人情感	0.879	0.644	0.844
	b13	←	个人情感	0.731		
	b11	←	个人情感	0.790		
	b22	←	个人行为	0.407	0.362	0.618
	b25	←	个人行为	0.657		
	b26	←	个人行为	0.698		
	b31	←	组织	0.625	0.620	0.906
	b41	←	组织	0.715		
	b43	←	组织	0.785		
	b44	←	组织	0.908		
	b45	←	组织	0.894		
	b46	←	组织	0.759		
	个人情感	←	工作积极性	0.722	0.684	0.866
	个人行为	←	工作积极性	0.896		
	组织	←	工作积极性	0.853		

经调整工作积极性模型中各个因子的系数基本合格，各维度标准化因子

载荷范围是：个人情感（0.73，0.88），个人行为（0.4，0.7），组织积极性（0.62，0.91），均大于0.4，说明量表中各个潜变量对应所属题目基本合格。教学效能感量表中，各维度标准化因子载荷范围是（0.84，0.91），均大于0.8，说明本研究所提出的潜变量对应的题目代表性显著。

（3）区分效度

表5-11中主要是对教师培训政策量表的描述。培训政策中的两个因子执行与收获之间，具有显著的相关性（$p<0.001$），同时相关性系数绝对值小于0.5，且小于所对应的*AVE*的平方根，即说明各个潜变量之间具有一定的相关性，又具有一定的区分度。

验证性因子分析的结果表明，本研究所使用的教师培训激励政策、教学效能感、工作积极性量表具有较好的效度，可进行下一步的分析。

表5-11 教师培训政策区分效度

变量	培训执行	培训收获
培训政策执行	0.631	—
培训政策收获	0.345***	0.718
AVE平方根	0.794	0.847

注：*** 表示 $p<0.001$。

5.1.6 测量工具的信度检验

内部一致性（*Cronbach's α*）系数经常被用于评估问卷的信度，一般认为量表总*Cronbach's α*系数大于0.7，分维度的*Cronbach's α*系数大于0.5，在实证上是可接受的范围[①]。根据这个标准，本研究对各个量表进行了信度检验。

如表5-12所示，教师教学效能感量表的总*Cronbach's α*系数为0.909，在0.7以上，说明该量表的信度良好。工作积极性量表的总*Cronbach's α*系数为0.893，大于0.7，另外，各个分维度的系数分别为0.837、0.543、0.898，均在0.5以上，这表明问卷各个维度内部一致性合理，该量表及分维度的信度可接受。教师培训政策总量表的*Cronbach's α*系数为0.918。两个分维度中，培训政策执行的*Cronbach's α*系数为0.835，培训政策收获的*Cronbach's α*系数为0.937，都在0 .7以上，这表明此量表的信度非常好。综上所述，各量表

① Nunnally J C，Bernstein I H. Psychometric theory［M］.New York：McGraw-Hill，1994.

及各维度都具有良好的信度。

表 5-12　教学效能感、培训政策、工作积极性量表信度分析结果

<table>
<tr><th>总量表</th><th>总题项数</th><th>内部一致性系数（α）</th><th>分项数</th><th>分维度</th><th>内部一致性系数（α）分维度</th></tr>
<tr><td>教学效能感</td><td>3</td><td>0.909</td><td>无</td><td>无</td><td>无</td></tr>
<tr><td rowspan="2">教师培训政策</td><td rowspan="2">9</td><td rowspan="2">0.918</td><td>3</td><td>执行</td><td>0.835</td></tr>
<tr><td>6</td><td>收获</td><td>0.937</td></tr>
<tr><td rowspan="3">工作积极性</td><td rowspan="3">12</td><td rowspan="3">0.893</td><td>3</td><td>个人情感</td><td>0.837</td></tr>
<tr><td>3</td><td>个人行为</td><td>0.543</td></tr>
<tr><td>6</td><td>组织工作</td><td>0.898</td></tr>
</table>

经过以上检测，三个量表均具有较好的信效度，说明此次调查结果是准确有效的。

5.1.7　共同方法偏差的控制与检验

本研究中统计数据大多由教师自我报告，难免会产生共同方法偏差（CMV）问题①。为了减小影响，从程序与统计两方面加以控制。在研究过程中，研究者遵照测量要求，在量表编制上保证良好的信效度，对个人信息进行匿名化处理，采集样本数据时确保了数量上的充足和具备不同人口统计特征。在统计控制方面，对 3 个量表的数据分别进行了单因子的验证性因子分析②，将各量表的所有题项各自放入同一个因子后进行检验，模型拟合度均不佳（详见本章附录 7，附表 14），故本研究不存在严重的共同方法偏差。

5.2　描述性统计分析

本节主要采用了描述性统计的方法分析了教学效能感、教师培训政策与工作积极性的基本情况，包括对全样本数据进行独立样本 t 检验、方差分析以及相关性回归分析，为后面章节的中介模型的检验做铺垫。

① 邓稳根，黎小瑜，陈勃，等. 国内心理学文献中共同方法偏差检验的现状［J］. 江西师范大学学报（自然科学版），2018，42（5）：447-453.

② 汤丹丹，温忠麟. 共同方法偏差检验：问题与建议［J］. 心理科学，2020，43（1）：215-223.

5.2.1　教学效能感、教师培训政策与工作积极性的整体水平

本节统计了教师培训政策、工作积极性、教学效能感及各分维度的均值与标准差情况，还运用了单样本 t 检验的方法对总体及各维度均值与理论中值 3 进行了比较。数据分析结果（见表 5–13）表明，3 个变量及各自分维度的均值都高于理论中值 3（$p<0.001$），说明教师培训政策的执行与收获、工作积极性、教学效能感的水平都在中等偏上。

表 5–13　教师教学效能感、培训政策与工作积极性及各维度整体水平（N=1418）

变量	均值	标准差	最小值	最大值	t
工作积极性	4.079	0.600	1	5	67.717***
个人情感积极性	3.950	0.813	1	5	43.990***
个人行为积极性	4.175	0.685	1	5	64.593***
组织工作积极性	4.144	0.672	1	5	64.043***
教学效能感	4.305	0.646	1	5	75.986***
教学策略效能感	4.310	0.693	1	5	71.291***
课堂管理效能感	4.320	0.712	1	5	69.572***
师生互动效能感	4.290	0.703	1	5	68.912***
教师培训政策	3.881	0.721	1	5	46.020***
教师培训政策执行	3.798	0.889	1	5	33.796***
教师培训政策收获	3.922	0.761	1	5	45.596***

注：*** 表示 $p<0.001$。

具体而言，如表 5–13 所示，教学效能感的总均值（M=4.305）及各维度的均值（4.29~4.32）的水平在三个变量中是最高的，从数据中折射出相对于工作积极性和培训政策，教师们对自己教学能力的认可程度最高。教学效能感的三个维度的得分整体上差异不大，从高到低依次为课堂管理（M=4.320）> 教学策略（M=4.310）> 师生互动（M=4.290）。该数据说明，与教学策略和师生互动相比，教师认为自己的课堂管理能力更强。

教师工作积极性量表的总均值（M=4.079）仅次于教学效能感。各维度的均值由大到小排列依次为个人行为积极性（M=4.175）> 组织工作积极性（M=4.144）> 个人情感积极性（M=3.950）。说明参与此次调研的教师个人情

感、个人行为、组织工作的积极性均处于中等偏上水平，且个人行为积极性最强，个人情感积极性最低。

教师培训政策总体与分维度的均值整体上都低于其他两个变量。在两个维度中，教师培训政策收获（M=3.922）> 教师培训政策执行（M=3.798），整体水平处于中上。

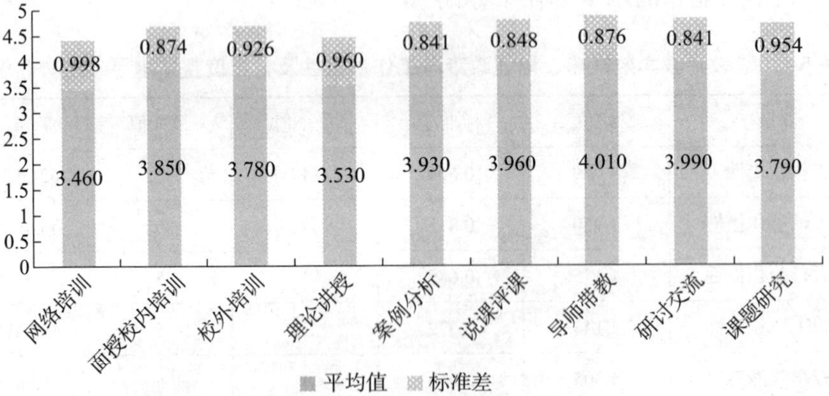

图 5–4　9 种培训方式的收获的平均值与标准差

本研究还对教师培训收获维度的 9 种培训方式的收获现状进行了描述性统计分析，并以条形图的形式呈现（见图 5–4）。由图 5–4 可知，所有的培训模式的收获值都显著高于中位数 3（p<0.001），说明整体上，培训收获水平良好。而在各个培训模式的收获比较中，由低到高的排序依次为网络培训（M=3.460）< 理论讲授（M=3.530）< 校外培训（M=3.780）< 课题研究（M=3.790）< 面授校内培训（M=3.850）< 案例分析（M=3.930）< 说课评课（M=3.960）< 研讨交流（M=3.990）< 导师带教（M=4.010），可以发现对教师来说，网络培训的培训方式收获程度最低，而导师带教的收获程度最高。

5.2.2　人口统计变量的差异

关于人口统计学变量对教师的教学效能感、工作积极性与教师培训政策的影响，本研究运用了独立样本 t 检验和 F 检验进行分析。t 检验测量的人口统计特征包括性别、学校类别、学校层级、是否担任班主任、劳动关系与行政职务；F 检验测量的人口统计特征包括了教龄、学历和职称。

5.2.2.1　*t* 检验结果

工作积极性、教师培训政策与教学效能感 *t* 检验结果分析见表 5–14。

表 5–14　工作积极性、教师培训政策与教学效能感 t 检验结果分析

维度	分类	人数	教师工作积极性		教师培训政策		教学效能感	
			M ± SD	*t* 值	M ± SD	*t* 值	M ± SD	*t* 值
性别	男	443	4.044 ± 0.640	1.401	3.776 ± 0.737	3.647***	4.253 ± 0.687	1.922
	女	975	4.094 ± 0.582		3.928 ± 0.708		4.327 ± 0.626	
学校类别	农村	416	4.244 ± 0.570	6.950***	3.970 ± 0.747	2.959**	4.442 ± 0.570	5.452***
	城镇	1002	4.010 ± 0.599		3.843 ± 0.706		4.247 ± 0.596	
学校层级	小学	654	4.218 ± 0.589	8.257***	4.008 ± 0.729	6.215***	4.407 ± 0.641	5.613***
	初中	764	3.960 ± 0.583		3.772 ± 0.696		4.216 ± 0.638	
是否担任班主任	否	830	4.049 ± 0.586	2.170*	3.859 ± 0.691	1.346	4.269 ± 0.644	2.460*
	是	588	4.120 ± 0.617		3.912 ± 0.761		4.354 ± 0.647	
劳动关系	无编	212	4.121 ± 0.572	1.154	4.080 ± 0.694	4.516***	4.300 ± 0.707	0.088
	有编	1206	4.071 ± 0.604		3.846 ± 0.720		4.305 ± 0.635	
行政职务	无	1027	4.213 ± 5.213	5.235***	3.826 ± 0.727	4.828***	4.258 ± 0.649	4.493***
	有	391	4.027 ± 0.592		4.025 ± 0.684		4.426 ± 0.624	

注：* 表示 $p<0.05$，** 表示 $p<0.01$，*** 表示 $p<0.001$。

从性别上看，不同性别的教师，在教师培训政策的收获与执行上的得分呈现显著差异（$p<0.001$）。具体来说，男性的教师培训政策执行与收获水平（$M=3.776$）显著低于女性的教师培训政策执行与收获水平（$M=3.928$）。

从学校类别上看，农村与城镇学校教师在教师培训政策的执行与收获（$p<0.01$）、教学效能感（$p<0.001$）及其工作积极性水平（$p<0.001$）上存在显著差异。具体来说，农村学校教师的教学效能感（$M=4.442$）、教师培训政策（$M=3.970$）与工作积极性（$M=4.244$）水平显著高于城镇学校教师的教学效能感（$M=4.247$）、教师培训政策（$M=3.843$）与工作积极性（$M=4.010$）水平。

学校层次的差异也对教师培训政策的执行与收获、教学效能感及教师工作积极性水平的影响显著。具体差异表现在：小学教师的教学效能感

（M=4.407）、教师培训政策（M=4.008）与工作积极性（M=4.218）水平显著高于初中教师的教学效能感（M=4.216）、教师培训政策（M=3.772）与工作积极性（M=3.960）水平。

是否担任班主任在教师教学效能感与工作积极性水平上存在显著差异（p<0.05），说明是否担任班主任会影响教师的教学效能感及其工作积极性水平。具体差异表现在：担任班主任的教师的教学效能感（M=4.354）显著高于不担任班主任的教师的教学效能感（M=4.269）。在工作积极性水平上，担任班主任的教师（M=4.120）显著高于不是班主任的教师（M=4.049）。

在不同的劳动关系上，教师培训政策的执行与收获水平存在显著差异（p<0.001）。有编制的教师的培训政策的执行与收获水平（M=3.846）显著低于无编制的教师（M=4.080）。

5.2.2.2 *F* 检验结果

F 检验主要分析了三个变量在教龄、学历和职称上的差异。教师的培训政策执行与收获水平和工作积极性水平在不同的教龄、学历、职称上均存在显著差异；教学效能感在教龄、职称上存在显著差异（见表 5–15）。

表 5-15　工作积极性、教师培训政策与教学效能感 *F* 检验结果分析

维度	分类	人数	工作积极性				教师培训政策				教学效能感			
			M ± SD	*F*	方差齐性检验 sig 值	事后多重比较	M ± SD	*F*	方差齐性检验 sig 值	事后多重比较	M ± SD	*F*	方差齐性检验 sig 值	事后多重比较
教龄	① 0~5 年	242	4.053 ± 0.590				4.042 ± 0.679				4.234 ± 0.730			
	② 6~10 年	121	3.923 ± 0.671				3.973 ± 0.738				4.187 ± 0.715			
	③ 11~20 年	277	4.058 ± 0.588	4.177**	0.615	⑤ > ②，③ > ②	3.946 ± 0.648	7.237***	0.054	① > ⑤，① > ④	4.277 ± 0.644	2.997*	0.004	
	④ 21~30 年	594	4.094 ± 0.596				3.803 ± 0.744				4.356 ± 0.588			
	⑤ 30 年以上	184	4.198 ± 0.573				3.760 ± 0.740				4.348 ± 0.651			
学历	①本科以下	272	4.102 ± 0.596				3.792 ± 0.726				4.304 ± 0.623			
	②本科（成人高等教育）	694	4.100 ± 0.586	3.200*	0.748	① > ④，② > ④	3.856 ± 0.735	4.369**	0.505	② > ①，③ > ②	4.340 ± 0.623	2.080	0.056	
	③本科（普通高等教育）	421	4.050 ± 0.620				3.980 ± 0.681				4.258 ± 0.688			
	④硕士	31	3.788 ± 0.586				3.853 ± 0.761				4.140 ± 0.734			
职称	①没有职称	140	4.138 ± 0.568				4.051 ± 0.696				4.302 ± 0.72			
	②三级	29	4.279 ± 0.604				4.176 ± 0.776				4.506 ± 0.621			
	③二级	329	4.006 ± 0.616	5.005***	0.025	⑤ > ④，⑤ > ③	3.955 ± 0.696	6.775***	0.228	① > ④，② > ④，③ > ④	4.232 ± 0.683	3.23**	0.022	⑤ > ③
	④一级	665	4.05 ± 0.621				3.791 ± 0.74				4.294 ± 0.643			
	⑤高级	255	4.191 ± 0.515				3.892 ± 0.674				4.401 ± 0.548			

注：* 表示 $p<0.05$，** 表示 $p<0.01$，*** 表示 $p<0.001$。

（1）教龄

教龄会影响教师的教师培训政策的执行与收获（$p<0.001$）、教学效能感（$p<0.05$）和工作积极性水平（$p<0.01$）。

由于工作积极性与教师培训政策量表的方差齐性检验 *sig* 值大于 0.05，于是对其进行单因素方差分析。结果发现，不同教龄的教师在教师培训政策（$p<0.001$）与工作积极性水平（$p<0.01$）上存在显著差异。具体来说，邦弗伦尼事后两两比较分析的结果显示，在工作积极性水平上，⑤和③都显著高于②（$p<0.01$）；在教师培训政策的执行和收获水平上，邦弗伦尼事后检验结果显示①显著高于⑤和④（$p<0.001$）。由于教学效能感方差齐性检验 *sig* 值小于 0.05，说明方差不齐，对其两两组别进行的是塔姆黑尼事后检验，各个年龄段之间的差异并不显著（$p>0.05$）。

该分析结果说明，在工作积极性水平上，教龄 30 年以上和 11~20 年的教师，要显著高于教龄 6~10 年的教师。在教师培训政策的执行和收获水平上，教龄 0~5 年的教师要显著高于教龄 21~30 年和 30 年以上的教师。通过 3 个变量在不同教龄的均值比较，发现教龄为 30 年以上的教师工作积极性水平最高，教龄为 0~5 年的教师培训政策执行和收获水平最高，教龄为 21~30 年的教师教学效能感水平最高。

（2）职称

在职称上，教师在教师培训政策的收获与执行（$p<0.001$）、教学效能感（$p<0.01$）与工作积极性水平（$p<0.001$）上均存在显著差异。这意味着职称的不同会影响教师的教学效能感、教师培训政策的执行与收获及工作积极性水平。

如表 5-15 所示，3 个量表的方差齐性检验 *sig* 值均小于 0.05，于是对其采用了 Brown–Forsythe 校正的均值相等稳健性检验，结果 3 组数据的方差齐性检验均未通过，故采用塔姆黑尼事后检验对不同组别的差异进行两两比较。结果显示：在工作积极性水平上，⑤ > ③和④（$p<0.001$）；在教师培训政策的执行与收获上，①、②、③均显著大于④（$p<0.001$）；在教学效能感水平上，⑤ > ③（$p<0.01$）。

该分析结果说明，高级职称教师的工作积极性显著高于二级教师和一级教师；一级职称教师的教师培训政策的执行与收获水平显著低于二级、三级以及没有职称的教师；高级职称教师的教学效能感水平显著高于二级教师。

（3）学历

不同学历的教师在教师培训政策（$p<0.01$）与工作积极性水平（$p<0.05$）

上存在显著差异，这意味着学历会影响教师的培训政策与工作积极性水平。

如表 5–15 所示，3 个量表的方差齐性检验 *sig* 值大于 0.05，故对其做了单因素方差分析。结果显示，不同学历的教师在培训政策与工作积极性水平上存在显著差异。具体来说，通过邦弗伦尼事后两两比较的分析发现，在工作积极性水平上，①和②都显著高于④（$p<0.05$）；在教师培训政策水平上，③显著高于②，②显著高于①（$p<0.01$）。而教学效能感方差齐性检验 sig 值小于 0.05，说明方差不齐，对其两两组别进行的是塔姆黑尼事后检验，不同学历之间的差异并不显著（$p>0.05$）。

由此可见，在工作积极性水平上，学历为本科（成人高等教育）及本科以下的教师明显比学历为硕士的教师高。在教师培训政策的执行与收获水平上，学历为本科（成人高等教育）的教师显著高于学历为本科以下的教师，学历为本科（普通高等教育）的教师显著高于学历为本科（成人高等教育）的教师。

5.2.3 教学效能感、教师培训政策与工作积极性的相关性分析

为了初步验证变量选择的合理性，本小节将对 3 个变量及其各维度分别进行相关性检验，同时将培训收获子维度的 6 种方式同教学效能感、工作积极性也进行相关性分析。通过相关性关系的验证，为下一步中介模型的检验做准备。

由表 5–16 可知，教学效能感、教师培训政策与工作积极性之间在 1% 级别上呈现显著相关，系数值分别为 0.608、0.573、0.708，说明教师培训政策的执行与收获水平和教学效能感、工作积极性两两之间都存在着显著的正相关关系。这说明随着教师培训政策的执行与收获水平的提高，教学效能感与工作积极性的水平也会提高；教学效能感水平提高，教师工作积极性也会提高。

表 5–16 教师培训政策的执行与收获、教学效能感与工作积极性的相关性

变量	教师培训政策	工作积极性	教学效能感
教师培训政策	1	—	—
工作积极性	0.608**	1	—
教学效能感	0.573**	0.708**	1

注：** 表示在 0.01 级别（双尾）相关性显著。

除此之外，本研究还运用皮尔森相关分析法分析了教师教学效能感、教师培训政策与工作积极性整体及各维度之间的关系，如表 5–17 所示，每两个维度间相关系数均大于 0，在 1% 级别上呈现显著相关，说明 3 个变量的各维度两两之间均存在着显著的正相关。图 5–5 为表 5–17 的相关系数的可视化处理，条形越长，相关度越高。

表 5–17　培训政策的收获与执行、教学效能感与工作积极性各维度间相关矩阵

变量	教学效能感	教师培训政策收获	教师培训政策执行	组织工作积极性	个人行为积极性	个人情感积极性
教学效能感	1	—	—	—	—	—
教师培训政策收获	0.529**	1	—	—	—	—
教师培训政策执行	0.487**	0.578**	1	—	—	—
组织工作积极性	0.666**	0.499**	0.515**	1	—	—
个人行为积极性	0.527**	0.357**	0.350**	0.566**	1	—
个人情感积极性	0.557**	0.433**	0.467**	0.581**	0.460**	1

注：** 表示在 0.01 级别（双尾）相关性显著。

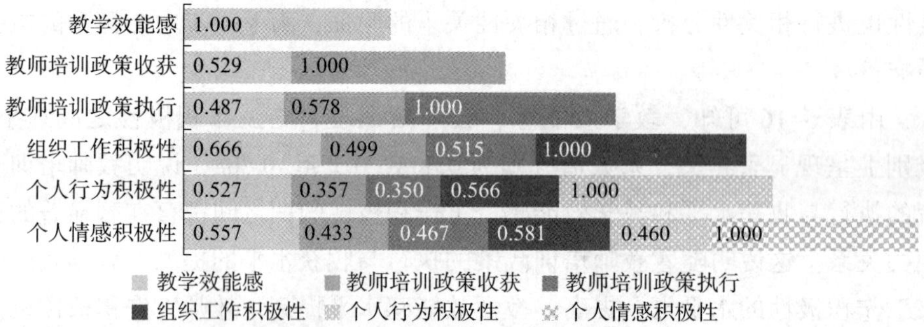

图 5–5　变量各维度皮尔森相关性可视化

为了进一步探索培训政策的收获中 6 种培训模式的收获（原始量表共 9 种，在信效度检验中删去了 3 种）与工作积极性、教学效能感之间的关系，本研究也做了它们之间的皮尔森相关性分析，如表 5–18 所示。数据显示，各维度之间均呈现出 0.1% 级别的显著性正相关，说明 6 种培训模式的收获得分越高，教师的工作积极性和教学效能感水平就越高；同时教学效能感水平越高，教师工作积极性水平也越高。

表 5-18　6 种培训方式的收获、教学效能感与工作积极性各维度间相关矩阵

维度	1	2	3	4	5	6	7	8
教学效能感	1	—	—	—	—	—	—	—
工作积极性	0.708***	1	—	—	—	—	—	—
面授校内培训	0.442***	0.482***	1	—	—	—	—	—
案例分析	0.467***	0.474***	0.689***	1	—	—	—	—
说课评课	0.486***	0.465***	0.664***	0.799***	1	—	—	—
导师带教	0.463***	0.457***	0.668***	0.723***	0.748***	1	—	—
研讨交流	0.471***	0.465***	0.659***	0.713***	0.775***	0.786***	1	—
课题研究	0.446***	0.470***	0.639***	0.675***	0.711***	0.725***	0.764***	1

注：*** 表示在 0.001 级别（双尾）相关性显著。

综上所述，在不考虑其他因素的情况下，教师培训政策的收获与执行、教学效能感与工作积极性之间以及分维度间都呈现显著性正相关。同时 6 种教师培训方式的收获、教学效能感与工作积极性各维度间也呈现显著性正相关。因此，两组变量之间可进行中介效应检验。

5.3　中介模型的检验与分析

本节主要通过对两个中介效应模型的检验对 5 个研究假设进行论证，并结合质性访谈对研究结果进行分析讨论。

5.3.1　中介效应的检验

5.3.1.1　教师培训政策、教学效能感与工作积极性中介模型

为了检验 3 个自变量之间的关系，本研究构建了两个中介模型，模型 1 以教师培训政策的执行与收获维度作为两个自变量、教学效能感为中介变量、工作积极性为因变量。为了让自变量与因变量的路径分析更清晰，本研究在模型中创设了两条路径：路径 1 是教师培训政策执行→教学效能感→教师工作积极性，路径 2 为教师培训政策收获→教学效能感→教师工作积极性。中介模型对两条路径同时进行检验。

（1）模型的设定

模型有 1 个二阶教师工作积极性因子及 3 个一阶因子（教师培训政策执行、教师培训政策收获、教学效能感），共有 24 个测量指标，2 个外生潜变量分别为教师培训政策执行、教师培训政策收获，影响 2 个内生潜变量，分别为教学效能感和教师工作积极性。

（2）模型的估计

为了检验模型的适配度，以极大似然法（MLE）运行模型。该方法可利用迭代的程序让所有参数的估计值与实际数据有最高相似度，最后估计各回归系数参数结果。由表 5–19 可知，各潜变量两两之间的 CR 的绝对值均大于 1.96，说明路径存在显著差异，可进行下一步检验。具体来说，培训政策执行到教学效能感的非标准化系数为 0.246（$p<0.001$），路径系数显著，说明培训政策执行维度能正向预测教学效能感；培训政策收获到教学效能感的非标准化系数为 0.293（$p<0.001$），路径系数显著，说明培训政策收获维度也能正向预测教学效能感；教学效能感到工作积极性的非标准化系数为 0.653（$p<0.001$），路径系数显著，说明教学效能感能够正向预测工作积极性；培训政策执行到工作积极性非标准化系数为 0.194（$p<0.001$），路径系数显著，说明培训政策执行能正向预测工作积极性；培训政策收获到工作积极性的非标准化系数为 0.051（$p<0.05$），路径系数显著，说明培训政策收获也能正向预测工作积极性。综上所述，中介模型中所有的回归估计值都是显著的，可进行模型的检验。

表 5–19 模型 1 估计参数

路径	标准化系数	非标准化系数	SE	CR	*p*
培训政策执行→教学效能感	0.329	0.246	0.027	9	***
培训政策收获→教学效能感	0.356	0.293	0.028	10.321	***
教学效能感→工作积极性	0.664	0.653	0.036	18.102	***
培训政策执行→工作积极性	0.264	0.194	0.025	7.805	***
培训政策收获→工作积极性	0.062	0.051	0.024	2.076	*

注：* 表示 $p<0.05$，*** 表示 $p<0.001$。

（3）模型的检验

中介模型拟合度检验指的是检验样本的数值同模型设计的拟合程度。如果模型不能很好地拟合数据，那么用模型来论证实际问题就会存在问题（易丹辉、李静萍，2020）。因此，模型拟合是结构模型检验的重要一步。

由表 5–20 可知，该模型适配良好。模型的拟合系数为：χ^2/df=4.552，表明模型是可接受的；*RMSEA*=0.050，小于 0.08，说明拟合模型可接受；*GFI* 为 0.936，说明样本无虚无假设；*AGFI* 为 0.921，说明模型解释力强；*CFI* 为 0.963，*IFI* 为 0.963，*TLI* 为 0.958，均大于 0.9，说明模型可接受；*SRMR*=0.040，小于 0.05。综上所述，此模型的各项拟合指标都比较理想。

表 5–20　教学效能感、教师培训政策与工作积极性的中介模型 1 拟合指数

χ^2/df	*RMSEA*	*GFI*	*AGFI*	*CFI*	*IFI*	*TLI*	*SRMR*
4.552	0.050	0.936	0.921	0.963	0.963	0.958	0.040

（4）中介效应的检验

首先对模型进行 Sobel Test 检验，分别计算两条路径的检验值。培训政策执行的检验值为 8.142（>1.96），培训政策收获的检验值为 9.064（>1.96），表明中介效果存在，可以对此模型进行中介效应检验。

本研究运用 Bootstrapping 法（拔靴法）进行中介效应检验，其中 Bootstrap 样本量为 2000，置信水平为 95%。由表 5–21 可知，在路径 1（教师培训政策执行→教学效能感→教师工作积极性）中，教师培训政策执行对教师工作积极性的总效应值为 0.337，直接效应值为 0.181，间接效应值为 0.156，各效应值均达到显著水平，各路径的 95% 置信区间没有包含 0，说明教学效能感在培训政策执行和教师工作积极性之间起部分中介作用，中介效应量为 46.291%（0.156/0.337 × 100%），说明培训政策执行不仅可以直接影响教师工作积极性，还可以通过教学效能感间接影响工作积极性。培训政策执行每增加 1 个单位，工作积极性可以增加 0.337 个单位，其中通过教师效能感增加 0.156 个单位。

表 5–21　模型 1 的直接效应、间接效应、总效应

路径	点估计值	系数相等乘积		Bootstrapping			
		SE	Z	Bias-corrected 95%CI		Percentile 95%CI	
				lower	upper	lower	upper
总效应							
路径 1	0.337	0.036	9.361	0.267	0.409	0.266	0.408
路径 2	0.298	0.036	8.25	0.226	0.365	0.225	0.365

续表

路径	点估计值	系数相等乘积		Bootstrapping			
		SE	Z	Bias-corrected 95%CI		Percentile 95%CI	
				lower	upper	lower	upper
间接效应							
路径 1	0.156	0.026	6	0.109	0.215	0.109	0.212
路径 2	0.215	0.023	9.348	0.17	0.262	0.168	0.26
直接效应							
路径 1	0.181	0.026	6.962	0.132	0.234	0.131	0.233
路径 2	0.083	0.025	3.32	0.031	0.133	0.032	0.134

注：Z=estimate/SE。

由表 5-21 可知，在路径 2（教师培训政策收获→教学效能感→教师工作积极性）中，教师培训政策收获对教师工作积极性的总效应值为 0.298，直接效应值为 0.083，间接效应值为 0.215，各效应值均达到显著水平，各路径的 95% 置信区间没有包含 0，说明教学效能感在教师培训政策

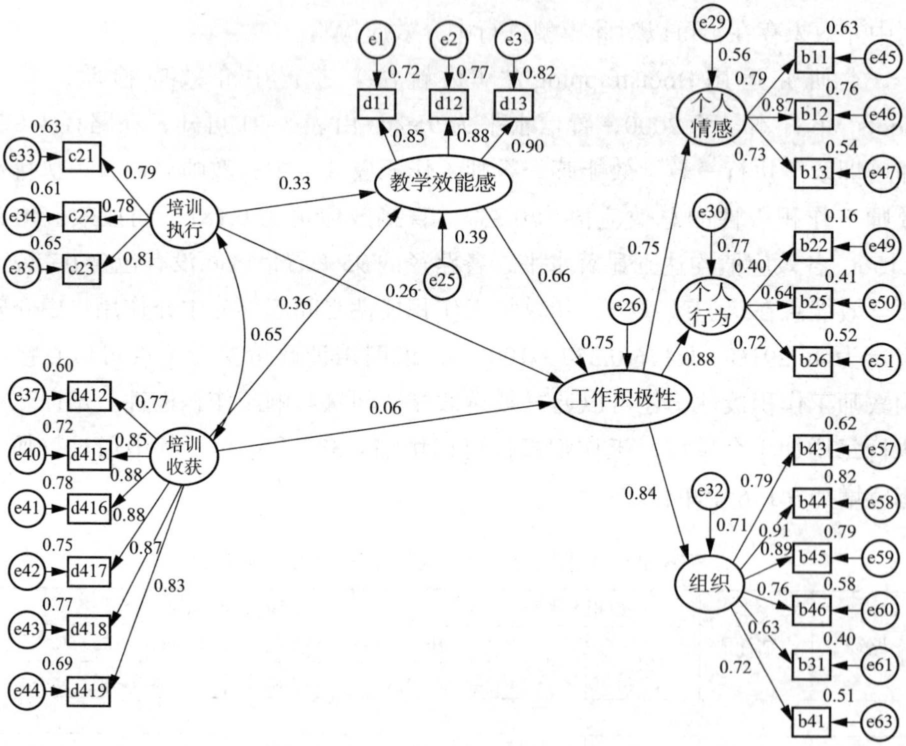

图 5-6　中介模型 1 的标准化估计值

收获和教师工作积极性之间起部分中介作用，中介效应量为 72.148%（0.215/0.298 × 100%），说明培训政策收获不仅可以直接影响工作积极性，还可以通过教学效能感间接影响工作积极性。培训政策收获每增加 1 个单位，教师工作积极性增加 0.298 个单位，其中通过教师效能感增加 0.215 个单位。

中介模型 1 的标准化估计值见图 5–6。

5.3.1.2　6 种教师培训方式的收获、教学效能感与工作积极性中介模型

由模型 1 的检验可知，教学效能感在教师培训方式的收获对教师工作积极性的影响中起到部分中介作用。为了进一步探索每一种培训方式的收获与教学效能感、工作积极性之间的关系，本研究构建了第二组中介效应模型，以教师培训政策收获的 6 个维度分别为自变量，教学效能感为中介变量，工作积极性为因变量。与上一节的中介效应检验的步骤类似，为了让关系更明确，本次中介模型的构建一共设置了 6 条路径（见表 5–22）。

表 5–22　培训方式、教学效能感与工作积极性关系研究路径

序号	假设路径
路径 1	d412（面授校内培训）→教学效能感→工作积极性
路径 2	d415（案例分析）→教学效能感→工作积极性
路径 3	d416（说课评课）→教学效能感→工作积极性
路径 4	d417（导师带教）→教学效能感→工作积极性
路径 5	d418（研讨交流）→教学效能感→工作积极性
路径 6	d419（课题研究）→教学效能感→工作积极性

（1）模型的设定

该中介模型有 1 个二阶教师工作积极性因子及 7 个一阶因子（教师培训政策收获的 6 个培训方式因子、教学效能感），共有 21 个测量指标，6 个观察变量为教师培训政策收获的 6 种培训方式，影响 2 个内生潜变量，分别为教学效能感和教师工作积极性（模型图详见本章附录 6，附图 4）。

（2）模型参数的估计与检验

为了检验模型的适配度，依然采用极大似然法运行模型，完成对所有参数的估计。

① 6 条路径的模型参数检验。

根据模型的参数检验的标准，观测各潜变量两两之间的 CR 的绝对值是否大于 1.96，再进行下一步检验。由表 5–23 可知，d417（导师带教）到教学

效能感的路径参数的显著性不佳，CR 值小于 1.96，p 值大于 0.05，说明二者的相关性非常微弱，有 6%（p=0.06）的可能出现 0 的情况，因此二者之间的正向预测不显著。

表 5-23　6 种培训方式、教学效能感与工作积极性中介模型参数检验

路径	非标准化系数	标准化系数	SE	CR	p
教学效能感← d412	0.085	0.129	0.024	3.512	***
教学效能感← d415	0.065	0.099	0.03	2.141	*
教学效能感← d416	0.109	0.176	0.031	3.509	***
教学效能感← d417	0.055	0.086	0.029	1.884	0.06
教学效能感← d418	0.065	0.098	0.032	2.002	*
教学效能感← d419	0.052	0.088	0.025	2.11	*
工作积极性←教学效能感	0.73	0.744	0.036	20.208	***
工作积极性← d412	0.076	0.118	0.02	3.755	***
工作积极性← d416	–0.037	–0.061	0.026	–1.445	*
工作积极性← d418	0.016	0.025	0.027	0.609	0.542
工作积极性← d417	–0.009	–0.014	0.024	–0.361	0.718
工作积极性← d415	0.053	0.083	0.025	2.119	*
工作积极性← d419	0.044	0.076	0.02	2.145	*

注：* 表示 p<0.05，*** 表示 p<0.001。

而在对工作积极性的影响路径上，d416（说课评课）→工作积极性、d418（研讨交流）→工作积极性、d417（导师带教）→工作积极性 3 条路径的 CR 值均小于 1.96，其中 d417、d418 p 值大于 0.05，说明预测非常不显著，也就是说这两个观察变量对于工作积极性的直接效应非常不显著，但 d416 对于教学效能感的路径系数是显著的，因而在验证时可以考虑教学效能感是否在其中充当完全中介的可能性。

总之，鉴于 d417（导师带教）→工作积极性、d417（导师带教）→教学效能感的相关性均不显著，剔除此路径，修正模型并进行第二次模型参数检验（修正模型图详见本章附录 6，附图 5）。

② 5 条路径的修正模型参数的检验。

去除路径 4 后，以剩余的 5 条路径构建模型进行第二轮模型检验。由

表 5–24 可知，此中介模型中所有的回归估计值都是显著的，考虑到教学效能感可能在其中充当完全中介，依然可以对 5 条路径进行模型的检验。具体来说，路径中的变量之间的关系如下：

表 5–24　5 种培训方式的收获、教学效能感与工作积极性中介模型参数检验

路径	非标准化系数	标准化系数	SE	CR	p
d412 →教学效能感	0.092	0.136	0.024	3.835	***
d415 →教学效能感	0.074	0.105	0.030	2.459	*
d416 →教学效能感	0.118	0.169	0.032	3.684	***
d418 →教学效能感	0.085	0.121	0.031	2.766	*
d419 →教学效能感	0.061	0.098	0.024	2.489	*
教学效能感→工作积极性	0.729	0.745	0.037	19.647	***
d412 →工作积极性	0.075	0.113	0.02	3.739	***
d415 →工作积极性	0.052	0.076	0.025	2.088	*
d416 →工作积极性	–0.039	–0.057	0.026	–1.456	*
d418 →工作积极性	0.013	0.019	0.025	0.520	*
d419 →工作积极性	0.043	0.070	0.020	2.113	*

注：* 表示 $p<0.05$，*** 表示 $p<0.001$。

5 种培训方式的收获到教学效能感的非标准化系数分别为 0.092（$p<0.001$）、0.074（$p<0.05$）、0.118（$p<0.001$），0.085（$p<0.05$）、0.061（$p<0.05$），路径系数均显著，说明面授校内培训、案例分析、说课评课、研讨交流、课题研究都能正向预测教学效能感。

教学效能感到工作积极性的非标准化系数为 0.729（$p<0.001$），路径系数显著，说明教学效能感也能直接正向预测工作积极性。

面授校内培训、案例分析、说课评课、研讨交流、课题研究 5 种培训方式的收获到教师工作积极性的非标准化系数分别为 0.075（$p<0.001$）、0.052（$p<0.05$）、–0.039（$p>0.05$）、0.013（$p>0.05$）、0.043（$p<0.05$）。由此可知，路径系数显著（$p<0.05$）的只有面授校内培训、案例分析、课题研究 3 种。也就是说，教师培训方式中只有面授校内培训、案例分析、课题研究 3 种方式的收获能直接正向预测工作积极性。

（3）中介模型 2 的检验

①中介模型 2 拟合度检验。

由表 5–25 可知，该模型适配良好。模型的拟合系数为 χ^2=693.498，*df*=151，χ^2/df=4.593，说明模型是可接受的；*RMSEA*=0.049，小于 0.05，说明是良好拟合模型；*GFI* 为 0.952，说明样本无虚无假设；*AGFI* 为 0.933，说明模型解释力强；*CFI* 为 0.972，*IFI* 为 0.972，*TLI* 为 0.964，均大于 0.9，说明模型可接受；*SRMR*=0.039，小于 0.05。综上所述，此模型的各项拟合指标都比较理想。

表 5–25　5 种培训方式的收获与教学效能感、工作积极性的中介模型 2 拟合指数

χ^2/df	*RMSEA*	*GFI*	*AGFI*	*CFI*	*IFI*	*TLI*	*SRMR*
4.593	0.049	0.952	0.933	0.972	0.972	0.964	0.039

②中介效应的检验。

为了检验中介效应是否存在，首先对模型进行 Sobel Test 检验，分别得出了 5 条路径的检验值，系数依次为 3.486、2.154、3.357、2.021、2.069，所有路径的检验值均大于 1.96，说明中介效应存在，可进行中介效应检验。

本研究运用 Bootstrapping 法进行中介效应检验，其中 Bootstrap 样本量为 2000，置信水平为 95%。

由表 5–26 可知，路径 3、路径 5 的总效应不显著，各路径的 95% 置信区间包含 0，表示总效应可能不存在，因而中介效应也就不存在了。所以这两条中介路径不存在。①

表 5–26　假设模型 2 的直接效应、间接效应、总效应

路径	点估计值	系数相等乘积		Bootstrapping			
				Bias–corrected 95%CI		Percentile 95%CI	
		SE	Z	lower	upper	lower	upper
总效应							
路径 1	0.142	0.029	4.862	0.087	0.198	0.089	0.199
路径 2	0.087	0.03	2.9	0.029	0.148	0.028	0.148
路径 3	0.047	0.035	1.343	–0.021	0.119	–0.023	0.118

① 温忠麟，叶宝娟. 中介效应分析：方法和模型发展［J］. 心理科学进展，2014，22（5）：731–745.

续表

路径	点估计值	系数相等乘积		Bootstrapping			
				Bias-corrected 95%CI		Percentile 95%CI	
		SE	Z	lower	upper	lower	upper
路径 5	0.075	0.039	1.923	–0.002	0.15	–0.004	0.148
路径 6	0.106	0.033	3.212	0.043	0.17	0.043	0.17
间接效应							
路径 1	0.067	0.02	3.35	0.029	0.107	0.028	0.106
路径 2	0.044	0.02	2.2	0.002	0.083	0.005	0.085
路径 3	0.086	0.026	3.308	0.038	0.14	0.037	0.138
路径 5	0.062	0.027	2.296	0.011	0.116	0.01	0.114
路径 6	0.054	0.024	2.25	0.001	0.102	0.004	0.103
直接效应							
路径 1	0.075	0.023	3.261	0.031	0.119	0.033	0.122
路径 2	0.043	0.027	1.593	–0.005	0.101	–0.01	0.097
路径 3	–0.039	0.034	–1.147	–0.105	0.032	–0.106	0.03
路径 5	0.013	0.03	0.433	–0.051	0.069	–0.047	0.07

注：Z=estimate/SE；Bootstrapping=2000。

在路径 1 中，教师培训政策对工作积极性的总效应值为 0.142，直接效应值为 0.075，间接效应值为 0.067，各效应值均达到显著水平，说明教学效能感在面授校内培训方式的收获和教师工作积极性之间起部分中介作用，中介效应量为 47.2%（0.067/0.142 × 100%）。面授校内培训收获每增加 1 个单位，工作积极性可以增加 0.142 个单位，其中通过教师效能感增加 0.067 个单位。

在路径 2 中，教师培训政策对工作积极性的总效应值为 0.087，直接效应值为 0.043，间接效应值为 0.044，间接效应与总效应值均达到显著水平，说明路径 2 成立。同时教学效能感在案例分析培训方式的收获和教师工作积极性之间起完全中介作用，说明当案例分析培训收获每增加 1 个单位时，工作积极性可以增加 0.044 个单位，其中教学效能感充当了完全中介，即工作积极性值的增加，全都是通过教学效能感的传递而实现的。

在路径 6 中，教师培训政策对工作积极性的总效应值为 0.106，直接效应值为 0.087，间接效应值为 0.054，间接效应与总效应值均达到显著水平，说明路径 6 成立。同时教学效能感在课题研究培训方式收获和教师工作积极性之间起完全中介作用，说明当课题研究培训方式收获每增加 1 个单位时，工作积极性可以增加 0.054 个单位。其中教学效能感充当了完全中介，即工作积极性值的增加，全都是通过教学效能感的传递而实现的。

中介模型 2 的标准化估计值见图 5–7。

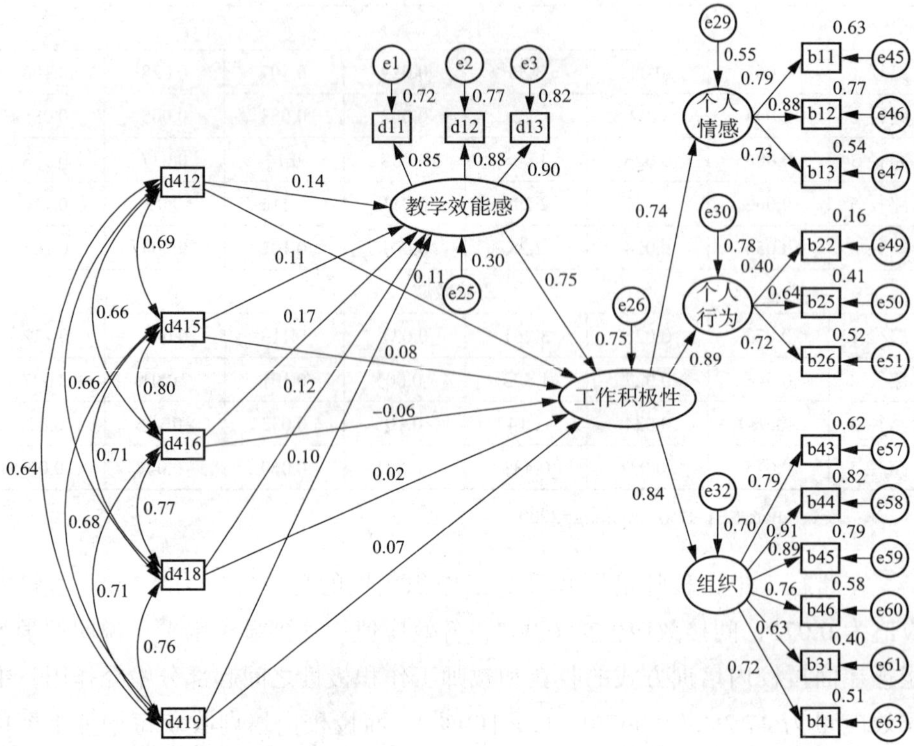

图 5–7　培训方式、教学效能感、工作积极性中介模型 2 的标准化估计值

（4）结论

综上所述，在教师培训政策的收获 6 条路径中有中介效应的是路径 1（面授校内培训→教学效能感→工作积极性）、路径 2（案例分析→教学效能感→工作积极性）、路径 6（课题研究→教学效能感→工作积极性）。

这些培训方式都以教学效能感为中介对教师工作积极性产生影响，其中路径 2、路径 6 中的教学效能感充当完全中介，即这两种培训方式的收获都是依赖教学效能感的转化，对教师的工作积极性产生影响。路径 1 中的教学效能感充当部分中介，即面授校内培训的收获除了依赖教学效能感的转化，本身也能对教师的工作积极性产生影响。

而路径 3、路径 4、路径 5 通过模型检验后，被证明中介关系不存在。这说明这些培训方式的收获与工作积极性之间具体的影响路径尚不明确，可以成为今后研究的方面。

5.3.2　研究假设验证

本节主要通过结构模型的检验分析来论证研究问题中的 5 个假设。

假设 1：教师培训政策的执行与收获都能正向预测教学效能感。

在模型 1 中，当中介变量教学效能感介入之后，自变量教师培训政策的执行与收获对中介变量教学效能感的点估计值分别为 0.33、0.36，并且 95% 的置信区间不包含 0，说明中介效应显著，即教师培训政策的执行与收获都能正向预测个人教学效能感，假设 1 成立。

假设 2：教师教学效能感能正向预测工作积极性。

由中介模型 1 可知，教师教学效能感对教师工作积极性的点估计值为 0.66，说明教师教学效能感可以正向预测教师工作积极性，假设 2 成立。

假设 3：教师培训政策的执行与收获都能正向预测工作积极性。

由中介模型 1 可知，教师培训政策的执行对教师工作积极的总效应与直接效应，95% 的置信区间不包含 0，说明总效应和直接效应显著。教师培训政策的执行对教师工作积极性的直接效应的点估计值为 0.26，总效应的点估计值为 0.337，即教师培训政策的执行自身每增加 1 个单位，教师工作积极性最终可以增加 0.337 个单位，其中有 0.26 个单位是由培训政策的执行直接正向作用于工作积极性。这说明教师培训政策的执行能够很好地正向预测教师工作积极性。

同样地，教师培训政策的收获对教师工作积极性的总效应与直接效应，95% 的置信区间不包含 0，说明总效应和直接效应显著。教师培训政策的收获对教师工作积极的总效应的点估计值为 0.298，直接效应的点估计值为 0.06，也就是说，教师培训政策的收获每增加 1 个单位，教师工作积极性最终可以增加 0.298 个单位，其中有 0.06 个单位是由培训政策的收获直接正向作用于工作积极性。这说明教师培训政策的收获能够正向预测教师工作积极性。

由此可知，教师培训政策的执行与收获两个维度都能正向预测教师工作积极性，假设 3 成立。

假设 4：教学效能感在教师培训政策的执行与收获影响工作积极性的路径中起中介作用。

由表 5–21 可知，教师培训政策的执行对教师工作积极性的间接效应的点估计值为 0.156，95% 的置信区间不包含 0，说明中介效应存在。通过计算间接效应与总效应的比例可以得出中介效应量为 46.291%，也就是说，教师培训政策的执行对教师工作积极性的影响中，通过中介变量教学效能感间接影响工作积极性的比例占总效应的 46.291%。

教师培训政策的收获对教师工作积极性的间接效应的点估计值为 0.215，95% 的置信区间不包含 0，说明中介效应存在。通过计算间接效应与总效应的比例可以得出中介效应量为 72.148%，也就是说，教师培训政策的收获对教师工作积极性的影响中，通过中介变量教学效能感间接影响工作积极性的比例占总效应的 72.148%。

由此可知，在两个维度，教学效能感均充当中介角色，假设 4 成立。

综上所述，在模型 1 中，4 个假设均成立，教师培训政策的执行与收获能正向预测教学效能感；教师教学效能感能正向预测工作积极性；教师培训政策的执行与收获能正向预测工作积极性；教学效能感在教师培训政策的执行与收获影响工作积极性的路径中起中介作用。

假设 5：教学效能感在 6 种教师培训方式的收获影响工作积极性的路径中起中介作用。

经过中介模型的检验，发现在 6 种教师培训方式的收获 6 条路径中，有中介效应的是路径 1（面授校内培训→教学效能感→工作积极性）、路径 2（案例分析→教学效能感→工作积极性）、路径 6（课题研究→教学效能感→工作积极性）。

这些培训方式都以教学效能感为中介对教师工作积极性产生影响，其中路径 2、路径 6 中的教学效能感充当完全中介，即这两种培训方式的收获都是依赖教学效能感的转化，对教师的工作积极性产生影响的。路径 1 中的教学效能感充当部分中介，即这种培训方式的收获除了依赖教学效能感的转化，本身也能对教师的工作积极性产生影响。

因而，在假设 5 中，教学效能感只在 3 种培训方式与工作积极性的关系中充当中介，假设 5 部分成立。

综上所述，通过中介模型 1、中介模型 2 的检验，假设 1、假设 2、假设 3、假设 4 均成立，假设 5 部分成立，教学效能感在 3 种教师培训方式对工作积极性的影响路径中充当中介角色。

5.4 研究结果分析——以访谈为补充

5.4.1 现状讨论

图 5–8 是从 Nvivo 11.0 中导出的访谈词汇云图，图中的字体越大，说明该词语出现的频次越高，因而“培训”“老师”“教师”“学校”“学生”“职称”“教学”等就是本次访谈的高频词。

本小节将对教师培训政策的执行与收获、教学效能感，以及教师工作积极性的现状与问题进行讨论，对人口统计对变量的影响进行分析，与前文的研究结果形成互证与补充。

图 5–8　采访材料词汇云图

5.4.1.1 教师培训政策的现状讨论

本部分将运用访谈材料对教师培训政策的执行与收获、教学效能感，以及教师工作积极性的量化结果进行阐释和补充，对现状与问题进行更细致的讨论。访谈结果显示：从宏观上看，教师培训政策的执行与收获、教学效能感以及教师工作积极性在教师群体中水平良好；但从微观上看，存在着不同的问题与困境。

（1）结果讨论

根据研究结果可知，教师培训政策整体（均分 3.881，高于理论中值 3）处于中等偏上水平，这与李英花（2016）的研究结果相同：“教师的培训态度及行为处于比较好的状态，70%的教师给出了积极的评价。”

该研究结果也在对教师们的访谈中得到了印证。无论是政策要求的全员培训，还是校本培训抑或骨干教师的培训，教师们都比较了解，也积极参与。

I-3-LXH-T 教师说：

这个规定的 72 个学时，一般都能达到，途径非常多，第一个是省级的，第二个是市级的，还有校级的，基于哪个教研活动也行，讲课听课都算，写论文等等都算，所以这个一般都很好。只要是学校搞的活动，参与了，一般都能够完成。

教师在政策的执行上完成度比较高，原因有三：教师们的培训意愿比较强、校方在其中积极推动，以及政策本身的强制性要求。

首先，教师们的培训意愿。如 I-2-ZZL-T 教师说：

教师培训有我们学校的培训，有多种网络培训、外出培训，还有校本学校的一些常规性的培训，当然培训肯定是好的，其以提高教师的业务能力为主，我们都非常愿意参加，或者希望学校组织的培训更有意义，对教师更有帮助，但是有时候培训耽误太多时间。如果单从培训能够提高教师能力上说，大多数教师愿意参加培训。

其次，校方的推动。I-2-LSF-T 教师说：

学校只要有教师培训机会，校长都积极地让教师去，有这样的机会，学校从来都支持，教师能去都让去。

最后，政策的强制性。I-2-LSF-T 教师说：

每天都要看，要不然你完成不了那么多视频观看任务，还要交作业。它是有学时的，你必须把学时学完了，才能够拿到合格证。

除此之外，教师还特别提到了骨干教师培训政策对他们的激励作用。

关于全员培训，I-2-LSF-T 教师觉得：

它（覆盖的）面积不够大，如果说名额能够多一点，我相信也能够给教师们提个醒，他也会知道，要奋斗，要努力去争取，让自己具备资格。

由此可见，骨干培训政策在培训名额的选拔上就对教师起到了精神上的激励作用。

（2）执行中的困难

针对国培计划、校本培训、骨干教师培训等不同类型的培训，教师们提出了他们在执行中遇到的困难。

关于国培计划，I–1–LHF–T 教师说：

因为是线上培训，所以你必须在学校里面，就是说你在培训的时候学校也不会给你专门放假，可能是要上课还要听培训，有的时候有些培训可能全天都有，这样我们可能上课的时候就是“挂机”的状态。

关于校本培训，I–2–LSF–T 教师提出：

我觉得培训政策中专家讲座等可以少一点，既耽误大家的时间，也耽误我们上课，因为听专家讲座，我们就只能让学生自习，成效也不显著。

关于骨干教师培训，I–2–ZZL–T 教师说：

培训回来之后落下的课还得补上，在这方面也有一种压力，就是去的时候非常向往，但是回来之后的任务也不轻松。

I–1–LHF–T 教师说：

学校组织到其他地方去培训，出发点是好的，但实际上条件比较差，我去武汉参加培训，住在学生宿舍里。有的学生宿舍没有空调，就有一个风扇。大热天，五六个人住在一个寝室里，条件比较差。

根据教师们的阐述，培训的供给与需求不一致、“工学”矛盾的压力以及培训名额的限制、培训经费不足导致的培训条件太差等问题会影响他们对培训政策的执行。

（3）收获中的问题

在培训的收获维度，教师们表示在不同的培训模式下的收获程度并不相同。与网络授课相比，教师们认为线下的学习效果更好，收获更大。他们表示，线上课程由于课时量大，缺少专门的学习时间，会出现“挂课”“刷课”的现象。

I–2–ZZL–T 教师说：

就是说只要是这种组织的培训基本上都有收获，特别是外出去实际跟班效用更大，因为可以看看人家具体是怎么操作的，要比网络上培训更实际。

我们学校组织我们县区的一部分老师到西南大学学习了两个星期，然后给我们安排辅导老师，这样不仅可以跟辅导老师进行一些探讨交流学习，而且可以一直跟班看着这个老师是怎么上课备课的，各种环境都参与了，这样下来之后就实实在在地看到整个过程是怎么操作的，我们偏远的教学基地也得到了一点点帮助。

另外，实实在在地看到大城市的老师和学生是怎么交流、上课的，感触比较深。这种培训学习虽然有很多好处，机会却不多。

I–1–LHF–T 教师说：

比如说我之前到江汉大学去参加培训相当于脱产，你的精力、注意力集中，学习氛围可能要浓一些，效果要好一点。

5.4.1.2 教学效能感的现状讨论

本研究中教师的教学效能感总体均分（4.305）属于中上水平，这也与罗生全等（2015）对全国90所中小学教师的研究结果一致[①]。胡晓阳（2021）也发现小学初任教师的教学效能感水平较高[②]，在访谈中可以发现有多位教师对自己的教学能力还是满意的，对自己的教学水平也有自信。通过访谈，教师们对影响他们效能感的因素进行了补充。

（1）学校环境影响教学效能感

有教师表明学校先进的教学设备对他的教学有帮助。已有研究也表明，工作条件、学校条件越好，教师的自我效能感越强。[③]I–3–LXH–T 说：

学校的教学环境和教学条件、教学设施、现代化教学设计对我来说很有帮助，我作为一名理科老师，学校对实验室的投入，对我教学有很大帮助。

（2）归因与评价影响教学效能感

从教学效能感的分维度上来看，课堂管理（4.32）> 教学策略（4.31）> 师生互动（4.29），说明教师的课堂管理能力较强，而师生互动能力相对较弱。这可能也是部分学校更注重升学率，而不怎么关注学生的学习体验的结果。

我们在访谈中还发现，教师们普遍面临着评价体系单一的问题。衡量教师优秀的标准，似乎只有冷冰冰的平均分、升学率的高低，以及论文的数量等，但"唯分数论"对教师并不公平。I–2–LSF–T 教师说，一个教师想要从农村调往城镇，考核的标准是：

首先他要考核你这 5 年班级的考试成绩，考试成绩名列前茅，你才有资

① 罗生全，孟宪云.中小学教师教学效能的现状及提升策略［J］.课程·教材·教法，2015，35（5）：12–20.

② 胡晓阳.小学初任教师教学效能感对专业成长的影响及提升策略研究［D］.沈阳大学，2021.

③ 辛涛，邱炳武，申继亮.中小学教师工作积极性及影响因素的研究［J］.教育科学研究，1994（3）：17–21.

格来报岗，但实际上现在其实大多数优等生已经都集中在城里的两所中学。

这样农村教师的升迁必定“十分艰难”，尤其对于刚入职的教师来说，他们在教学能力较弱的情况下开始了自己的教师生涯，如果关于他们的评价体系过于单一，则无疑会严重挫伤他们的工作积极性。因而，对教师进行评价应当多元，教师自己也应该对成败进行正确的归因，增强教学的信心，才能提高工作的积极性。

I–1–YQ–T 教师说：

一般的培训就是听完课，做完笔记，写培训总结就完了，但是当时我们培训结束之后还要在学校里给学生讲授。培训收获最大的是对学生的心理辅导和对他的成长的影响。这一方面比较深刻，它针对某一个问题让这几个老师去讨论，然后选派一个组长来说说自己的观点，这种师生互动的方式我觉得挺好的，培训小组合作、互动的培训方式是我最喜欢的。

5.4.1.3　教师工作积极性的现状讨论

教师工作积极性的总体水平 M=4.079，说明参与此次调研的教师工作积极性总体上处于中等偏上水平，即教师们的个人情感、行为与组织积极性都比较高。[①]实际上关于教师岗位，教师们的认识很不一样，而对教师岗位的认知对他们的工作积极性会产生深远的影响。Hallberg 等（2006）发现当员工对自己在工作中的角色产生负面认知时，他们的工作积极性也会随之降低[②]。这与访谈中教师们的表达一致。

关于教师的身份，除 I–5–FR–T 教师认为“只是谋生”、I–6–WZZ–T 教师相信“就是追求人生价值”外，大部分教师是在理想与现实间徘徊。他们想将教育作为安身立命的事业，却在现实的压力下苦苦挣扎。

I–3–LXH–T 教师说：

其实这是有前提的，你得让老师觉得自己很安全，觉得被社会所认同，觉得自己活得还可以，老师自然就去追求自我价值了。每个人都要追求价值自由，是不是你先满足最低层次的要求？是，按马斯洛的理论，你要满足最低层次的这些需求之后再谈高的。当然有很多人在艰苦的条件下，在危难的时刻不顾一切；但是你先不为生活所累，然后再一心一意做教育，难道不是

① 盛建森 . 教师工作投入：结构与影响因素的研究［J］. 心理发展与教育，2006（2）：108–112.

② Hallberg U E，Schaufeli W B. “Same Same” but different? Can work engagement be discriminated from job involvement and organizational commitment?［J］. European Psychologist，2006，11（2）.

更好吗？

教师们的待遇问题一直也是教育上重要的难题。教师岗位的平凡决定了它不是一个获得大量财富的职业；但是，受岗位的重要性和中国文化“天地君亲师”的影响，社会对于教师的期待，无论是在职业技能还是在道德规范上，都远远高出其他行业。教师们也想“一心一意做教育”，去“奉献”“发光发热”，但是常常有“条件艰苦”之感。长此以往，教师们也容易出现付出与收获不对等的感受，他们的工作积极性无疑会受到损害。因而，待遇的改善是这类教师的诉求，也对提高教师工作积极性意义重大。同时，也应该早在择业时期，就让教师们明白教师行业的本质——崇高而平凡。

在三个维度中，个人行为积极性（M=4.175）>组织工作积极性（M=4.144）>个人情感积极性（M=3.950）。相对于情感上的满足，行为上的积极性可能更容易实现，因而水平更高。

这也在访谈中得到印证，教师们的个人行为积极性普遍比较高，如 I–3–LAH–T 教师所说：

我们回来肯定会在我们的备课组讨论我们自己的课堂有哪些地方是需要改进的，包括我个人，我肯定会在后来的教学中有意无意进行一些改变，就是学习他们做的好的地方。

教师们的组织工作积极性水平也让他们感受到工作的价值，如 I–1–LHF–T 教师谈道：

我觉得最难忘怀的是价值情结以及和老师们一起工作的氛围。比如说学生就像韭菜一样，一茬走了又来一茬，每年都有学生，还会回来看老师，跟老师之间的这种情还是有的，这就给你留了一点情结。另外比如说你生病了在家里面感觉挺无聊的，这时觉得还是在学校里面更充实一些。

有的时候觉得在学校里除了上课，还能和熟悉的老师交流，会带来非常愉悦的心情。

个人情感积极性相对较低，这和 I–5–FR–T 教师所说相近：

每次出去培训，看到别人讲得、做得好的时候，肯定内心很激动。回来之后跟别人分享的时候也很感动，但被各种忙碌的任务所压迫的时候，就一动不动只想躺平了。

5.4.2 关于人口统计学差异的讨论

本小节主要讨论人口统计学特征上的差异性对自变量、因变量和中介变量的影响。为了让研究结果更清晰，将它们的关系整理如表 5–27 所示。

表 5–27　人口统计特征对各变量影响显著状况一览

变量	性别	教龄	学历	职称	职务	劳动关系	学校层级	学校类别	是否担任班主任
教师培训政策	√	√	√	√	√	√	√	√	×
教学效能感	×	√	×	√	√	×	√	√	√
工作积极性	×	√	√	√	√	×	√	√	√

注："√"表示影响显著，"×"表示影响不显著。

5.4.2.1　性别差异讨论

教师的教学效能感与工作积极性水平在性别上不存在显著差异，与俞国良（1995）、陈纯槿（2017）等关于教学效能感的研究结果相同；在工作积极性上的不相关也与盛建森（2016）对温州 432 名教师的调查结果一致[①]。

不同性别的教师在教师培训政策上得分呈现出显著性差异。具体来看，男教师培训政策的执行与收获水平（M=3.776）显著低于女教师（M=3.928）。首先，本研究结果可能受到样本属性的干扰，由于女教师的比例远远大于男教师，可能会造成结果上的偏差。其次，之前的研究显示，女教师更愿意通过外界的支持来促进自身专业的发展[②]，培训作为重要的外部支持，在女教师的专业发展中发挥更重要的作用。因而，女教师的培训政策执行和收获水平会显著高于男教师。

5.4.2.2　教龄差异讨论

教师的教学效能感、培训政策执行与收获、工作积极性水平在教龄上均存在显著差异。教龄为 30 年以上的教师工作积极性水平最高，教龄为 0~5 年的教师培训政策执行与收获水平最高，教龄为 21~30 年的教师教学效能感水平最高。这一结论与前人研究结论一致，教龄越大的教师，教学经验越丰富，教学能力也越强，这就意味着，他们的教学效能感更高。

在工作积极性水平上，教龄 30 年以上和 11~20 年的教师，都显著高于教龄 6~10 年的教师。在国外的实证研究中，已经有大量研究发现，教龄与工作积极性显著相关。Schaufeli 等（2006）使用了大量的员工样本，指出年

① 盛建森. 教师工作投入：结构与影响因素的研究［J］. 心理发展与教育，2016（2）：108–112.

② 杨和稳. 教师专业发展的性别比较研究——基于西部贫困地区农村中小学教师的调查［J］. 新课程研究（下旬），2009（5）：5–7.

龄和参与度都是正相关的，尽管这种关系太弱，但不能认为没有意义。类似地，Robinson 等（2004）发现 60 岁以上的员工是所有年龄段的员工中最敬业的。总的来说，这些实证发现表明，年长的员工比年轻的员工更投入（Pitt-Catsouphes & Matz-Costa 2008；James et al.，2011）。

在访谈中，不同的教师关于培训有不同需求，如 I-3-LXH-T 教师提出了自己的看法：

如果是刚入职的老师，应该从基本技能入手，基本技能包括课堂艺术、学生的管理以及上课等，这是基本职能。那么对于教了 11 年的老师来说，至少这方面就不需要担心了，而是需要突破难点，或者是近几年的一些问题。这个东西，让年轻老师感到新鲜……对于四五十岁的老师，现在可能就没有培训的必要了。

笔者出于好奇，追问他，为什么没有必要了，他回答：

一般，我们这个地方到了 50 岁的老师，基本上都不带主课。我们这个地方工作量比较大，国家标准是一周三节课，但实际上远远不止。如果按时间来计算，至少是 20 个小时。

经研究者分析，教师之间培训执行和收获水平的差异有两方面的原因：一是刚入职的教师本身的培训需求比较高，面临着更大的教学压力。二是老教师可能已经得到了充分的发展，培训需求降低；也有可能已经职业倦怠了，在学校里带的学科、担任的工作已经不是主流了，因而对培训没有太大热情。

在教师培训政策的执行和收获水平上，教龄 0~5 年的教师要显著高于教龄 21~30 年和 30 年以上的教师。对于老年教师来说，社会认可是激励他们的最佳荣誉，此时培训的激励作用没那么大，因为他们已经积累了足够多的经验让他们基本上可以应对日常工作。

5.4.2.3 学历差异讨论

学历为本科成人教育及本科以下的教师工作积极性水平明显比学历为硕士的教师高，这与辛涛等（1994）的研究结果类似，“高学历的人，其自我期望水平相对也高，希望成就一番事业，得到很高的荣誉”；[①]但“莫问收获，但问耕耘”的教师行业很难满足他们对职业的期待，现实和理想的差距会打击他们的积极性。

---

① 辛涛，邱炳武，申继亮. 中小学教师工作积极性及影响因素的研究［J］. 教育科学研究，1994（3）：17-21.

在教师培训政策水平上，学历为本科（普通高等教育）的教师显著高于学历为本科（成人高等教育）的教师，学历为本科（成人高等教育）的教师显著高于学历为本科以下的教师。有学者发现，教师的学历越低，他们的信息化能力越弱。而依托于网络的国培计划，对他们来说，执行上常常会遇到技术上的困难。在培训收获上，关于新的多媒体技术以及课程资源的应用也不容易。如 I–2–LSF–T 教师说：

我个人还是比较喜欢那种线下的培训。因为我这个人对电脑真的是不太感兴趣，其实很多人也是后来慢慢才能接触这个东西。

5.4.2.4　职称差异讨论

高级教师的工作积极性显著高于二级教师和一级教师。尤其是在访谈中，有一名教师是特级教师，整个人的访谈状态确实是所有教师中最好的，而且也表明了自己的工作热情高涨。

在教师培训政策的收获与执行上，一级职称教师的水平显著低于二级、三级以及没有职称的教师。这与李英花（2016）的研究结果类似，教师的职称越低，在自身的专业素养提升方面的需求就越大，他们期待获得更高的职称待遇与培训进修的机会。有很多教师也都提到了由于职称评聘中名额过少，以至于对职称评聘这件事有些失望，将提升能力从工作目标中剔除。尤其是中教一级教师，评定高级教师难度很高。教师们觉得“僧多粥少”，都“不指望了”，因而对这一批教师来说，培训收获产生的激励作用可能并不大。但是对于新手教师，在名额充足的情况下，他们是愿意按照规章制度，积极地参加培训、参与课题，以满足评聘要求的，因而在教师培训政策上的整体表现就会更好。

在教学效能感水平上，高级教师显著高于二级教师，这在以往的研究（程凤春、姚松，2011；熊琪等，2019）中已经得到了验证，由于他们具有更高水平的教学能力，在教学中的效能感会更强。

5.4.2.5　职务差异讨论

总的来说，有职务的教师的工作积极性、教师培训政策水平以及教学效能感水平都普遍高于没有职务的教师。I–6–WZZ–T 教师说：

从行政职务方面，你比如说年轻的时候，让你当上副主任、主任，再当上副校长，这也是一种激励。

职务的晋升也是一种对教师工作的认可和能力的锻炼，不仅拓展了教师的交际圈子，也能为教师带来更多的工作资源。根据工作资源—要求理论模型，有利的工作资源可以促进教师教学效能感和工作积极性的提高。同时，在我国有领导身先士卒、发挥带头作用的不成文规定。因而在参加各种培训上，具有职务的教师的执行水平就会更高，而且，由于他们获得的培训机会更多，也就更容易从培训中取得收获。

5.4.2.6 劳动关系差异讨论

教师培训政策水平上，有编制的教师显著低于无编制的教师。本研究中的无编制的教师主要包括聘用制、合同制、劳务派遣、“三支一扶”教师以及特岗教师、代课教师等。

本研究结果与李舒（2017）、杨晓晓（2015）、安雪慧等（2008）的研究结果相反，这些研究都发现编外的教师的专业素养及能力普遍较弱，因而实际上有更大的培训需求。而现实是，编外教师获得的进修培训机会少[①②③]。本研究发现，编外教师在能获得培训机会的前提下，为了保留代课的机会和提升自己的专业能力、考取编制等，能够在诸如国培计划等全员性培训中好好表现与执行；但是不可忽视的是，编外教师生存状况确实比较恶劣，也希望能有更多的培训照顾到这个被忽视的群体。

5.4.2.7 学校层级差异讨论

小学教师的教学效能感（M=4.407）、教师培训政策（M=4.008）与工作积极性（M=4.218）水平显著高于初中教师的教学效能感（M=4.216）、教师培训政策（M=3.772）与工作积极性（M=3.960）水平。目前关于学段对于教学效能感与工作积极性的影响还存在争议，一些研究认为各学段的教学效能感、工作积极性不存在显著差异（李哲宁，2016；王思，2018）。也有研究发现，小学教师的创造性教学效能感要高于初中教师。何兰芝等（2011）的研究发现，小学教师的教学效能感整体上高于初中教师，除此之外，在个人教学效能感上也有显著差异[④]。

Day 等（2006）的研究表明，小学教师比中学教师更有可能在职业生涯

① 李舒. 我国城市公立小学代课教师职业发展研究——基于安徽省H市的调查［D］. 中南民族大学，2017.

② 杨晓晓. 论西部农村代课教师培训［J］. 农村经济与科技，2015（10）：141，239-240.

③ 安雪慧，颉俊祥. 西部农村代课教师发展现状调查［J］. 教师教育研究，2008（1）：63-68.

④ 何兰芝，韩宏莉，苏连升. 中小学教师教学效能感的特点及提升策略［J］. 沧州师范专科学校学报，2011，27（2）：74-77.

中维持他们的承诺和动力①。小学教师似乎更重视小学内部的某些位置因素，如更多的晋升机会和更不复杂的学校结构。关于学校成员资格，有证据表明小学教师比中学教师有更多的奉献和专注②。

目前关于教师工作积极性上的学段差异研究比较少，且结果普遍不显著；但是关于学段对教师职业倦怠的影响，在许多研究中是显著的，如以往研究（符源才，2014；张海霞、郭成，2017）发现高中、初中、小学教师的职业倦怠感依次降低，甚至，在同一所九年制学校中，中学教师总体以及各维度的职业倦怠水平均明显高于小学教师（徐家平，2007）。由于工作积极性最早是作为职业倦怠的对立面出现的，因而，我们不难理解，职业倦怠性越高，则工作积极性越低。从这个角度看，本研究结果与之前的研究是一致的。

5.4.2.8　学校类别差异讨论

农村学校教师的教学效能感、教师培训政策与工作积极性水平均显著高于城镇学校教师。这与以往的研究结果不太一致。一般来说，因为学校环境、薪资待遇等差异，城镇教师教学效能感高于农村教师（李永进，2016；程凤春、姚松，2011）。但狄文婕（2013）的研究表明，由于待遇相差不大，苏南地区的农村教师的教学效能感高于城镇教师；何兰芝等（2011）发现，县级和乡镇教师的教学效能感都比市区的教师高。

究其缘由，我们通过访谈分析，了解到了城镇教师在工作与教学中面临的困难。根据工作要求—资源模型可知，过高的要求会增加工作压力，降低工作积极性。同时，教学效能感理论也表明，学校与周边人的支持会直接影响教师的教学效能感。在城镇，以学生分数为中心的评价体系给教师施加了过多的教学与升学的压力，从而影响了他们工作的积极性，使教师“在行为上感到疲惫，在情感上感到失望”。

I-2-LSF-T 教师说：

你看星期二下午我们还要搞教研活动，就是要上公开课听课评课，所以星期二下午还要不要算在课时里？整个下午我们都要听课评课教研，如果再算课时那就不得了了。我们城里边老师压力特别大，还没有支持名额，特别

---

① Day C，Stobart G，Sammons P，et al. Variations in teachers' work，lives and effectiveness［J］. Final Report for the VITAE Project，DfES，2006.

② Timms C，Graham D，Cottrell D. I just want to teach［J］. Journal of Educational Administration，2007，45（5）：569-586.

辛苦。

乡下老师因为优秀的学生已经被我们城里边选上来了，而且政府教体局给他们的指标本来就不高，所以他们就比较容易完成任务，所以说教学压力也就不太大，相对轻松一些，然后时间一到就可以晋升职称。我就觉得确实是为了老人跟小孩才来城里，然后看不到晋升职称的希望，就感觉这么辛苦，付出跟得到好像有点不协调，心里还是有一点失望的。

5.4.2.9 是否担任班主任差异讨论

是否担任班主任对教师教学效能感与工作积极性的影响存在显著差异，具体差异表现在：担任班主任的教师的教学效能感比不担任班主任的教师要高，与郭学东（2011）研究结果相反；但是一些研究（段亨贤，2009；谢微微，2019）也发现，班主任的个人教学效能感高于非班主任。本研究认为，由于班主任需要经常处理学生事务，他们在课堂管理和师生互动上会比一般的科任教师更有优势。

在工作积极性水平上，担任班主任的教师（*M*=4.120）显著高于不担任班主任的教师（*M*=4.049），该结果与司海燕（2009）的研究一致。

在采访中，教师对“班主任”的态度是又爱又恨。I–1–LHF–T 教师刚当完 8 年班主任，说出自己不想再当班主任的原因：

班主任不仅要负责自己教的学科，还要负责班级的全面工作，复杂琐碎，责任大，时间长，科任就单纯得多。我这几年都苍老了，主要是因为得到跟付出不相匹配、不成正比。

可见班主任烦琐的工作，确实给了教师们更多的工作压力。这也和 JD–R 模型中提出的“高工作要求耗尽了员工的脑力和体力资源，因此可能导致倦怠，最终导致健康不良”观点相印证。一方面，我们可以看到在班主任工作中教师的能力得到了提升，工作的价值得到了认同，在平衡好教学同管理的情况下，可以收获更多的教学效能感；另一方面，我们也应该看到班主任工作的琐碎给教师们在工作中带来的行为上和情绪上的沉重压力，如果得不到及时的心理疏导，教师们就会出现职业倦怠等情况。学校应当给予班主任教师更多的帮助与支持。

5.4.3 教学效能感、教师培训政策与工作积极性的关系讨论

5.4.3.1 教学效能感对工作积极性的影响

根据中介模型 1 的研究结果，教学效能感能正向预测教师的工作积极

性。这一结果与前人实证研究的结果是一致的（郭中献、沙丽艳，2016；Schweitzers ，2014）。通过访谈，研究者发现教学效能感的两个维度（一般教学效能感和个人教学效能感）都对工作积极性产生了影响。

（1）“我没有这么强的自信”

教师常常被认为担负着教书育人的职责，但是 I–5–FR–T 教师认为这只是“谋生”的一种方式，自己并不能改变学生。他说：

只是谋生，有的人说得高大上，就是为了孩子，为了未来，等等，我没有这么强的自信，如果说哪一天不给工资，我肯定就不干了。

1976 年，Armor 在教学效能感研究中提出的第一个问题就是“是否认为教育能改变孩子的学习”，如果当年的回答者是 I–5–FR–T 教师，他可能毫不犹豫地给出否定的答案，对于教育本身的力量，他没有信心。

没有实际性的变化，孩子在整个教育过程中并没有得到什么特殊的照顾，他的父母、他的原生家庭对他的影响，你就那么简简单单的一点点教育，哪那么容易改变，是不是？

在访谈过程中，采访者也能感受到 I–5–FR–T 教师在工作中疲惫的状态与烦躁的情绪。

天天工作都很忙的，疲于奔命的状态，是真的。因为每天要做很多事情。那会儿你给我发信息的时候，我说我还要给学生换位置，我今天早自习，上午两节课，然后课间的时候给学生换位置，接下来我们有一个会谈，会谈完了之后，中午要去学校的食堂值日，维持就餐秩序，管理学生的午休，下午要改作业，还要准备明天要上的新课。每天如此，你让我去想其他的问题，对不起，我没有精力关心那么多，我只关心在我身边发生的事情，或者说把我教的学生教好，对我来说是最大的任务。

尽管工作“疲惫”而“忙碌”，I–5–FR–T 教师也不得不做下去，家庭的责任让他将职业发展的选择摆在了后面，他说：

对像我这样的中年人来讲，上有老下有小，你可能先考虑哪里距离你的父母稍微近一点，哪里距离你的孩子管理稍微方便一点，然后再是哪里你可能有更好的职业发展。

家庭的重担、社会的压力让 I–5–FR–T 教师无法左右职业的选择，如同命运棋盘上的一颗“棋子”，他的选择是被动的、缄默的。在被推向教师岗位后，他很难相信自己拥有改变的力量，去认同事业的意义，因而积累了很多怨言，在访谈中也不吐不快。为“谋生”而来，因此只做“谋生”之事。

（2）“我没有职业倦怠，我一直在自强不息”

与之相反，有一名特级教师，整个人的访谈状态非常好，而且也表明了自己的工作热情高涨。他就是 I–6–WZZ–T 教师。

我没有职业倦怠，我一直在自强不息。我现在已经发表了 150~160 篇文章，在中国知网上可以搜寻到 70 多篇。我出完了 5 本书，我评上了特级教师。所以我没有职业倦怠，即使有，那也是短暂的，不是主流的。

按照 I–6–WZZ–T 教师的说法，他在教师行业中实现了自己的价值，在工作岗位上做得出色，获得了行业最高职称的同时，还出书，写文章，给新教师培训，成为某师范学院的硕导。他的人生角色不只是教师，还是作家、讲师、校长等。在这个平凡的工作中，他找到了许多乐趣，由于学校在乡村，所以他出版了 3 本关于乡村教育的书。

我在乡村教了 36 年，书写了许多关于乡村教师的文章，还有这样的书籍。那肯定是感慨良多、感悟很多事，否则是写不出这些东西来的。

他对于教师岗位的认识：

就是追求人生价值，这是内因，这个很重要。

尽管 I–6–WZZ–T 教师已经 52 岁了，并且在学校承担了一定的行政职务，但依然对教学很有热情。

我在中学教了一门课，就是名著导读，这是我自己开的一门课。每周六节课，我带七年级六个班，一个班一节课。我原来在中学，现在到中心学校那边去，我不想离开讲台，所以我就自己想办法，和领导商量，自主地开设了名著导读这样一门课程。

“特级教师”的认证，使 I–6–WZZ–T 教师的教学能力得到充分证明，I–6–WZZ–T 教师对自己的教学能力很有自信，他的课不仅面对学生，也面向教师。

今年上半年，我在我们黄冈师范学院做了个讲座，我当时就名著导读这方面的内容讲了一个半小时。当时在场有文学院大三的学生，有研究生在读的学生，还有几位教授、副教授，和他们交流了几句，他们反映都很不错。为什么都说不错？因为都是我自己出版的书、自己发表的文章，还有自己课堂的实践经历，所以讲起来就相对比较生动，比较接地气。

I–6–WZZ–T 教师像他自己所说“一直在自强不息”，最终真的在行业内小有成就，常常为新教师培训。

参会的都是青年教师，人数不多，但是，你从他们的面部表情、表现可以看出他们都很认真很专注。之后，有一二十位老师，还主动加我的微信。这都是对我认可的一种表现，是不是？不认可，他们不可能跟我联系。

通过这种良性循环，不难理解 I–6–WZZ–T 教师为何说自己“从不倦怠，一直很积极”。

I–6–WZZ–T 如“领头雁”，已经在教师专业发展的路上走得很远，他的教学效能感与工作积极性都显著高于其他教师，甚至还成为教师培训的施行者，去激励教师们自我发展。外界的刺激对他来说作用不大，他的力量源泉是实现自我价值。

（3）总结与建议

通过两个教师的对比不难发现，教学效能感高的教师更容易在工作中积极向上，奉献、专注、热情，拥有正面的情绪和能量。这个教学效能感既包括对教育是否有效的看法，也包括对自身教学能力的评估。这启发我们在培训中既要注重教学技能的提高，也要注重教育观念的培养。

一方面，教师们应该积极提高自己的教学能力，增强自己对教育事业的信心；另一方面，学校等有关部门更应该客观多元地评价教师，为教师提供专业发展上的支持。教师自己也应该对教学上的成败进行正确的归因。教师们教学的信心增强，教学效能感提高，才能促进工作的积极性提高。

（4）访谈反思——勤奋的冰山下是否都是积极的

研究者观察到，其实两位教师在工作中的状态都是忙碌的，哪怕是“消极”的 I–5–FR–T 教师也没有对自己的工作懈怠。采访 I–5–FR–T 教师时是 9 月，很多学校都已经开学。大部分教师在接受采访（腾讯会议）时都会抽出一个小时的访谈时间，至少让自己处于一个比较安静的环境中接受采访；但是，I–5–FR–T 教师却是在办公室接受采访，并且手机的声音外放，其间还有学生过来问问题，打断了采访。很难说清，这究竟是对工作的重视还是轻视。I–5–FR–T 教师给人营造出的感觉就是他很忙碌，只能一刻不歇地进行所有事务。这不禁让研究者反思，教师们尽管都处于忙碌的状态，但内心是否对工作怀揣着积极性是很难辨别的。正如冰山，露出的一角可能都是勤奋，但冰山下面的世界，无人知晓。I–5–FR–T 教师和 I–6–WZZ–T 教师勤奋的表征之下的区别，细究起来，类似“工作狂”型教师与“工作积极性”型教师的区别。

根据 Schaufeli 等（2004）的研究，可以知道“工作狂”类型的教师与“工作积极性”类型的教师的异同，尽管在工作表征上，二者都是恪尽职守，但“工作狂”型教师会牺牲所有的社交与自己的心理健康。长此以往，“工作狂”型教师的身心都会受到损害[①]。

如果我们希望学生是充满创造力的，那么就不应该让教师成为忙碌而麻木的“工作狂”。教师和学校在促进专业发展的过程中，需要辨别二者的差异，虽然二者表象一致，但其实“差之毫厘，谬以千里”。教师应当警惕心灵的枯竭和麻木，反求诸己，积极疏导内心的压力，必要时寻求各方面的帮助。同时，学校应当重视教师的心理健康，对教师的工作压力进行及时疏导。这样教师才能以更好的精神面貌出现在工作中。除此之外，学校进行教师评价、表彰、树立典型和教师自我评价时，也不宜单纯以工作量、牺牲奉献的程度来衡量。这种错误的内卷，反而更容易让教师产生职业倦怠。

5.4.3.2 教师培训政策对工作积极性的影响

通过对教师们的访谈发现，教师培训激励政策也对教师们的工作积极性产生了影响，在政策的激励下，教师在培训时的行为和态度都得到了激励。根据工作要求—资源模型，学习和发展的机会作为重要的工作资源（Hawley&Valli，1999），在正向预测工作积极性中发挥了关键作用。

首先，由于教师的主要工作是教学，因而培训在个人行为积极性上的激励作用主要体现在教学上。如 I–1–YQ–T 教师说：

类似的培训，我觉得会给我带来思想上的变化，以及行为上的变化，这几年我没有担任班主任工作，但是在平时的课中，我是教英语的，英语老师除了要讲解英语知识，更多的是要关注学生。

其次，个人情感积极性在培训后会有一定的提高，但随着时间的推移，影响也逐步淡化。这启示我们在教师培训之后注意回访指导，持续性的评价才能让教师培训持续有效。如 I–5–FR–T 教师的情感上的触动会随着时间的推移而逐渐消失：

每次出去培训的时候，看到别人讲得好、做得好的时候，肯定内心很激动。回来之后跟别人分享的时候也很感动，但被各种忙碌的任务所压迫的时候，就一动不动只想躺平了。

这启发我们，要让教师的情感积极性持续更久，应该从其他方面对教师的工作积极性进行巩固和保持。

最后，组织产生的行为上的影响，常常以学习共同体的方式存在。

---

① 王彦峰．工作投入与工作卷入和工作狂的区分［J］．中外企业家，2007（9）：93–97.

备课组作为学科教师们聚集的最小单位，是教师们进行学习讨论的重要组织形式，因而，应当重视学校的教研，这种学习共同体既可以是备课组、年级组等基本校方的组织形式，也可以是社团、兴趣小组等非正式的团体，为教师提供更多的支持。

例如 I–6–WZZ–T 教师的读写大队就受到了教师们的一致好评。他说：

有一个民间组织，叫读写大队，在微信平台上发表文章，还真的成就了不少的年轻人。比如说外出培训，在附近的，我把她带出去；或者参加一个会议，我发一个信息，也有人跟我一起去。比如说像我和一些编辑们，相对来说互动得多一些，有时他们需要什么文章或者什么书稿，我就用这种方式把稿子往那边推荐。这样就搭建了一座桥梁，有一二十个老师，在报刊上发表了文章，而且还有的老师通过这样的平台，评高级职称，甚至这次还有报特级的。这是一种看得见的成长，但这种方式必须经过一定的时间，不是一两年就能完善的。

读写大队是教师自发的，也有相互介绍的。

他们写文章，刚开始我指导得真不少。平心而论，老师们会写文章的并不多。有时候经常需要改写，一篇文章花我一两个小时，甚至更多的时间，否则词句不通不合逻辑，你就推不出去，你要面向读者，面向大众。所以有心人、积极上进的人，往往在这方面收获更大。

只有为教师们的兴趣和专业发展提供支持，才不辜负教师通过培训获得的启发、感悟，也更有利于学校和地区的教育持续发展。

5.4.3.3　教师培训政策对教学效能感的影响

教学效能感模型理论认为，教师在培训中对他人的替代经验、情绪唤醒等信息源进行认知加工，然后根据认知加工的结果，对教学任务和自身教学能力进行分析和评价，可以提高教学效能感。陈纯槿（2017）与 Tschannen–Moran 等（2009）的研究结果也指出，培训对教学效能感有极为显著的正向影响。通过访谈，研究者发现教师们通过培训，在教学策略、课堂管理、师生互动各维度上均有收获。

首先，在教学策略上，教师以培训的内容作为信息源，可以“善而从之，不善则改”，同时在培训过程中“以人为鉴”进行教学反思，对自己的教学实践有积极的指导作用，从而增强教学效能感。

如 I–5–FR–T 说：

其实我看出来这叫“择其善者而从之，其不善者而改之”。你会从别人身上发现自己的不足。我从这个角度来发现我自己的风格，发挥我自己擅长的东西，从而使自己变得更好一些，基本上是这样。比如说我在武汉，请了武汉的周世杰老师，他是湖北省英语方面的专家，我觉得挺好的，包括那个广东过来的田湘军老师，也是讲课的，我觉得都讲得比较好。我们广水本地也有几个老师，我觉得讲得还不错，有自己的思想、自己的想法，个人风格比较鲜明，而不是令人感觉普普通通、整个课程调动不了学生激情。我觉得，一堂课，如果你不能让学生跟着你走，那就是失败了。

又如 I-3-LXH-T 说：

原来我们这里是一个封闭的地方，教学工具也比较单调，但现在你会发现有一些 APP 可以提高我们的教学效率。例如，我们手机里不是有一个功能，点声音可以出现一个曲线波形图吗？声音变成那个曲线，就是把模拟信号变成一个数字信号。我教物理，就有一个物理模拟实验软件。

有一些实验在课堂上教学可能有危险或者跟实际有差别，这个时候用那个模拟实验软件就能得出结论，所以应该是比较方便的。

由以上材料可知，在培训中，有用“拿来主义”直接解决教学实践问题的，即通过借鉴他人的教学方法，采用先进的教学工具，提高教学质量；也有更深层次的，教师通过培训自我反思，取长补短，找到自己的风格，教师对教学的信心也就增强了。

这启示我们培训要关注教师具体的实践活动，帮助教师们解决具体的教学困难；同时也要关注到教师是作为个体而存在的，教学风格迥异，所以不能“一刀切”式地培训，应该为教师提供多元的课程，让教师在培训上具有选择权，找到自己的成长之路。

其次，在课堂管理上，教师们关注着课堂的细节处理，了解了更多更有效的教学模式、组织形式等，并得到了培训老师的启发。

如 I-2-LSF-T 教师在访谈中谈道：

通过每一次培训，看到其他老师非常优秀，我们自己肯定也是有一些反思和感悟的。看到别人做得那么好，自己肯定也会有一些触动的，对自己课堂上的细节处理或者整个教学理念、手段、跟学生的交流方式、课堂的组织都有帮助，亲身感受比看多少书都要来得更直接。

再次，在师生互动方面，多位教师都表明，他们在培训中会着重观察培训教师是如何调动学生积极性的，尤其在师生双方比较陌生的情况下，才能彰显一个教师的教学水平。这说明教师自身也意识到了师生互动对教学的重要性，并在培训中将它作为学习的重点。

如 I–2–LSF–T 教师通过英语词汇课培训后，将学习所得在课堂上运用，充分调动了学生学习的积极性，改善了学习效果。

去年我们县教育局，去昆明请了一家英语工作坊的老师来我们学校给我们上课。太震撼了，真的上得太好了。通过这次学习，我知道了用心上课的老师是怎样教学的，我觉得受益匪浅。

说到词汇课，以前就是教单词、背单词，然后默写单词，学生特别反感，但是我学习之后，我觉得现在词汇课有趣多了，效果也改善了好多。

总而言之，通过教师培训，教师们教学效能感得到了提高，并体现在教学策略、课堂管理、师生互动 3 个维度上。

最后，培训内容应当注重教学实践。

需要注意的是，不是所有的培训都能提高教师教学效能感，“质”比“量”更重要。二者的正向预测关系启示我们，在培训前，应当了解教师的培训需求，“按需分配”，才能有效地增强教师的教学效能感。通过访谈发现，在培训内容上，教师们都表示理论类的培训、教育政策类的培训，对于他们帮助不大；而教学类的培训，如听课、评课、公开课、送教下乡、同课异构等，让他们收获更大。

I–3–LXH–T 表示：

一般的培训第一天都讲一些政策法规，与我们的关联不大。我们主要是搞数学、英语教学，听一些名师讲课对我们才有促进作用。搞一些讲课比赛就可以了，至少可以提高学生的积极性。

5.4.3.4　教学效能感的中介效应

本研究结果表明，教学效能感在教师培训激励政策的执行与收获和教师工作积极性之间起部分中介作用，即教师培训激励政策的执行和收获会通过教学效能感影响教师工作积极性。研究结果与工作需求—资源理论模型的观点一致，即工作资源会影响教师的积极性，同时也验证了教师培训政策对教师工作积极性的激励作用。

通过研究模型可以发现，培训收获通过教学效能感转化为教师工作积极性的比例为 72.148%，比培训执行（46.291%）要高。这说明，教师培训政策的收获对于教师工作积极性产生的影响绝大部分（72.148%）是依赖教学效能感的转化；而在培训执行中，依赖于教学效能感转化的比例为 46.291%。因此，教师培训政策的执行与收获激发的教学效能感越强，工作积极性就会越高。

在访谈中，教师通过自己的感性认识阐述了三者的关系，这也是本研究的缘起，“实践出真知”大抵如此。

I–5–FR–T 教师说：

坚持把这个事做下去，还是保有热情的因素。要让我对教育有热情，还得靠自己的收获感。这个是最大的，你有成就感就有获得感、有收获感，自然就热情了。

本书通过实证研究说明了教师培训激励政策的执行和收获能有效地通过提高教师的教学效能感来提高教师的工作积极性。该研究结果启示我们，对于教师培训，应当鼓励教师有效践行，发挥教师培训的激励作用。同时，在制定教师培训政策上，应当注重教师教学效能感的提升，即注重教师教学能力的提高、与教育观念的与时俱进。最终，通过教师培训政策的发展与落实，推动教师们的专业发展，让教师们在教学中有“获得感”，在教育中有“热情”。

5.4.4 教师培训方式的收获、教学效能感与工作积极性的关系讨论

本小节将针对教师培训方式的收获与教学效能感、工作积极性的关系进行分析。量化的研究结果验证了路径 1（面授校内培训→教学效能感→工作积极性）、路径 2（案例分析→教学效能感→工作积极性）、路径 6（课题研究→教学效能感→工作积极性）的存在，并且，教学效能感在路径 1 中充当部分中介，在路径 2、路径 6 中充当完全中介。部分中介指的是在路径 1 的发生过程中，培训方式的收获对于工作积极性的影响，有一部分（47.2%）的影响是依靠教学效能感作为中介进行传导；但同时此类培训方式的收获也能直接对工作积极性产生影响。完全中介则意味着在进行案例分析与课题研究的培训方式时，培训的收获转化为工作积极性完全依靠教学效能感。也就是说，在这两种培训形式下，需要特别注重对教学效能感的激发，他们的激励效果完全来自教学效能感。

本研究结果显示，在教师培训中应当注重对教学效能感的影响，它是连接培训收获与工作积极性的重要桥梁。在组织此三类培训时，收获越多，激发的教学效能感就越强，在整体上对教师们的工作积极性的激励程度就越高。

由于前文已经讲述了教学效能感同工作积极性的关系，在这里就不再赘

述，主要分析不同的培训方式的收获对教学效能感与教师工作积极性的影响。

5.4.4.1　教师培训方式的收获对教学效能感的影响

（1）影响的成效

通过访谈可以发现，线下培训受到了教师们的普遍认同，并对教师的教学策略、师生互动等维度产生了正向的影响。如 I–2–LSF–T 教师说：

像我之前提到的 2018 年线下的国培计划就很有用。比如说原来我上课可能很多时候会按照自己已有的套路去进行，但是教授在培训里讲了很多最新的教法，学了以后我就可以进行我自己课堂的一个变革。比如经过培训我发现可以把英语课分成各种类型——听说课、复习课、阅读课等。针对每个类型的课程都可以形成自己的一种模式，这样一方面教学起来比较轻松，另一方面对学生学习也更有效。

（2）重在“收获”，而非“方式”

就教师个体来说，对培训方式的喜好也各不相同。培训方式产生激励作用的前提是实现收获。通过访谈材料的补充，研究者发现各培训方式想要实现收获，需要注重培训的内容、人员等相关问题。当培训方式的收获较小时，教师们的教学效能感也比较弱。

例如，哪怕是有着直接激励效果的校内面授方式，一旦脱离了教学实际，不仅培训效果大打折扣，而且让教师们很反感，无法发挥激励作用。I–2–LSF–T 教师表示：

专家来给我们读两个小时他们写的 PPT，我希望这样的专家培训少一些，一线老师的教学展示等观摩课多一些。

（3）培训不是演戏，不做台下的“观众”

I–6–SHJ–T 教师也表示，作为农村教师，即便在脱产培训中教师采用案例分析的方法教授最新的教育理念，她在培训时也很难有收获，只能当“观众”，因为那些案例都是“大城市”的案例。收获寥寥也将打击教师们的教学效能感：

我之前参加很多培训，我觉得可能因为培训老师要么是来自大学的，要么是来自城市的，很少有从农村去的，所以可能理念更新确实困难。

我感觉没有使用网络自己学习的效果好，感觉他们好像有点高高在上的，我们坐在下面，和他们不沾边儿。比如说组织去一些学校，也就是专家讲、下面听。实用性还是要打折扣的。

专家在上面讲，我们在下面想自己的事情。农村的孩子，说实话，用什么教学方式、教学方法以及引领他的理念，确实跟城市还是有些差异。这一点专家一般讲的涉及就很少，有可能他没有这方面经验，就会让你觉得有点远。

培训不是为了让台上的教师“高高在上”，而是为了让台下的教师的专业能力得到发展。培训人员应当根据培训对象，对自己的培训内容做出调整。根据象征互动理论，只有当事物对人们有意义时，人们才会采取行动。于是，当培训内容与现实脱节时，台下的教师就只能在一场场培训中消磨时间，变作看戏的“观众”，毫无收获，还要配合他人的演出。

（4）总结

以上的内容启发我们，一方面，教师培训方式的收获确实能正向预测教学效能感；另一方面，培训方式的收获中，落脚点是培训收获，没有收获，形式再花里胡哨，也是徒劳。因而对培训人员、内容、讲授方式等，有关部门应该严格筛选、仔细考核、全程监督，保证教师学有所获；同时，也要意识到培训人员的“一招鲜”并不能“吃遍天”，需要因时因地制宜。

5.4.4.2 教师培训方式的收获对工作积极性的影响

（1）研究结果分析

在9种培训方式的描述性统计中，可以发现线上的网络培训的分数是最低的，说明这种培训方式的效果最差。其实在课程设计时，线上课程是理想的，但在执行时会受到各种因素的干扰。首先，教师们的信息化水平不一致，尤其是教龄比较大的教师，对他们来说，网络授课基本操作都很困难。其次，根据工作要求—资源理论模型，在执行过程中，教师的工学矛盾、学校管理的负激励让线上培训成为工作要求，给了教师过大的工作压力，反而阻碍了工作积极性的提升。

I–5–YDW–T教师说：

线上培训的话我认为不仅没有效果，而且还会增加我们教师的负担和压力。由于疫情，有很多国培计划也改成线上进行了，其实说实话里面很多优秀代表讲得很不错，但是他与我们的教学工作发生了冲突，教师没有那么多精力和时间去看，那么这样对我们就没有什么作用。同时，你要是没完成这个培训，上级可能还要点名批评，你在上课时心里就像牵挂个事一样，反而增加了负担。

在研究结果中，唯一能对教师工作积极性产生直接影响的是校内面授的培训方式。无独有偶，在访谈中，教师们也反复提到了校内培训。I–6–

LZZ–P 教师提到了自己学校的校本培训的作用，在他的描述中，他们沿用了十多年的校本培训方式包括听课和评课两个环节，有时候有教研员的参与，取得了良好的效果，成为学校的先进经验。

校本教研的效果还是比较好。我们学校校本教研这一块是这样实施的，我们每个星期的每一个学科都安排了两节课，我以物理为例，我们物理学科属于理综学科，理综学科就是安排在周三的上午第一、第二节课，这两节课所有的理综学科的老师课表上都没有课，那么这个时间段就集中在单独的一间办公室里对教学过程中出现的问题进行讨论，讨论下个星期准备上哪些内容、怎么上，还包括学生的作业、组织的测验怎么安排。

我们时不时就要安排一些听课，我们交叉听课的，提前会做一些安排，比如说下星期安排哪个物理老师，安排哪个化学老师，提前一个星期安排好，那么下个星期，这两节课里面就抽出一节，全体人员去听，听完之后再评估。

这个方法我们已经沿用了十多年，觉得还是比较好的。有些学校专门来到我们学校学习这个。

教研员还会来学校指导。上个星期四，我们县里的初中所有的教研员都到我们学校来例行巡视，教研员每个学期到每一所初中都巡视一次。我们安排星期四的上午第一、第二节课，由两个物理老师分别讲课，讲课的时候教研员和我们其他的物理老师也跟着在后面听课，其他学科也是一样，只要没课的都跟着教研员听课。

第三节课就是进行反馈。主讲老师先说一下这节课学生上课的基本情况，讲课都做了哪些准备工作，上课怎么实施的，觉得有哪些地方讲得不好，然后其他的老师点评，最后做一个总结，再根据系统性的问题对老师进行指导。

所有的教研员和学校领导都集中在一个小会议室里，教师讲课情况会向学校领导进行汇报，哪些课存在哪些问题，哪个学科存在哪些问题，及一些系统性的问题，汇报之后领导就知道下一步该怎么做，我觉得这个活动开展得还是比较成功的。

校内的学习培训效果更好一点，因为校内的培训可以实实在在的，只有挖掘校内的资源，才能够做到把教学做好。每年我们学校都调出八九个老师，同时也调进八九个老师，这必然要进行新教师的培训，基本上都是在校内完成。上面有一些新的政策，我们就必须把这些政策进行细化，对老师讲解。

开会的时候，领导在上面把政策细化一下，然后对具体怎么实施进行讨论。

其实 I-6-LZZ-P 教师所说的校本培训中还包含了研讨交流和案例分析。研究结果发现，研讨交流和案例分析两种方式的收获都能对教师工作积极性产生影响。这种综合模式确实集多个优点于一身，既可以调动上课教师的备课积极性，让教师可以进行同课异构的交流，看到课堂的多种可能性；同时，现场的授课与听课教师都能直接获得反馈。

由此，想要发挥培训方式的收获对工作积极性的正面促进作用，就需要考虑诸如学校管理、教师工作负担等多方面因素的影响。同时，校本面授这种培训方式也应得到重视，只有在当地的教研部门和校方的积极引导下，教师的工作积极性才能得到激发。

其他的培训方式的收获，由于间接对工作积极性产生作用，在组织过程中，需要注重对教学效能感的激发，再通过教学效能感对工作积极性产生影响。可以像访谈中的 I-6-LZZ-P 教师的学校一样，将多种培训方式相结合，探索新型的混合培训方式，充分发挥它们的作用。

（2）访谈反思——“受帮助”的“朝圣者”

上文中这类能为培训政策所激励的教师群体是大部分，他们期待着自己的成长，有一定的教育理想，为了从现实的自我走向理想的自我，他们踏上了“朝圣”的旅途。如果能获得各方面的支持，他们就能在专业发展的路上越行越远，最后成为“领头雁”一般的人物。这类教师不似“小棋子”一般无法左右人生的选择，仓皇地来到教师领域；也尚未成为标杆似的领军人物，在职业生活中实现自己的价值。培训政策对他们的激励是最为有效的，技能的培训、知识的学习、观念的更新，都是他们成长的养料。在“领头雁”的指导下，他们“学而知之”，都能找到自己的成长方向。

5.4.5 教师培训政策激励作用的总结与反思

研究者在访谈中发现，教师们在教学、工作与培训中的状态，千人千面。考虑到一个一个地描述教师的状态太过琐碎而缺少共性，为方便归纳研究结果，本研究根据象征互动理论及尹弘飚（2017）对新课改中教师角色的划分，将教师专业发展理解为从现实自我通向理想自我的“朝圣”之路，根据教师们不同的学习状态将他们分为 4 种类型：“生而知之”“学而知之”“困而学之”“困而不学”。这样既保证了对教师群像的归纳分析，又对个体加以关注，体现了个性与共性的统一。

5.4.5.1　不同教师类型的划分与激励作用

（1）“生而知之”——“领头雁”

“领头雁”指的是无论有没有培训政策的要求，早就开始谋求自身专业发展的一类教师。他们最接近于社会及人们对于教师的形象期待——走在时代的前列，将教育事业看作自身的价值之所在。如访谈中“自强不息”的 I-6-WZZ-T 教师，自身就有着充沛的力量不断前行，实现自己的价值。对于他来说，培训政策作为外部动机，其激励效果不如他自身源源不断的内部动机。

（2）“学而知之”——受帮助的“朝圣者”

受帮助的“朝圣者”指的是对于自身的专业发展有所期待，但只是偶尔会主动谋求自身发展的教师，他们的进步比较依赖外界支持。如 I-2-LSF-T 教师，对培训寄予了厚望，并且在培训中让自身的能力、观念、状态都有了显著的提高。培训政策对这类教师的激励作用是最大的。

（3）“困而学之”——“小棋子”

“小棋子”指的是对自身发展并没有过多期待，也不认为自己应当终身学习满足职业需要的教师。“困”是“小棋子”们的常态，他们对教学常常有一种无力感，解决的方式有时候是“学”，但如果“学”不能解决他们的困境，他们就会陷入新一轮的沮丧，长此以往，慢慢地就对自己的职业丧失了希望，在忙碌中丧失了信心，在工作中感到倦怠。如果培训政策能顺利地解决他们的困难，就会有显著的激励作用；如果不能，他们可能就会慢慢地封闭自己，转变为“困而不学”的状态。

（4）“困而不学”——冷眼的“观众”

“困而不学”指的是已经对培训毫无期待和兴趣的一类教师。参加培训对他们来说只是一场表演，他们内心不相信培训会带来变化。需要注意的是，“困而不学”的开始可能只是某一种培训，但培训无效的反复刺激，可能会让教师们对其习得性悲观，慢慢地“困而不学”了。如 I-6-SHJ-T 教师，在面对“高人一等”的培训人员脱离了乡村教育的实际进行经验传授时，只能冷眼旁观，深感“热闹是他们的，我什么也没有”。

5.4.5.2　针对不同教师的激励启示

四类教师中，“领头雁”“观众”都是少数，“朝圣者”最多。针对不同类型的教师，应当采取不同的策略。

“领头雁”已经拥有强大的内在动机，激励这一类教师时，可以充分发挥他们的榜样作用，让他们作为培训人员分享自己教育教学的先进经验，从受众变为施行者也不失为一种激励。

“朝圣者”对于培训有着满满的热望，那么培训的内容、方式等各类资源应当丰富而个性化地满足他们的需求，让他们在朝圣路上越走越远。

“小棋子”常常处于困顿的状态，因而及时、顺利地解决他们的难题，才能提高他们的教学效能感，改变他们对教学的习得性无助。这就要求培训资源在内容上应当丰富，包括日常所遇到的大部分的教学难题；在获取方式上应当快速、方便。目前来说，“互联网+”教育平台的建立与发展，为教师们自主获得优质培训资源提供了可能。因而，完善网络平台的资源建设，是推动教师专业发展的重要一步。在教师选择从业时，应当让他们了解教师行业的基本情况，“升官发财请走别路”，如果只把教师行业作为“谋生”的方式，既无法达到目的，也是对自己和他人人生的不负责。

想调动“观众”们的积极性，要保证培训内容的针对性，做好培训前的需求调查，了解接受培训的学员的基本学情。在培训人员的选择上，应选择与培训学员有共鸣、有情感认同的培训人员，如一线教师等。对培训人员的选拔和审核程序要更为严格，同时在现场也应当及时做好培训后的反馈意见统计，以便及时做出调整。

5.4.6 小结

本小节主要应用了访谈内容与前文的描述性统计的结果形成互证和补充。

5.4.6.1 现状分析

（1）培训政策

教师们积极参与各类培训，在培训政策的执行上完成度比较高，原因有三：教师的培训意愿较强；校方积极推动；政策的强制性要求。在线上课程方面，依然存在挂课刷课的现象。执行的困难因素有培训的供需矛盾、“工学”矛盾、名额的限制、经费不足、条件太差等。

（2）教学效能感

教师的课堂管理能力相对较强，师生互动能力相对较弱。这可能也与部分学校注重升学率，而不怎么关注学生的学习体验有关。教师们普遍面临着评价体系单一的问题。同时，学校环境、归因与评价也会影响教学效能感。

（3）工作积极性

教师们的个人行为积极性水平高于组织工作积极性水平，个人情感积极性水平最低。教师们对教师岗位的认识会对工作积极性产生影响。

5.4.6.2　人口统计变量影响

本章应用访谈内容进行分析时，除了学校层级在访谈材料中未提及，其他内容均有访谈内容佐证。

（1）质性分析结果对量化结果的解释（性别、编制、教龄、学历）

男教师培训政策的执行与收获水平显著低于女教师：可能由于样本比例不均，以及女教师的专业发展更需要外界支持。

有编制的教师的培训政策的执行与收获水平显著低于无编制的教师。这是由于编外教师生存状况恶劣，为了获得工作的机会，在培训中会更积极参与和表现。

在工作积极性水平上，教龄 30 年以上和 11～20 年的教师，都显著高于教龄 6～10 年的教师；在教师培训政策的执行和收获水平上，教龄 0～5 年的教师显著高于教龄 21～30 年和 30 年以上的教师。不同教龄的教师的培训需求不一样，因而政策的激励效果不同。新教师本身的培训需求比较大，面临着更大的教学压力。老教师可能已经得到了充分的发展，培训需求降低；也有可能已经职业倦怠了，对培训没有过多的热情。

学历为本科（成人高等教育）及本科以下的教师工作积极性水平明显比学历为硕士的教师强。学历为本科（普通高等教育）的教师在教师培训政策执行与收获水平上显著高于学历为本科（成人高等教育）的教师，学历为本科（成人高等教育）的教师在教师培训政策执行与收获上显著高于学历为大学本科以下的教师。这与学历越高对工作的期待越高有关，当期待无法满足时，就会让高学历教师感到失落。而培训政策的收获与执行，受不同学历教师信息化水平差异的影响。

（2）质性分析结果对量化结果的补充（类别、职务、职称）

农村教师的教学效能感、培训政策与工作积极性水平均显著高于城镇教师。这是因为城镇学校以学生分数为中心的评价体系，给教师施加了过多的压力，让教师“在行为上感到疲惫，在情感上感到失望”。

有职务的教师的工作积极性、教师培训政策水平以及教学效能感水平都普遍高于没有职务的教师。职务的晋升也是一种对教师工作的认可和能力的锻炼，也能使教师获得更多工作资源。

在教师培训政策的收获与执行上，一级职称教师的水平显著低于二级、三级以及没有职称的教师。这是因为职称评定时，二级、三级职称名额充足，竞争压力不大；而高级教师名额太少，评定难度高，教师们难以达成目标。

在教学效能感水平上，高级教师显著高于二级教师。高级教师的工作积极性显著高于二级教师和一级教师。

（3）质性分析结果与量化结果不完全一致（班主任）

量化结果显示，担任班主任的教师的教学效能感、工作积极性比不担任班主任的教师要高。在访谈中，教师们坦言：一方面，班主任的工作让他们确实得到了提升，价值得到了认同，可以收获更多的教学效能感；另一方面，班主任工作的琐碎也带来了行为和情绪上的压力。

5.4.6.3 教师培训政策、工作积极性与教学效能感的关系分析

（1）教学效能感对工作积极性的影响

教学效能感的两个维度（一般教学效能感和个人教学效能感）都对工作积极性产生了影响。这启发我们在培训中既要注重教学技能的提高，也要注重教育观念的培养。另外，研究者还发现“工作狂”类型的教师与“工作积极性”类型的教师都有着忙碌的表征，但在行为、心理、教学效能感上差别很大。

（2）教师培训政策对教学效能感的影响

教师们通过培训能在教学策略、师生互动、课堂管理各维度上均有收获，提升了教学效能感。通过培训，教师们可以解决教学实践问题，借鉴他人的教学方法，采用先进的教学工具，提高教学质量。更深层次地，教师通过培训可以促进自我反思，取长补短，找到自己的风格。

但不是所有的培训都能提高教师教学效能感，在培训前，应当了解教师的培训需求，“按需分配”，才能有效地增强教师的教学效能感。在培训内容上，教师们都表示，理论类的培训、教育政策类的培训，对于他们帮助不大，而教学类的培训让他们收获更大。

培训方式上，线下培训受到了教师们的普遍认同，并对教师的教学策略、师生互动等维度产生了正向的影响，但培训方式产生激励作用的前提是有收获。通过访谈材料的补充，研究者发现培训方式想要获得收获，需要注重培训的内容、人员等相关问题。当收获较低时，教师们的教学效能感也比较弱。

（3）教师培训政策对工作积极性的影响

培训政策的激励作用，在个人行为积极性维度主要体现在教学行为上；个人情感积极性在培训后有一定的提高，但随着时间的推移，影响逐步淡化；在组织积极性方面，常常以学习共同体的方式存在。

想要发挥培训方式的激励作用，需要考虑诸如学校管理、教师工作负担

等多方面因素的影响。同时，校本面授这种培训方式也应得到重视，在当地的教研部门和校方的积极引导下，教师的工作积极性才能得到激发。其他培训方式的收获间接对工作积极性产生作用，在组织过程中，需要注重对教学效能感的激发，再通过教学效能感对工作积极性产生影响。可以像访谈中的I–6–LZZ–P 教师的学校一样，将多种培训方式相结合，探索新型的混合培训方式，充分发挥它们的作用。

（4）培训政策激励的差异性

根据对不同类型教师状态的分析，我们发现培训政策对不同类型教师的激励效果不同。应针对不同类型的教师，采用不同的政策实施策略。

5.5 结论与讨论

本节将总结本次研究的成果，包括研究结论、政策与建议、进展与突破，以及研究的局限性，并对未来的研究做出展望。

5.5.1 研究结论

通过量化分析与质性分析，本次研究主要得出了以下结论。

5.5.1.1 现状分析

教师教学效能感、教师培训政策与工作积极性都处于中等偏上的水平，但仍面临许多亟待解决的问题，如骨干教师培训名额过少、培训的供给与需求不一致、“工学”矛盾的压力以及培训名额的限制、培训经费不足导致的培训条件太差等。

培训方式上，相较于线上培训，教师们认为线下培训收获更大；培训人员上，教师们更喜欢一线的教师；培训内容上，需注重教学实践；教师培训对教师工作积极性的激励具有一定的滞后性。

5.5.1.2 人口学变量的差异分析（性别、教龄、职称、职务、学校层级和类别、是否担任班主任、学历、劳动关系）

在性别的差异对比中，男教师培训政策的执行与收获水平显著低于女教师。

在学历上，本科（成人高等教育）及本科以下的教师工作积极性水平明显比学历为硕士的教师高。在教师培训政策的执行与收获水平上，学历为本科（普通高等教育）的教师显著高于学历为本科（成人高等教育）的教师；

学历为本科（成人高等教育）的教师显著高于学历为大学本科以下的教师。

在职称上，高级教师的工作积极性显著高于二级教师和一级教师。一级教师的教师培训政策的执行与收获水平显著低于二级、三级以及没有职称的教师。高级教师的教学效能感显著高于二级教师。

在职务上，没有职务的教师的教学效能感水平、工作积极性、教师培训政策水平都普遍低于有职务的教师。

在劳动关系上，有编制的教师培训政策水平显著低于无编制的教师。

在学校层级上，小学教师的教学效能感、教师培训政策与工作积极性水平均显著高于初中教师。

在学校类别上，农村教师教学效能感、教师培训政策与工作积极性水平均显著高于城镇教师。

在班主任政策上，担任班主任的教师的教学效能感和工作积极性比不担任班主任的教师要高。

在教龄上，教龄 30 年以上和 11~20 年的教师，工作积极性水平显著高于教龄 6~10 年的教师。教龄 0~5 年的教师的培训政策的执行和收获水平显著高于教龄 21~30 年和 30 年以上的教师。

5.5.1.3 变量之间的关系

教师培训政策能正向预测教学效能感；教学效能感能正向预测工作积极性。教学效能感在教师培训政策与工作积极性的关系中起到了中介作用。

6 种培训方式的收获同教师工作积极性、教学效能感的关系：面授校内培训、案例分析、课题研究三种培训方式的收获，均可以正向预测教师教学效能感和教师工作积极性；其中，教学效能感在面授校内培训方式与工作积极性的关系中充当部分中介，在案例分析、课题研究与工作积极性的关系中充当完全中介。说课评课、导师带教、研讨交流三种培训方式的收获不能正向预测教师工作积极性。

5.5.1.4 激励作用

本研究验证了教师培训政策的执行与收获对工作积极性的激励作用，教学效能感在二者的关系中起中介作用；同时还发现教师培训在合理的培训方式组织下，能激发教师们的工作积极性。因而，教师工作积极性的提升受教学效能感的提升与教师培训政策的执行与收获的影响。

同时，在不同类型的教师身上，教师培训政策的激励效果不一。

5.5.2　政策与建议

5.5.2.1　教师培训政策

（1）完善教师培训政策，解决培训中的“供需矛盾”

我们在认同教师培训政策的激励作用的同时，也应该认识到并解决自上而下的培训供给同自下而上的培训需求之间的矛盾。只有缓解乃至解决了矛盾，才能让教师培训激励政策更完善。

首先，可以利用“互联网+”等技术，构建教师培训的自主选学机制，让教师们的需求同培训的供给挂钩。

其次，应当进一步构建立体化、开放型的教师培训供给体系。教师们排斥“专家型”培训，渴望在培训中学有所获。因而，各级教育行政部门和培训院校应当充分尊重教师培训的主体地位，拓展并构建新型的教师培训格局，实现教师培训的立体化。建立省级培训中心，同师范类高校或成教学院合作，发展产学研一体的培训项目；向社会上其他的教师培训中心购买相应的服务，实现培训产品多元化；通过校本培训，根据学校具体的教学情况，因时因地制宜，形成校本培训特色基地。

最后，为了避免出现双方相互糊弄，浪费培训人力、物力、时间等形式化现象，应当对教师培训服务的监督与评估机制进行完善，让培训者与被培训者都能“有所获，有所用”。

（2）解决培训供给“大锅饭”同培训需求“私人定制”之间的矛盾，注重教师的个性化成长

在提供多元化选择的基础上，应当让教师培训体系更智能化、个性化。注重教师们信息化能力的提高，尤其是教师们对新兴的网络课程的学习与应用。在此基础上，可以利用“互联网+”技术构建教师学习社区，实现诊断、推荐、学习、评价个性化，课程内容微型化、模块化、本土化、有针对性和生成性[①]。

（3）加强培训师资队伍建设

培训师资力量是决定整个培训项目质量的关键因素，直接关系到能否提供与参训教师专业发展需求相契合的知识内容[②]。教师们更青睐一线教师的培

① 徐凤．“互联网+”背景下个性化教师培训课程研究［D］．南昌大学，2017.

② 骆树芳．供给侧改革视域下中小学教师培训的现实困境与改进路径［J］．福建教育学院学报，2021，22（5）：12–14.

训，但不容忽视的是一线教师在理论培训上的短板。因而，首先，对于培训师资，应当加强专职队伍建设，理论与实践相结合，切实提升各个板块的能力；其次，对于培训者的资质加强认证要求，避免滥竽充数的现象；最后，建立完善的教师培训网络，搭建沟通不同地域与学校的桥梁，实现培训人才的互通。

5.5.2.2 教学效能感

（1）完善教师培训机制

培训内容多元化，使教师在教学策略、课堂管理、师生互动等方面都有所收获；注重对班主任的培训；鼓励教师承担学校的职务，并进行岗前岗后培训，帮助教师找到自己的职业发展方向。

（2）学校管理

①提供良好的工作环境。

工作环境既包括外界的客观环境，也包括人际关系、工作氛围等。访谈中，教师们表示，良好的教学条件和设备、人际关系对他们来说意义重大；相关研究也表明，教学效能感与工作环境密切相关。在工作环境上，学校应不遗余力地为教师提供支持，既包括硬件方面的教学资源，也包括良好的人际关系和校园风气。

②合理安排教师的工作。

由于教龄和职称会显著地影响教师的教学效能感，学校应当关注每个阶段的教师成长，针对不同的成长阶段进行岗位的适当调整。如新手教师比较欠缺教学策略，应当在教学任务上予以倾斜，给予充分的备课时间和学习时间。而针对老教师，在教学有余力的情况下，可以适当安排行政类职务或者培训类工作等，增强其职业价值感，进而让教学效能感有所提高。

③改革教师工作评价制度，建立多维教师评价体系。

工作评价对教师教学效能感的形成和发展有着重要影响。在当前的评优晋升实践中，学生的升学率、分数的优秀率常常充当着重要角色，这不仅会损害教师的教学效能感，也会让教师的工作积极性受到打击，更会让教育走上歧途。因此，针对目前教师工作评价标准片面化、评价方式机械化的问题，教师评价体系应当得到完善，每一位在平凡岗位上奉献的教师都应该被看到。

（3）教师个人

①对成败的合理归因。

教学效能感影响教师对工作成败的自我归因，而自我归因反过来又影响教师的教学效能感。因而，教师应当增强自信，注重心理压力的疏导，正视自己的努力与成长，不应妄自菲薄。

②学会自主学习，加强专业发展。

教师应当保持终身学习的习惯，对自己的职业有清晰的规划和选择，注重专业发展，让自己持续成长，克服职业倦怠。

（4）社会层面

切实提高教师社会地位与待遇，形成尊师重教的良好风尚。受教师岗位的重要性和中国文化“天地君亲师”的影响，社会对于教师的期待，无论是在职业技能还是道德规范上，都远远高出其他行业。大部分教师在理想与现实间徘徊。他们想将教育作为安身立命的事业，却在现实的压力下苦苦挣扎。教师们也想“一心一意做教育”，去“奉献”“发光发热”，但是常常有“条件艰苦”之感。长此以往，教师们也容易出现付出与收获不对等的感受，无疑会挫伤他们的积极性。因而，在社会层面，应当给予教师充分的支持，提高教师地位，改善教师待遇。

5.5.3　进展与突破

与以往的研究相比，本次研究在研究方法、视角、结论上均有突破。

5.5.3.1　研究方法

首先，在研究工具上，本次研究采用自编量表来探讨教师培训政策及工作积极性的现状及影响路径，从新的视角了解了教师工作状态。其次，关于工作积极性的影响研究，以往的研究者多采取单一的定量研究，而本研究处理时，采用了定性与定量并行的研究方法，访谈法对定量检验结果进行了深入的补充与阐释，揭露了隐藏在现象背后的问题。本研究以数据为依托，以理论为支撑，用事实作检验，构成了立体的三维研究框架，在研究方法上进行了新的探索。

5.5.3.2　研究视角

以往的研究很少关注教师培训政策的激励作用，本研究以其为切入点，通过对教师培训政策同工作积极性关系的研究，对其予以证明，使得二者之间的关系更明确。同时，也对教师培训政策的激励作用予以证实。

5.5.3.3　研究结论

本研究通过中介效应模型的检验，发现了教学效能感在教师培训政策与工作积极性的关系中起部分中介作用。本研究既是对政策成效的肯定，也为教师工作积极性的提高找到了新的途径。

5.5.4 研究局限与未来展望

5.5.4.1 研究局限

根据已有研究不难发现，教师的心理状态与工作状态是一个不断发展变化的过程，同时受到多种因素的影响。本书为了更清晰地阐明变量间的关系，采用了横断面研究，也就是研究中小学教师的教师培训政策、教学效能感和工作积极性的现况与有关因素在某一时刻的关系，是相对静态的研究方式，虽然将关系梳理清楚，但缺少动态的追踪，因而在研究结果上难免有一定局限性。这是横断面研究固有的缺陷。

另外，访谈材料的分析和提炼受个人知识结构与能力的影响，难免有些片面和主观。

5.5.4.2 未来展望

针对本研究的局限，研究者也提出一些改善措施，对未来作一些展望。

首先，由于所有的数据都是自我报告的，可能会出现常见的共同方法偏差。为了避免这个问题，在未来的研究中，可以引进观察法和先进的心理测评仪器，如 Baker 等开发的 JD–R 网络测评系统，以实时反馈教师的工作积极性，或者学生、家人等对教师各个方面的补充式访谈等，对教师们的现状进行更全面细致的分析，通过研究结果更好地对政策进行评价。

其次，为了弥补横断面研究的缺陷，将来的研究可以将横断面研究与纵向研究相结合，采用追踪调查方法，以多个时间点的数据为依据，动态而全面地了解变量个体状况与各变量之间的关系变化。

再次，基于目前的研究结果，可以进一步探索教师培训政策的执行和收获对教师工作积极性的哪些维度产生影响，进一步细化路径图。

最后，在访谈中，教师们都提到了他们最期待的激励是待遇的提高，教师待遇与教师工作积极性的关系可以成为新的研究问题。

第6章

乡村振兴背景下县域义务教育教师工作积极性的现状及影响因素研究

6.1　县域义务教育教师工作积极性现状与研究假设

6.1.1　总体现状

从总体情况来看，已有研究普遍发现教师工作积极性处于中等偏上水平。如李敏（2019）利用《中学教师工作投入感五点量表》调查我国东中西部城市和乡镇中学教师的工作积极性，发现被调查教师的总体积极性处于中等偏上水平（均分为3.518分）。[①] 陈国明等（2019）在调研中发现，区县层级教师对工作较为满意，工作积极性处于中等偏上水平（高于总分均值）。[②] 就乡村教师来看，张彩云等（2017）研究发现，乡村教师工作积极性处于中等偏上水平[③]；但也有学者发现，乡村教师的工作积极性偏低，如关桓达等（2010）认为，1/3的中西部地区乡村中学教师处于对工作极不满意的状态，工作积极性偏低。[④] 基于此，针对本章的第一个研究问题，提出研究假设——

H1a：县域内义务教育教师工作积极性整体处于中等偏上水平。

---

① 李敏.中学教师工作投入感的现状及成因研究——基于我国13省市调查数据的实证分析［J］.教师教育研究，2019，31（5）：94–99.

② 陈国明，胡惠闵.教研员工作投入：结构、现状与影响因素的研究［J］.全球教育展望，2019，48（3）：60–77.

③ 张彩云，傅王倩.我国乡村教师工作满意度及其影响因素的实证研究［J］.当代教育科学，2017（7）：60–64，80.

④ 关桓达，赵正洲.中西部地区农村中学教师工作满意度实证研究———基于对586名农村中学教师的调查［J］.农业技术经济，2010（6）：66–73.

6.1.2 异质性分析

在异质性方面，已有研究发现教师工作积极性在城乡、性别、教龄、学历、职称等方面存在差异。

其一，在城乡差异方面，许多调查显示城区教师工作积极性高于乡镇教师。例如，武向荣（2022）研究发现，城区、镇区和乡村教师的工作积极性指数依次降低，城乡差异非常显著（F=16.715，p<0.001）。[①] 基于此，针对本章的第一个研究问题，提出研究假设——

H1b：县域内城乡教师工作积极性存在异质性，城区、镇区以及乡村教师工作积极性水平依次递减。

其二，教师个体特征。第一，在教师的性别上，女性教师的奉献、专注水平显著高于男性教师。第二，在教师编制上，研究显示有编制的教师工作积极性显著高于无编制的教师，尤其在专注维度上。第三，在教师职称上，研究显示不同职称的教师在教师工作积极性上存在显著差异，且随着职称的升高而升高。[②] 第四，在教龄[③] 上，一些学者认为教师工作积极性与教龄呈现U形关系，即年轻教师的工作积极性最高，其次是教龄在25年以上的年长教师，中年教师的工作积极性最低。[④] 可能的解释是刚步入职场的年轻教师对于拥有一份相对稳定的工作较为满意，职业生涯刚刚开始，充满了新鲜感，因此工作积极性也较高；随着教龄的增长，中年教师受到职称评聘、职业倦怠和生活压力等多方面因素的影响，工作积极性有所下降；而年长教师因为拥有较高的成就和满足感，工作也较积极。第五，在学历上，大部分研究显示，学历越高，教师工作积极性越高。第六，在学段上，小学教师的工作积极性高于初中教师。[⑤] 第七，在收入差异方面，年收入高的教师群体的工作积极性显著高于年收入低的教师群体。

6.1.3 县域义务教育教师工作积极性的影响因素

6.1.3.1 工作要求

多数研究显示，工作要求会阻碍教师投入工作。比如，当工作负荷、时间控制、情感要求、公众的负面评价等工作要求越高时，教师对资源生态环

---

① 武向荣.哪些关键因素影响了乡村教师工作满意度［J］.教育与经济，2022，38（2）：62–69，96.

② 陈国明，胡惠闵.教研员工作投入：结构、现状与影响因素的研究［J］.全球教育展望，2019，48（3）：60–77.

③ 由于教龄与年龄的相关性很大，因此本研究选取与工作关系更加密切的教龄这一变量进行研究。

④ 李敏.中学教师工作投入感的现状及成因研究——基于我国13省市调查数据的实证分析［J］.教师教育研究，2019，31（5）：94–99.

⑤ 武向荣.义务教育教师工作满意度影响因素的实证研究［J］.教育研究，2019，40（1）：66–75.

境的感知越倾向于负面，越能感知到资源损失的威胁，从而工作积极性越容易降低。[①]就指标而言，多数学者用工作时间来表示工作要求。究其原因，以教师工作时间为切入点，能有效还原教师的工作常态，提供了探讨教师工作负担真实状况的独特视角。[②]根据经合组织的定义，教师工作时间指教师花费在学校中的时间，包括教学时间与非教学时间。[③]许多学者研究发现，工作时间过长对教师工作积极性具有显著负向影响，如 Bakker 等（2007）认为，教师工作时间过长会直接加重教师负担，从而打破教师的生活平衡，降低教师工作积极性，甚至引起职业倦怠。[④]Skaalvik 等（2009）认为，时间压力会通过教师的情绪衰竭，进而间接影响教师的工作极性。[⑤]穆洪华等（2016）和蔡永红等（2013）认为，目前教师的工作时间过长、工作负担普遍过重是导致教师工作积极性不高的根本原因。[⑥⑦]基于此，针对本章的第二个研究问题，提出研究假设——

H2a：工作要求越高，教师工作积极性越低。

有学者专门针对乡村教师的工作时间开展了研究。第一，在工作时长方面，杜屏等（2020）、赵新亮等（2019）发现，乡村教师的工作时间明显高于县城学校的教师。如赵新亮（2019）通过调研我国 23 个中西部地区省份 2117 位教师发现，乡村教师每天工作 9.27 小时，县城教师每天工作 8.64 小时。[⑧]第二，在时间分配方面，用于管理班级行政事务等非教学的时间更多，挤占了教学研究的时间，这不利于发挥其教书育人的核心职业功能。[⑨]第三，乡村

---

① Montgomery C Ru. A Meta–analysis for exploring the diverse causes and effects of stress in teachers［J］. Canadian Journal of Education / Revue Canadienne de L’éducation，2005，28（3）：458.

② 刘乔卉，裴淼. 中小学教师的时间困境——基于 T 市中学教师的混合研究［J］. 教育学术月刊，2021（6）：76–82.

③ 中央教科所教师发展研究中心. 中国中小学教师发展水平不断提升［N］. 中国教育报，2009–11–30.

④ Bakker A B，Hakanen J J，Demerouti E，et al. Job resources boost work engagement，particularly when job demands are high［J］.Journal of Educational Psychology，2007，99（2）：274–284.

⑤ Skaalvik，Einar M，Sidsel S. Does school context matter? Relations with teacher burnout and job satisfaction.［J］. Teaching and Teacher Education，2009，25（3）：518–524.

⑥ 穆洪华，胡咏梅，刘红云. 中学教师工作满意度及其影响因素研究［J］. 教育学报，2016，12（2）：71–80.

⑦ 蔡永红，朱爱学. 中学教师职业倦怠现状及其组织影响因素研究［J］. 教育研究与实验，2013（6）：29–33.

⑧ 赵新亮. 我国乡村教师队伍建设的实践困境与对策研究——基于全国 23 个省优秀乡村教师的实证调查［J］. 现代教育管理，2019（11）：81–87.

⑨ 杜屏，刘斌. 乡村教师多劳多得吗？——乡村教师的工作时间与工资的关系探究［J］. 教师教育研究，2020，32（3）：98–106.

教师工作时间长、非教学时间占比大会显著降低其工作积极性。①

6.1.3.2 工作资源

回顾已有研究，对于影响教师工作积极性的工作资源因素进行了深入的探讨，不同研究之间互证，在二分法和三分法下形成研究共识，即教师工作资源越丰富，教师工作积极性越高。基于此，针对本章的研究问题二，提出研究假设——

H2b：工作资源越丰富，教师工作积极性越高。

综观已有分类方法，其中二分类法包括教师个体因素和工作特征因素，三分类法包括个体背景因素、个体心理因素和组织与环境因素。笔者发现已有研究忽视了宏观层面如政策保障因素的影响。根据武向荣（2019）的观点，政策保障对教师工作积极性的影响处于较高水平，是影响教师工作积极性的关键因素。②考虑到教师工作积极性受多层变量的共同影响，本章将在社会生态系统理论框架下，构建多层次影响因素模型，按照宏观、中观和微观这一分类标准对影响教师工作积极性的工作资源因素进行分类，并分别探讨宏观层面的政策保障因素，中观层面学校情境中的学校管理风格、师生互动、教师专业协作因素以及家庭情境因素，微观层面的教师个人心理资本因素对教师工作积极性的影响。

（1）宏观因素——政策保障

政策保障体系包括政策支持、资金扶持与风险保障等。③针对教师群体，保障条件包括教师的收入待遇、职业发展、职称晋升等，相应地以教师工资政策、教师培训政策、教师职称评聘政策等体现出来。武向荣（2019）研究发现，教师的政策保障感知对其工作积极性的正向影响效应处于较高水平。④李玲等（2020）和韦吉飞等（2018）的研究发现，评价以及待遇政策的保障力度关系到乡村教师队伍是否留得住、教得好。⑤⑥

---

① 翟晓雪．教学工作时间对农村教师工作积极性的影响研究［D］．东北师范大学，2017.

②④ 武向荣．义务教育教师工作满意度影响因素的实证研究［J］．教育研究，2019，40（1）：66–75.

③ 知网．知识概念元库［EB/OL］．http://concept.cnki.net/search_result.aspx?w=%E6%94%BF%E7%AD%96%E4%BF%9D%E9%9A%9C.

⑤ 李玲，李伟．乡村教师队伍建设政策协同性评价研究［J］．南京师大学学报（社会科学版），2020（1）：43–54.

⑥ 韦吉飞，刘达．多元城镇化中新生代乡村教师“经济杠杆”激励效应研究［J］．教师教育研究，2018，30（6）：67–74.

教师职称评聘政策关乎教师的薪酬待遇、专业发展和自我效能感，在国家实施的一系列关于教师的政策中占据重要地位。对于乡村教师而言，国家在职称评聘上一直努力向乡村学校倾斜，并竭力增加乡村学校中高级岗位的数量，以期实现县域内城乡学校教师岗位结构比例总体平衡。总体来看，这一政策在激发教师工作积极性、提升教师队伍稳定性方面发挥了积极作用。[①]教师工资包括岗位工资、薪级工资、绩效工资和津贴补贴四部分。其中岗位工资、薪级工资和绩效工资中的基础性绩效工资均与教师的职称挂钩，职称越高工资越高，且不同职称之间相差较大。不同的是，绩效工资的多寡除了与职称相关，还与教师所教课时量、教学成果等相关。有研究表明，该政策的实施实现了县域内教师工资水平的大体均衡，且对教师教育教学行为有正向促进作用，调动了教师的工作积极性。[②]教师培训政策对提升教师的专业理念、知识与技能等都具有重要作用。例如，薛海平等（2012）研究发现，教师培训可以调整教师的职业心态、反思教育观念与教学行为、丰富教学技巧，在一定程度上提升教师的工作积极性。[③]特别是对于乡村教师而言，能够开阔他们的教育眼界、提升他们的专业发展水平。我国目前实施的国培、省市县级培训以及校本培训，在更新教师教育教学理念、提升教师教学技能等方面起到了举足轻重的作用。基于此，针对本章的第二个研究问题，提出研究假设——

H2b1：政策保障越强，教师工作积极性越高。

（2）中观层面

由于教师职业本身带有很强的情境性，比如地域情境、学校情境等，情境不同得出的结论往往有很大差别，因此，要探究教师工作积极性的影响因素，应该深入教育实践情境进行调查。[④]就学校情境来说，许多学者研究发现，学校管理风格、教师之间的相互协作、师生互动等因素对教师工作积极性的影响较为显著。

① 庞丽娟，杨小敏，金志峰．乡村教师职称评聘的困境、影响与政策应对［J］．教师教育研究，2019，31（1）：31–36.

② 秦玉友，曾文婧，许怀雪．绩效工资政策的预期实现了吗？——12省义务教育教师绩效工资实施状况调查［J］．教育与经济，2019，35（5）：52–61.

③ 薛海平，陈向明．我国中小学教师培训质量调查研究［J］．教育科学，2012，28（6）：53–57.

④ 陈纯槿．中学教师工作满意度影响因素的实证研究——基于PISA2015教师调查数据的分析［J］．教师教育研究，2017，29（2）：41，84–91.

①学校的管理风格。

学校管理风格作为一种工作资源，是影响教师工作积极性的组织情境变量。本研究聚焦于民主的学校管理风格。民主的学校管理风格通常指学校领导营造民主开放的氛围，在学校的日常活动中广泛征求学校教师的意见并给予教师支持。

已有的很多研究表明，民主的学校管理风格、制度文化对教师的工作积极性具有正向影响。根据社会信息加工理论，民主的学校管理风格可通过引导下属的感知影响其工作态度和行为，从而增强个人的工作积极性，同时提升团队的绩效。[①]比如，陈玉琨（1999）认为，领导对教师专业发展的重视和支持，以及教师参与学校管理对其工作积极性起着非常明显的积极作用。[②]徐志勇等（2011）研究发现，学校文化认同、人本导向的组织文化氛围对学校效能以及教师的工作积极性具有显著影响[③]。李梅（2013）研究发现，学校领导对教师的重视与支持、学校的管理风格对教师的工作积极性均会产生积极影响。[④]对于乡村学校来说，乡村校长领导力、学校文化氛围对教师工作积极性有显著正向影响。[⑤]基于此，针对本章的第二个研究问题，提出研究假设——

H2b2：学校管理风格越民主，教师工作积极性越高。

②人际支持。

教师在工作中获得的人际支持作为一种工作资源，对教师的工作积极性会产生正向影响。人际支持包括领导、同事、学生、家长以及家人等的支持。[⑥]鉴于教师所处的组织情境以学校为主，学校又以班级和办公室为主，上文已经就学校管理风格进行了探讨，现就学校中教师之间的专业协作以及课堂中的师生互动开展探究。

---

① Schaufeli W B，A B Bakker. Job demands，job resources，and their relationship with burnout and engagement：A multisampling study［J］. Journal of Organizational Behavior，2004，25（3）：293–315.

② 陈玉琨. 教育评价学［M］. 北京：人民教育出版社，1999.

③ 徐志勇，张东娇. 学校文化认同、组织文化氛围与教师满意度对学校效能的影响效应：基于结构方程模型（SEM）的实证研究［J］. 教育学报，2011，7（5）：116–128.

④ 李梅. 中小学新教师工作满意度影响因素的实证研究［J］. 教师教育研究，2013，25（5）：17，43–48.

⑤ 贺文洁，李琼，穆洪华. 学校文化氛围对乡村教师工作满意度的影响：教师能动性的中介作用［J］. 教师教育研究，2018，30（3）：39–45，128.

⑥ 李敏. 中学教师工作投入感研究［D］. 华东师范大学，2015.

第一，教师专业协作。

研究显示，教师专业协作对教师工作积极性具有极其显著的正向影响，尤其在高工作要求的情形下，来自同事的专业协作支持具有更为重要的意义。[①]对新教师而言，与同事之间的有效合作，尤其是启蒙导师的引导，对工作积极性有显著正向影响。[②]教师所处学校组织中的人际气氛因子与教师的工作积极性显著正相关，是教师工作积极性的较好预测变量。[③]需要关注的是，也有研究显示人际消耗与冲突对我国教师工作积极性的侵蚀较为严重[④]，因此，在学校场域内应把握好教师专业协作的“度”，发挥教师专业协作的优势。

第二，师生互动。

多数研究显示，师生互动作为一种教育教学过程中的工作资源，对教师工作积极性具有显著正向影响。[⑤]究其原因，不少学者认为教师在与学生的互动过程中，可以与其建立情感联结，释放积极情绪，提升教师的情感积极性。因此师生互动可作为工作中的一种资源。比如，李敏（2015）认为，教学的吸引力在于与学生的互动并享受学生成就所带来的内在回报。[⑥]叶澜（1997）认为，课堂上的互动对师生双方具有双向影响，不仅具有“认识功能”，而且具有“生命价值功能”。课堂教学对于教师而言，是其职业生活中最日常的构成部分；对于学生而言，是其学校生活中最基本的构成部分。教师在课堂教学中与学生的互动质量将直接影响其工作积极性、专业水平的发展甚至体现其生命价值。[⑦]高晓文等（2018）认为，教师在师生互动中会充分释放积极情绪，保持与学生的亲近感，与学生建立深厚的情感联结，而这种在师生互动中形成的情感联结有助于提升教师的工作积极性，尤其是情感积极性。也有

① 申艳娥，张雅园.工作资源对中小学教师工作投入的影响：工作要求的调节作用［J］.杭州师范大学学报（自然科学版），2017，16（5）：476-481.

② 李梅.中小学新教师工作满意度影响因素的实证研究［J］.教师教育研究，2013，25（5）：17，43-48.

③ 周丽丽.小学组织气氛与教师工作投入及其关系研究［J］.教育学术月刊，2009（2）：51-53.

④ 张轶文，甘怡群.中文版Utrecht工作投入量表（UWES）的信效度检验［J］.中国临床心理学杂志，2005（3）：268-270，281.

⑤ Runhaar P，Konermann J，Sanders K. Teachers' organizational citizenship behavior：Considering the roles of their work engagement，autonomy and leader-member exchange［J］.Teaching and Teacher Education，2013（30）：99-108.

⑥ 李敏.中学教师工作投入感研究［D］.华东师范大学，2015.

⑦ 叶澜.让课堂焕发出生命活力——论中小学教学改革的深化［J］.教育研究，1997（9）：3-8.

部分研究显示，当班级处境不利的学生占比较高、问题学生占比较大时，教师很容易在师生互动过程中被消磨工作积极性。[①]基于此，针对本章的第二个研究问题，提出研究假设——

H2b3：师生互动对教师工作积极性有显著正向影响。

③家庭因素。

工作组织和家庭是个体生活的两个重要场域。研究发现，家庭因素对员工的工作积极性具有间接影响，即合理平衡工作和家庭的关系，有助于家庭生活满意度的提高，进而影响员工的工作状态。[②]这得益于“溢出—交叉”理论（spillover-crossover theory）的支持。比如，Rothbard（2001）研究发现，对于女性而言，家庭中的积极情感有利于提高其对工作的专注程度。

针对教师群体，Moskal 等（2016）认为，县域内教师对于亲子团聚的期待和照料子代的责任也是影响工作积极性的主要变量，家庭的情感需求不可忽视。[③]赵新亮（2019）认为，相较于工资收入，照顾家庭、孩子以及个人专业发展需求是影响县域内教师尤其是乡村教师工作积极性的主要因素。[④]因此，对于那些居住在县城而工作在镇区以及乡村的教师来说，或许村庄—县城是一个刚刚好的距离，[⑤]既可以满足日常生活中的紧密互动，又可以平衡好家庭与工作之间的冲突。

（3）微观层面——个人心理资本[⑥]

心理资本是一种个体可控的、内在的积极心理状态或资源。一方面，可以在个体工作过程中补充能量、激发动机以提高个体的工作积极性；另一方面，个体的心理资本会受到组织的影响，如组织的领导风格、组织气氛、组织支持等，从而促使个体在组织中提高工作积极性。基于拓展后的工作要求—资源理论，工作资源中加入了包括个体心理资源在内的个体特征变量，如自我效能感、基于组织的乐观和自尊等要素。其中，自我效能感是备受关

① 高晓文，于伟 . 教师情感劳动初探［J］. 教育研究，2018，39（3）：94-102.

② Sonnentag Sabine.Reciprocal relations between recovery and work engagement：The moderating role of job stressors［J］.Journal of Applied Psychology，2012，97（4）：842-853.

③ Moskal M，Tyrrell N. Family migration decision-making，step-migration and separation：Children's experiences in European migrant worker families［J］. Children's Geographies，2016，14（4）：453-467.

④ 赵新亮 . 提高工资收入能否留住乡村教师——基于五省乡村教师流动意愿的调查［J］. 教育研究，2019，40（10）：132-142.

⑤ 白美妃 . 撑开在城乡之间的家——基础设施、时空经验与县域城乡关系再认识［J］. 社会学研究，2021，36（6）：45-67+227.

⑥ 个体资源与心理资本概念类似，包括乐观、基于组织的自尊和自我效能感等因素。

注的个人心理资本变量，因此基于拓展后的理论，其可作为个人层面的工作资源要素。班杜拉（2006）将自我效能定义为一个人在特定环境中对组织和执行能力的信心以及取得成功的信念。[①]Jschannen–Moran 和 Woolfolk Hoy（2001）将教师自我效能感定义为教师对学生参与和学习带来期望结果的能力的判断，是教师对自己的教育教学水平以及对学生学习行为和素养等方面影响能力的一种主观判断和感受。庞丽娟等（2005）认为，教师自我效能感与教师的工作动机、努力程度和情绪波动密切相关，会影响教师对工作目标的选择以及工作积极性。[②]刘莉莉等（2020）认为，教师自我效能感是在学校的特定组织中预测教师工作积极性的重要变量。[③]许多学者认为，自我效能感越高的教师，工作积极性也越高（Skaalvik & Skaalvik，2014；Burić & Macuka，2018；Granziera & Perera，2019）[④⑤⑥]基于此。针对本章的第二个研究问题，提出研究假设——

H2b4：教师自我效能感越高，工作积极性也越高。

6.1.3.3　影响教师工作积极性的关键性因素

当前学术界对教师工作积极性的影响因素进行了较为细致的研究，但是对影响教师工作积极性的首要因素研究较少，且对于城乡之间首要因素的差异比较研究也较少。而精准探究决定城乡教师工作积极性的首要因素有助于识别出需要优先关注的群体以及需要特别关注的因素，从而精准解答决定城乡教师工作积极性的独特因素的问题，以有助于精准施策。

第一，关于影响教师工作积极性的首要因素的问题，如果将影响因素分为外在因素和内在因素，前者包括社会经济地位、工作条件、学校制度等，后者包括教师的学历、个人期望、自我效能感、成就感等。一些学者认为，

---

① Bandura，A.Adolescent development from an agentic perspective［J］.Self–efficacy Beliefs of Adolescents，2006（5）：1–43.

② 庞丽娟，洪秀敏．教师自我效能感：教师自主发展的重要内在动力机制［J］．教师教育研究，2005（4）：43–46.

③ 刘莉莉，孔曼．变革型领导力与教师组织承诺的关系研究——教师自我效能感的中介效应分析［J］．华东师范大学学报（教育科学版），2020，38（7）：97–105.

④ Skaalvik E M，Skaalvik S. Teacher self–efficacy and perceived autonomy：Relations with teacher engagement，job satisfaction，and emotional exhaustion［J］. Psychol Rep，2014，114（1）：68–77.

⑤ Burić I，Macuka I. Self–efficacy，emotions and work engagement among teachers：A two wave cross–lagged analysis［J］. Journal of Happiness Studies，2018，19（7）：1917–1933.

⑥ Granziera H，Perera H N. Relations among teachers' self–efficacy beliefs，engagement，and work satisfaction：A social cognitive view［J］. Contemporary Educational Psychology，2019（58）：75–84.

外在因素比内在因素对教师工作积极性的影响更大[①②]，比如，武向荣（2022）认为，政策保障、学校资源短缺是制约教师工作积极性的关键因素。[③]陈纯槿（2017）通过夏普利值分解法发现，学校物质资源短缺对教师工作积极性的影响是最大的，其影响程度远远大于教师性别、教龄等个体层面的因素。[④]笔者认为，鉴于教师这份工作的专业性、复杂性、示范性等特点，表现最明显的是对自身教学水平、对学生学习行为以及成就表现的影响力的主观感知。另外，结合研究中预访谈收集到的资料，笔者认为，相较于外部因素，教师个人的内在因素对教师工作积极性的影响更大。基于此，针对本章的第三个研究问题，提出研究假设——

H3a：相较宏观因素和中观因素，微观因素对教师工作积极性的影响更大。

第二，从对城区教师和乡村教师的异质性比较分析来看，有学者认为，对于城区教师来说，学校管理是影响其工作积极性的首要因素；对于镇区、乡村教师来说，政策保障是影响其工作积极性的首要因素，而在所有的政策保障因素中，他们尤其看重职称政策的合理性，并且十分重视自己在学校评职称时的参与度以及公平性。[⑤]另外，对于处于生存线上的镇区、乡村教师来说，教师的工资收入也是影响其工作积极性的重要因素，当月收入达到5000元时，首要的影响因素就从政策保障变为学校管理。[⑥]

也有学者持不同的观点，赵新亮（2019）认为，工资待遇因素并不是影响乡村教师工作积极性的最主要因素，[⑦]教师培训、教师奖励和教师职务等关于个人专业发展的因素对于其工作积极性的影响更大，因为他们对于个人专业发展以及职业成长的需求更强烈。还有许多从中师走出来的乡村教师认为，

---

① Card D. Inequality at work：The effect of peer salaries on job satisfaction［J］. The American Economic Review，2012，102（6）：2981–3003.

② Okpara John O，Pamela Wynn. The impact of ethical climate on job satisfaction，and commitment in nigeria：Implications for management development［J］. The Journal of Management Development，2008，27（9）：935–950.

③⑥ 武向荣.哪些关键因素影响了乡村教师工作满意度［J］.教育与经济，2022，38（2）：62–69，96.

④ 陈纯槿.中学教师工作满意度影响因素的实证研究——基于PISA2015教师调查数据的分析［J］.教师教育研究，2017，29（2）：41，84–91.

⑤ 武向荣.义务教育教师工作满意度影响因素的实证研究［J］.教育研究，2019，40（1）：66–75.

⑦ 赵新亮.我国乡村教师队伍建设的实践困境与对策研究——基于全国23个省优秀乡村教师的实证调查［J］.现代教育管理，2019（11）：81–87.

他们积极工作的动力不单单是教学绩效和薪酬，更多源自对生养他们的乡村、与他们有着千丝万缕血缘和地缘关系的子孙后代的责任心，源自帮助乡村贫困孩子走出大山、走出乡村、出人头地的信念。[①]基于此，针对本章的第三个研究问题，提出研究假设——

H3b1：对城区学校教师来说，学校管理风格对其工作积极性影响更大。

H3b2：对镇区以及乡村学校教师来说，政策保障尤其是职称评聘政策、教师培训政策对其工作积极性的影响较大。

6.1.4　县域义务教育教师工作积极性的影响机制

在探究不同层面的因素对教师工作积极性的影响以及分析关键影响因素的基础上，进一步探讨县域内义务教育教师的工作积极性的影响机制。从政府的教育发展战略角度来讲，政策保障是影响教师工作积极性的主要因素。有研究者发现，政策保障条件对教师工作积极性的影响达到了非常高的水平，不仅对教师工作积极性产生直接影响，还通过教师对学校管理的感知对教师的工作积极性产生间接影响。[②③]具体来看，首先，政策保障能显著正向预测学校的支持感知；其次，政策保障通过学校的管理支持间接影响教师的工作积极性，即教师对政策的保障程度越认可，感知到的学校的支持水平就越高，从而产生较高的工作积极性。根据社会生态系统理论，各系统相互作用，不断与个体发生着联系和互动。相应地，宏观系统中的政策保障会作用于中观系统中的学校因素，进而作用于微观系统中的教师工作积极性。

一些研究者探究了教师个人心理资本在工作资源和教师工作积极性之间的中介作用。[④]如熊猛等（2014）发现心理资本在学校管理风格与教师工作积极性之间起到中介作用；[⑤]有研究者发现，专业效能感在工作资源与工作积极性之间具有显著的中介作用。究其原因，个体觉知到的可用于完成工作任务

① 王成龙，高珺.生命历程视角下乡村教师家庭教育观念的变迁研究［J］.河北师范大学学报（教育科学版），2018，20（2）：67–73.

② “全国教育满意度测评研究”课题组，田慧生，曾天山，等.基础教育满意度实证研究［J］.教育研究，2016，37（6）：31–42.

③ 武向荣.义务教育教师工作满意度影响因素的实证研究［J］.教育研究，2019，40（1）：66–75.

④ Bakke，Arnold B. Job resources boost work engagement，particularly when job demands are high［J］. Journal of Educational Psychology，2007，99（2）：274–284.

⑤ 熊猛，叶一舵.心理资本：理论、测量、影响因素及作用［J］.华东师范大学学报（教育科学版），2014，32（3）：84–92.

的资源越多，其专业效能感也越高，相应地，个体的工作积极性也越高。基于此，针对本章的第四个研究问题，提出研究假设——

H4：政策保障因素不仅对教师工作积极性有直接影响，还通过学校管理风格、教师自我效能感对教师工作积极性产生链式中介作用。

6.1.5 对已有研究的述评

通过回溯既有研究，有以下几点发现。

①教师工作积极性量表不够本土化且主要借鉴企业员工的工作积极性量表。第一，已有研究大多仅对国外的量表进行简单修订，缺乏真正适合中国社会文化背景的、具有中国特色的自编量表。第二，工作积极性量表能否从企业员工推广应用到其他职业还需进一步探讨。目前研究运用的量表大多是直接将企业员工的量表应用到其他职业。而每个职业都有其自身的特点，能否直接推广使用还需进一步考察。因此，本研究从工作积极性的概念出发，根据教师的职业特点并结合我国注重集体主义等特点，专门设计了相对本土化的教师工作积极性量表。

②教师工作积极性影响因素。当前多数研究从个人资源、工作特征等角度展开，影响因素模型缺少政策保障这一关键变量，而从宏观因素下沉到中观因素以及微观因素的研究更为稀少。基于此，本研究在宏观层面加入了政策保障因素的作用探讨；另外，结合教师的教学工作是一项情感劳动的特点，探讨师生互动因素对教师工作积极性的作用。

③已有研究较少探讨影响教师工作积极性的关键因素，并且很少聚焦县域内分城区、镇区和乡村教师的工作积极性的影响因素的异质性。探索包括乡村教师在内的县域内教师的个体积极性以及组织积极性的独特影响因素对于县域内教师队伍建设的精准施策意义深远。因此，本研究将在研究不同层面因素对教师工作积极性影响的基础上，进一步探究何种因素对教师工作积极性影响更大，以及县域内分城乡教师工作积极性的独特影响因素。

④影响机制。已有关于对教师工作积极性的研究多遵循工作特征→个人心理资本→工作积极性的研究路径，但是聚焦到县域内义务教育教师，在探究其工作积极性的影响机制时，政策保障因素的作用不容忽视。由于教师的实际工作具有情境性，因此本研究将探讨政策保障因素通过学校情境下的管理风格以及教师自我效能感对教师工作积极性的影响。

6.2　研究设计

6.2.1　数据来源

采用混合研究中的三角互证设计，同时收集教师工作积极性的量化与质性数据，整合两种数据进行解释①，既对量化和质性分析结果进行比较，也可以用质性分析的结论来验证或扩充量化分析无法解释的信息。②

6.2.1.1　问卷调查

问卷数据来源于 2021 年全国教育规划课题“中小学教师激励政策”对于我国东中西部 7 个省份、22 所学校、1449 名教师的调研数据。研究采取方便抽样、分层抽样的方法，选取了我国东部的河北省、北京市、广东省，中部的山西省、湖北省、江西省以及西部的云南省 7 个省份进行调研，兼顾城市、县城和乡村教师样本。在进行数据清洗后保留有效问卷 1362 份，问卷回收有效率为 94.06%。根据研究问题保留了 12 个县域、20 所学校、1210 份教师问卷，其中 20 所学校包括 10 所城区学校、7 所镇区学校、3 所乡村学校。城区学校教师为 808 人，占比 66.78%；镇区学校教师为 266 人，占比 21.98%；乡村学校教师为 136 人，占比 11.24%。男教师 415 人，占比 34.30%；女教师 795 人，占比 65.70%。小学教师 544 人，占比 44.96%；初中教师 666 人，占比 55.04%。具体教师分布状况见表 6–1。

表 6–1　教师分布状况

变量	类别	样本量	占比（%）	变量	类别	样本量	占比（%）
性别	男	415	34.30	学段	小学	544	44.96
	女	795	65.70		初中	666	55.04
教龄	10 年及以下	241	19.92	职称	无职称	93	7.69
	11~20 年	252	20.83		三级教师	15	1.24
	21~30 年	544	44.96		二级教师	256	21.16
	31~40 年	171	14.13		一级教师	618	51.07
	40 年以上	2	0.17		高级教师	228	18.84

① 张绘. 混合研究方法的形成、研究设计与应用价值——对“第三种教育研究范式”的探析［J］. 复旦教育论坛，2012，10（5）：51–57.

② Morse J M.Approaches to qualitative–quantitative methodological triangulation［J］. Nursing Research（New York），1991，40（2）：120–123.

续表

变量	类别	样本量	占比（%）	变量	类别	样本量	占比（%）
学历	大学本科以下	258	21.32	是否担任班主任	否	706	58.35
					是	504	41.65
	大学本科（成人高等教育）	642	53.06	学校区域	城区	808	66.78
	大学本科（普通高等教育）	302	24.96		镇区	266	21.98
	硕士	8	0.66		乡村	136	11.24

6.2.1.2　访谈调查

问卷虽然比较详尽地调查了影响教师工作积极性的各种因素，但是还有很多独特且难以量化的因素无法明确以问卷的方式询问，比如：教师如何平衡家庭与工作的冲突？教师在专业上的协作以及在评职称时的竞争对教师工作积极性的影响是怎样的？因此，拟通过质性访谈与问卷资料相结合获得更加翔实的资料，使得研究更具情境性，更真实立体地展现出在乡村振兴背景下县域内义务教育教师的工作积极性的现状以及背后的影响因素、影响机制。

本研究调研时在每所学校选取不同性别、年龄、教龄、职称的 6~7 位教师进行线上线下相结合的半结构化访谈，共 40 名教师；另外，还与每所学校的校长进行半结构化访谈，时长在 40~60 分钟，以期深入了解影响教师工作积极性的各种因素以及影响机制等。根据访谈对象的异质性以及访谈文本的典型程度，本研究计划选取其中 13 份访谈资料进行编码分析，囊括 11 份教师访谈资料和 2 份校长访谈资料，以期通过教师视角以及校长视角更加真实全面地呈现县域内义务教育教师工作积极性的现状以及影响因素、影响机制，凸显教育的“在地化”以及访谈的“在场感”。访谈对象的基本信息如表 6–2 所示。

表 6–2　访谈对象的基本信息

角色	编码	性别	教龄	职称	学历	学段科目	学校区域
教师	HE–7–Z–7	女	23	一级	本科 *	小学语文	乡村
	HE–7–C–6	女	24	一级	本科	小学数学	乡村
	HU–3–Y–6	男	22	一级	本科	初中英语	县城
	HU–3–Q–6	女	18	高级	本科 *	初中英语	县城
	Y–11–Z–6	女	10	一级	本科	初中地理	县城
	HE–8–W–4	女	28	高级	本科 *	小学数学	县城
	HU–5–L–6	男	20	一级	本科 *	初中语文	县城

续表

角色	编码	性别	教龄	职称	学历	学段科目	学校区域
教师	HU–2–L–2	女	1	三级	本科	初中数学	县城
	HE–10–Z–1	男	19	一级	本科 *	小学数学	镇区
	HE–14–A–6	女	21	一级	本科 *	小学语文	镇区
	HU–1–C–7	女	3	二级	本科	初中语文	镇区
学校管理者	M–HE–10–L–6	男	—	—	—	—	镇区
	M–HU–5–H–4	男	—	—	—	—	县城

注：①编码的第一列字母代表学校所在地区，第二列数字是学校代码，第三列字母是教师姓氏，第四列数字是访谈问题大类。

②学历中的 * 代表本科（成人高等教育）。

6.2.2 研究工具

6.2.2.1 教师激励政策量表

借鉴已有学者的研究，将教师激励政策分为环境激励、职业发展激励以及经济激励三个维度，分别以职称评聘政策、教师培训政策、绩效工资政策文本中的内容来测量。问卷共 11 道题目，采用李克特五点计分法，1 代表“非常不符合”，5 代表“非常符合”，得分越高表示教师对政策保障的认可度越高。对该量表进行信度检验，总得分的 *Cronbach's* 系数 α=0.917，各维度得分为教师职称评聘政策 α=0.897，教师培训政策 α=0.812，绩效工资政策 α=0.826。说明该量表具有良好的信度。在效度检验中，*KMO* 检验值为 0.917，Bartlett 球形度检验值为 8636.53，且达到显著性水平（p<0.001），适合做因子分析。通过探索性因子分析发现该量表可提取 3 个因子，累计贡献率为 74.16%；通过验证性因子分析发现，χ^2/df=16.45、*RMSEA*=0.10、*CFI*=0.927、*NFI*=0.922、*NNFI*=0.901，说明该量表效度良好。

6.2.2.2 教师工作积极性量表

借鉴国内外的UWES–3、OCB's量表、Job and Organization Engagement 等量表，共设计 18 道题项，分为个人工作积极性和组织工作积极性两个维度，每一维度下又分为情感积极性和行为积极性。同样采用李克特五点计分法，1 代表“非常不同意”，5 代表“非常同意”，得分越高表示教师的工作积极性越高。对该量表进行信度检验，删除第 4、第 6、第 7、第 11 四道题后，总的 *Cronbach's* 系数 α=0.904，个人积极性维度得分 α=0.744，组织积极性维度得分 α=0.912，表明该量表的信度良好。在效度检验中，

KMO 检验值为 0.932，Bartlett 球形度检验值为 9070.23，且达到显著性水平（$p<0.001$），适合做因子分析。通过探索性因子分析发现该量表可提取 4 个因子，累计贡献率为 70.60%；验证性因子分析结果为 χ^2/df=6.32、*RMSEA*=0.066、*RMR*=0.021、*CFI*=0.958、*NFI*=0.951、*NNFI*=0.946，说明该量表效度良好。

6.2.2.3 师生互动量表

参考 Runhaar 等（2013）构建的 Motivating Interaction with Pupils 量表，在此基础上改编而成师生互动量表。问卷共包括三道题，1 代表“非常不同意”，5 代表“非常同意”，得分越高表示师生互动越多。对该量表进行信度检验，总的 *Cronbach's* 系数 α=0.866，说明该量表的信度良好。在效度检验中，*KMO* 检验值为 0.721，Bartlett 球形度检验值为 1897.65，且达到显著性水平（$p<0.001$），适合做因子分析。通过探索性因子分析发现该量表可提取 1 个因子，累计贡献率为 79.70%，说明该量表具有较好的效度。

6.2.2.4 学校管理风格量表

本研究借鉴了 Pažur（2020）构建的 DSL characteristics 量表，共 4 个题项，1 代表“非常不同意”，5 代表“非常同意”，得分越高表示学校管理风格越民主。在信度检验中，总的 *Cronbach's* 系数 α=0.887，说明该量表具有较好的信度。在效度检验中，*KMO* 检验值为 0.827，Bartlett 球形度检验值为 2725.49，且达到显著性水平（$p<0.001$），因此存在共同因素的可能性很大，适合做因子分析。通过探索性因子分析发现学校管理风格量表可提取 1 个因子，累计贡献率为 75.01%；验证性因子分析结果为 χ^2/df=20.86、*RMSEA*=0.12、*RMR*=0.019、*CFI*=0.985、*NFI*=0.985，说明该问卷的效度较好。

6.2.3 数据分析

6.2.3.1 量化分析方法

（1）变量界定与解释

1）被解释变量

本研究以“县域内义务教育教师工作积极性”为被解释变量。根据已有研究以及文献综述，将县域内义务教育教师的工作积极性界定为：县域范围内处于义务教育阶段的教师被教育教学工作所吸引，在日常与学生、同事、领导交往互动的过程中，不仅能对工作产生深深的认同感，还能以饱满的精神活力积极主动地投入工作，甚至在遇到工作中的阻碍因素时仍保持韧性，奉献于教育教学工作。采用李克特五点量表进行测量，关于问题的回答，1=非常不同意，2= 不太同意，3= 一般，4= 比较同意，5= 非常同意。具体的操作性定义以及问卷题项如表 6–3 所示。

表 6–3　教师工作积极性的测量

指标	维度	操作性定义	题项	题目来源
个人工作积极性	情感积极性	个人工作中表现出的活力、奉献、专注等积极情绪	1. 在工作中，我感到精力充沛	Schaufeli 等（2019）的 UWES–S 量表
			2. 我对自己的工作充满热情	
			3. 我沉迷于工作	
	行为积极性	个人在本职工作、与学生互动中表现出的积极行为	4. 工作的时候，我经常走神，会想其他的事情	Saks（2006）
			5. 我工作没完成就不会下班	May 等（2004）
			6. 只要有可能我就尽量不加班	
			7. 我不会让我的工作太辛苦	
			8. 我愿意为了学生做一些工作要求之外的工作	自编题目，参考 Klassen 等（2013）的 ETS 量表
			9. 在课堂上，我关注学生的感受和问题	
组织工作积极性	情感积极性	个人对组织工作表现出的积极情绪	10. 对我来说，参与学校的事务令我比较兴奋	Saks（2006）的 Job and Organization Engagement 量表
			11. 我不喜欢我们学校里发生的事	
			12. 我在我们学校中的积极性很高	
组织工作积极性	行为积极性	有益于其他个体的工作行为、有益于整个组织的工作行为	13. 如果有同事缺勤或者休息，我会主动承担他的任务	参考 Runhaar 等（2013）的 OCB's 量表
			14. 我会帮助工作繁重的同事	
			15. 即使没有人要求，我也会不遗余力地帮助新同事	
			16. 我自愿为我所处的部门做一些事情	
			17. 为了部门的共同利益，我会自愿执行任务	
			18. 我会留意学校内部的通知，以便随时了解情况	

2）解释变量

根据已有研究，结合工作要求—资源等理论，本章选取以下几类解释变量：工作要求用工作时间表示；工作资源主要用宏观层面的政策保障，中观层面用学校管理风格、师生互动以及教师个人层面的自我效能感来表示。

①工作要求。

参考已有研究，多用工作时间作为测量工作要求的典型指标[①②]。本研究也采用工作时间（小时 / 周）测量工作要求，工作时间越长，代表工作要求越高。参考王洁等（2018）[③]、杜屏等（2020）[④]、李琳琳[⑤]（2017）对于教师工作时间的分类，将教师工作时间分为教学 / 教研时间以及非教学时间。其中，非教学时间包括管理班级事务时间、处理行政事务时间（如填表、例会）以及其他工作时间。

②工作资源。

A. 宏观层面：政策保障

政策保障是政府在提供公共服务的过程中，通过政策制定、公共财政供给等方式提升公共服务水平，以满足公共服务对象的需求。[⑥]具体到教师群体，是政府通过出台政策、提供财政支持以保障教师的工作条件、提升教师的社会地位与收入待遇、提供专业发展机会等，比如近些年出台的教师绩效工资政策、职称评聘政策、教师培训政策。本研究选取教育部官网发布的部分政策文件原文[⑦⑧⑨]，在采取内容分析法进行分析后，通过一系列的转换范式将非

---

① Bauer G，Hämmig O. A critical review of the job demands-resources model：Implications for improving work and health［J］. Bridging Occupational，Organizational and Public Health，2014（4）：43–68.

② Skaalvik E M，Skaalvik S. Job demands and job resources as predictors of teacher motivation and well-being［J］. Soc Psychol Educ，2018（21）：1251–1275.

③ 王洁，宁波.国际视域下上海教师工作时间与工作负担：基于TALIS数据的实证研究［J］.教师教育研究，2018，30（6）：81–88.

④ 杜屏，刘斌.乡村教师多劳多得吗？——乡村教师的工作时间与工资的关系探究［J］.教师教育研究，2020，32（3）：98–106.

⑤ 李琳琳.时不我待：中国大学教师学术工作的时间观研究［J］.北京大学教育评论，2017，15（1）：107–119，190.

⑥ 武向荣.义务教育教师工作满意度影响因素的实证研究［J］.教育研究，2019，40（1）：66–75.

⑦ 教育部.关于义务教育学校实施绩效工资的指导意见［EB/OL］.http://www.moe.gov.cn/jyb_xwfb/s6052/moe_838/tnull_42745.html.

⑧ 教育部.关于深化中小学教师职称制度改革的指导意见［EB/OL］.http://www.moe.gov.cn/jyb_xxgk/moe_1777/moe_1779/201509/t20150902_205165.htmll.

⑨ 教育部.关于深化中小学教师培训模式改革全面提升培训质量的指导意见［EB/OL］.http://www.moe.gov.cn/srcsite/A10/s7034/201305/t20130508_151910.html.

结构化文本中的自然信息转换为以五点量表形式呈现、可以用来定量分析的结构化的信息形态①，同时也能从侧面反映教师对政策保障的感知。表6–4展示了根据政策文件制作的政策保障量表。

表6–4　政策保障量表

政策条文	非常不符合	不太符合	一般	比较符合	非常符合
1. 职称评聘评审标准合理，注重师德素养和教学业绩，减少对论文、学历的倾向，优先考虑农村教师					
2. 评价机制创新，同行专家加入职称评聘过程，评审过程公开透明					
3. 教师岗位空缺时，及时评聘，并严格按照个人申报、考核推荐、专家评审、学校聘用程序进行					
4. 学校采取集中培训、置换脱产研修、远程培训、组织名师讲学团和海外研修等多种有效途径进行教师培训					
5. 学校倡导小班教学，采取案例式、探究式、参与式等多种方式开展培训，鼓励教师自主选学					
6. 学校要求完善五年一个周期360学时的教师培训任务，建立教师培训管理档案，建立严格的教师培训学分管理制度					
7. 我的工资不低于当地公务员的平均工资收入水平					
8. 我认为目前我们学校绩效考核方案公平公正、公开透明					
9. 学校根据考核结果，遵循多劳多得原则，重点向一线教师、骨干教师和做出突出成绩的其他工作人员倾斜					
10. 绩效考核结果作为教师资格认定、岗位聘任、职务晋升、培养培训、表彰奖励等工作的重要依据					

B. 中观层面

a. 学校管理风格

本研究的学校管理风格是指在学校领导的管理下，营造民主开放的氛围，在学校的日常活动中广泛征求学校教师的意见并给予教师支持。在Pažur（2020）设计的学校民主型管理（Democratic School Leadership，DSL）五点量表的基础上重新设计了学校管理风格量表。具体题项如下：①领导帮助我理解个人目标与团队目标之间的关系；②在做一些与我相关的决策时，领导会征求我的意见；③领导相信我能处理复杂、困难的任务；④领导允许我按照

① 李钢，蓝石 . 公共政策内容分析方法：理论与应用［M］. 重庆：重庆大学出版社，2007.

自己的方式完成工作。

b. 师生互动

借鉴 Runhaar 等的观点，将师生互动定义为：作为一种工作资源，在教育教学情境中，教师通过与学生进行学业互动，维持良好的师生关系，从而激励其积极工作。借鉴 Runhaar 等（2013）构建的 Motivating Interaction with Pupils 量表，通过“良好的师生关系能够激励我工作”“相比非教学工作，教学工作本身更能激励我”“学生的学业进步能够激励我工作”题项对师生互动进行测量。

C. 个人层面：教师自我效能感

本研究对教师自我效能感的定义是：教师对自己的教育教学水平、课堂管理、学生学习参与和学习期望结果等方面影响能力的一种主观判断和感受。借鉴 Tschannen–Moran 和 Hoy（2001）的教师效能感（Teachers’Sense of Efficacy Scale，TSES）量表，将教师效能感分为教学策略效能感、课堂管理效能感和“学生参与效能感，分别以“在教学中，我相信我能够使用多样的评价方法”“我相信我能够安抚捣乱或吵闹等不遵守课堂纪律的学生”“我相信我能够让学生建立对学业的自信”来测量。

3）控制变量

控制变量分为个人层面和学校层面的变量。其中，个人层面包括性别、婚姻状况、学历、职称、教龄、是否担任班主任 6 个变量；学校层面包括学校类别（城区学校、镇区学校、乡村学校）、学校层级（初中、小学）2 个变量。

变量解释如表 6–5 所示。

表 6–5　变量解释

变量分类	变量名称	变量细分		变量描述
因变量	教师工作积极性	个人工作积极性		初始为定距变量，取值 1~5，得分越高积极性越高，取均值后为连续变量
		组织工作积极性		
自变量	工作要求	工作时间		连续变量，以小时 / 周来表示
	工作资源	宏观层面	政策保障：职称评聘政策、教师培训政策、教师绩效工资政策	连续变量，取值越高，政策保障越高
		中观层面	学校管理风格	连续变量，取值越高，学校管理风格越民主
			师生互动	连续变量，取值越高，师生互动越强
		微观层面	教师自我效能感	连续变量，取值越高，教师自我效能感越高

续表

变量分类	变量名称	变量细分	变量描述
控制变量	个人层面	性别	定类变量，男 =0，女 =1
		教龄	定序变量，0~10 年 =1，11~20 年 =2，21~30 年 =3，31~40 年 =4，40 年以上 =5
		婚姻状况	定类变量，未婚 =1，已婚及其他 =2
		学历	定序变量，本科以下 =1，大学本科（成人高等教育）=2，大学本科（普通高等教育）=3，本科以上 =4
		是否担任班主任	定类变量，是 =1，否 =0
		职称	定序变量，没有职称 =1，三级教师 =2，二级教师 =3，一级教师 =4，高级教师 =5
	学校层面	学校类别	定类变量，城区学校 =1，镇区学校 =2，乡村学校 =3
		学校层级	定类变量，小学 =0，初中 =1

（2）模型构建：多元回归模型

以教师工作积极性 Y_i 为因变量，分为个人工作积极性和组织工作积极性，构建如式（6–1）所示多元回归模型：

$$Y_i=b_0+b_1T+b_{21}P_1+b_{22}P_2+b_{23}P_3+b_3M+b_4I+b_5E+b_6A+b_7S+\varepsilon \qquad (6\text{–}1)$$

其中，i 代表样本个体，T 代表工作时间、P_1 代表教师职称评聘政策、P_2 代表教师培训政策、P_3 代表教师绩效工资政策、M 代表学校管理风格、I 代表师生互动、E 代表教师自我效能感、A 代表教师个人层面的控制变量，S 代表学校层面的控制变量，ε 代表误差项，b_0 代表常量，b_n（n=1，21，22，23，3，…，7）代表各自变量对因变量的边际影响，系数为正代表该变量对被解释变量有正向影响，系数为负代表该变量对被解释变量有负向影响。

（3）夏普利值分解法

为进一步考察上述因素哪一类因素对教师工作积极性的影响最大，引入夏普利值分解方法。首先分析教师工作要求、工作资源哪类因素对教师工作积极性的影响更大；其次分析工作资源中宏观、中观、微观哪类因素对教师工作积极性影响更大；最后分析每个维度下细分的变量对教师工作积极性的贡献如何，如在政策保障因素中，教师职称制度、教师培训制度与教师绩效工资制度哪个制度影响更大。影响因素的分层分类如图 6–1 所示。

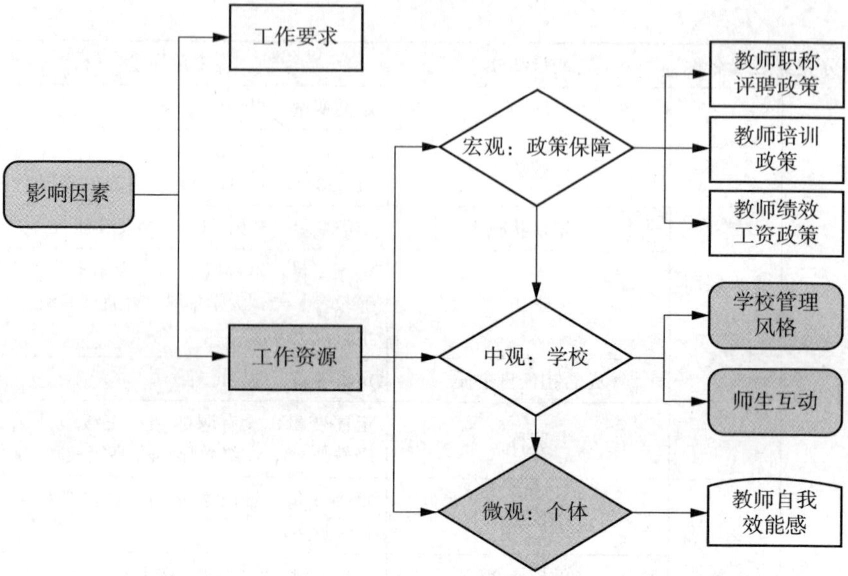

图 6-1　影响因素分层分类

（4）影响机制分析

借鉴已有研究对教师工作积极性的影响机制的探讨，本研究以政策保障为自变量 *X*，探究其对教师工作积极性 *Y* 的直接效应以及通过学校管理风格 *M*、教师自我效能感 *E* 影响教师工作积极性的间接效应，构造从宏观到中观再到微观个体的链式影响机制模型，具体路径如图 6-2 所示。

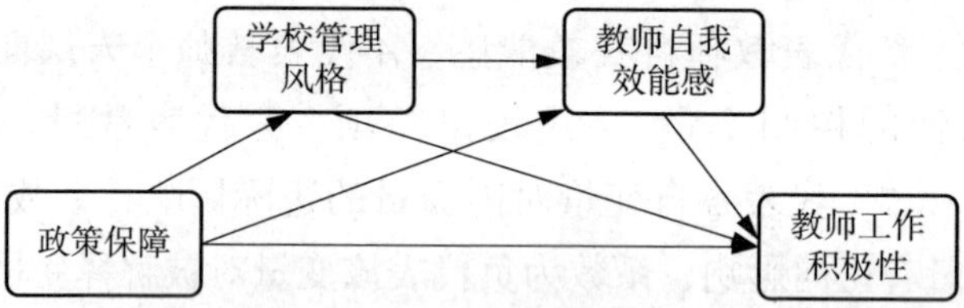

图 6-2　影响机制

6.2.3.2　质性分析方法

对访谈文本采用类属分析和情境分析法进行分析。第一，针对教师工作积极性的影响因素，运用类属分析法对访谈资料中反复出现的相关概念进行归类分析，对问卷中未涉及的因素加以补充，深锚教师工作积极性背后的动力，比如在预访谈中一些乡村教师提到的“留住乡愁”，以及在平衡家庭与工作时对“安居抑或乐业”的抉择，均是问卷中未涉及的内容且难以进行量化研究。第二，运用情境分析法，对研究对象所处的自然情境中事件发生的线索以及重要事件进行描述分析，如探究教师工作积极性的变化以及重要节点事件的影响。

6.2.4　研究技术路线图

本研究围绕四个研究问题及相关假设，在工作要求—资源理论、社会生态系统理论框架下，通过混合研究方法研究县域内义务教育教师工作积极性的现状、影响因素和影响机制。具体的研究思路以及研究方法如图 6–3 所示。

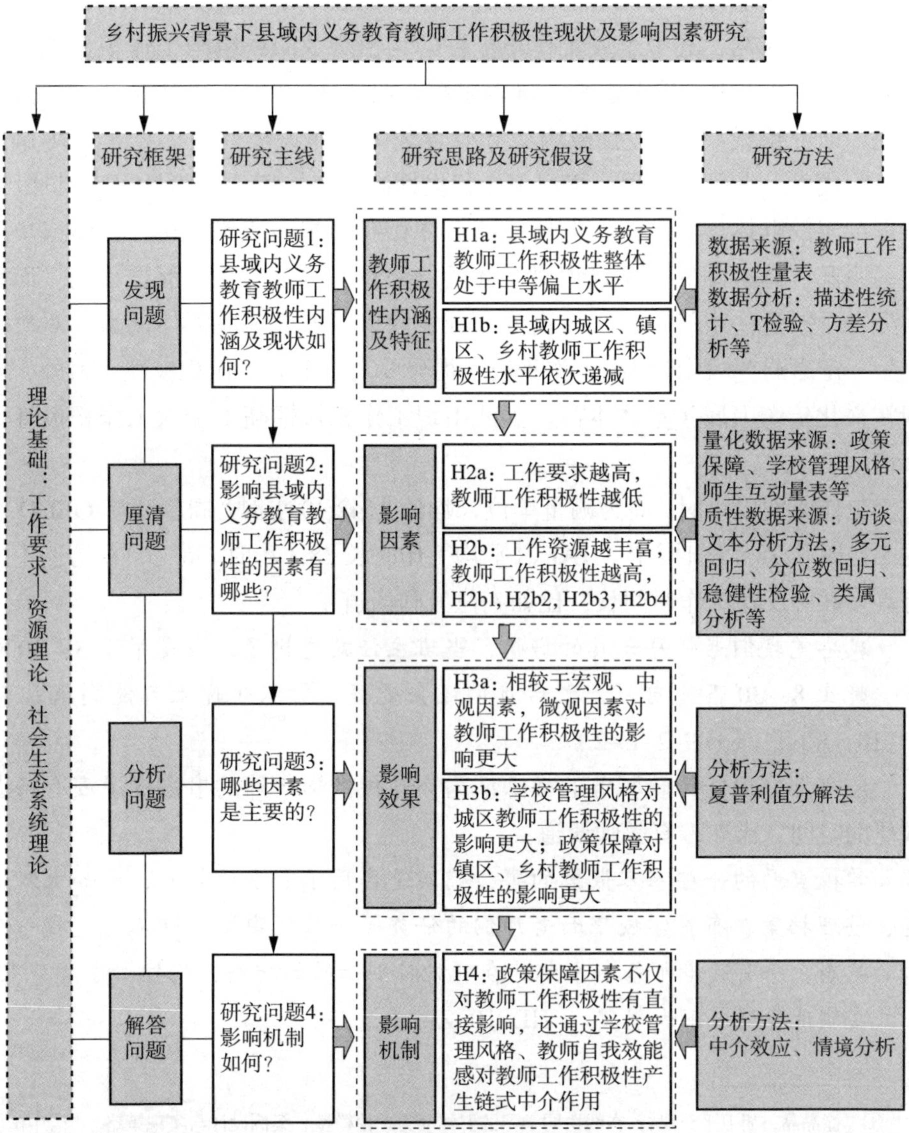

图 6–3　研究技术路线

6.3 研究结果

6.3.1 描述性统计

6.3.1.1 样本整体情况

本研究样本整体的描述性统计分析结果如表 6–6 所示。教师工作积极性平均得分为 3.78，其中个人工作积极性的均值为 3.54，组织工作积极性均值为 4.01，均处于中等偏上水平（量表采用五点计分，以 3 分为中值进行比较）。由此，研究假设“H1a：县域内义务教育教师工作积极性整体处于中等偏上水平”成立。本研究显示，组织工作积极性高于个体工作积极性，究其原因：根据勒温的群体动力理论，群体间的个体相互影响和依赖，这种群体成员间的关系和群体氛围的变化过程对个体的行为和态度具有直接促进作用。而教师处于学校这一组织中，学校内的领导、同事等形成一股群体动力，对教师产生一定影响[①]，因此组织工作积极性得分要高于个人工作积极性；另外，我国在文化传统上属于集体本位，因此组织工作积极性高于个人工作积极性也在情理之中。

工作时间以小时 / 周为测量单位，均值为 42.40 小时 / 周，高于 OECD 平均工作时长 38.8 小时 / 周、TALIS 平均工作时长 38.3 小时 / 周。[②] 在访谈中也有许多教师反映工作时间长，比如一位教师谈道：

我感觉我们老师每天真的好忙，当班主任就更忙了，我是早上 5：30 起来，晚上 8：30 下晚自习，之后我们还去查寝，所以我晚上可能到家就 9：30~10：00 了。（HU–2–L–2）

还有部分担任行政职务的教师认为，各种教学之外的事占据了安心备课教研的时间。比如，有教师谈道：

学校里面的一些零零散散的事，确实是占用了太多的时间，比如上级检查、整理档案、布置学校里面老师们的任务等一系列事情。这不光是我一个人的状态，所有的老师基本上都处在一种特别忙碌的状态，想把心思静下来、扎扎实实地备课，不太现实。（HE–10–Z–1）

① 徐晶晶，胡卫平，逯行.在线协同学习的群体动力理论模型、案例设计与实现策略［J］.中国电化教育，2022，422（3）：81–89.

② 数据来源：TALIS 2018 Database。

由此可见，教师工作时间长、工作负担大的情况非常普遍。因此，减少非必要的事务、减轻教师工作负担，让教师将主要精力放到教育教学上，回归教书育人的角色本位至关重要。

其余几个采用五点量表进行测量的关键解释变量如职称评定政策、教师培训政策、绩效工资政策等均值均在 3 分以上。

表 6–6　样本整体状况的描述性统计

变量	工作积极性	个人工作积极性	组织工作积极性	工作时间	职称评定政策	教师培训政策	绩效工资政策	教师自我效能感	师生互动	学校管理风格
均值	3.78	3.54	4.01	42.40	3.67	3.78	3.15	4.31	4.51	3.79
标准差	0.56	0.55	0.66	13.12	0.97	0.86	0.82	0.61	0.57	0.84

6.3.1.2　样本异质性分析

对本研究样本进行分城乡、性别、学历、教龄的异质性分析。

①分城乡的样本分析结果如表 6–7 所示，县域内城区、镇区以及乡村学校教师的工作积极性存在显著差异。从均值来看，无论是个人工作积极性还是组织工作积极性，排序均为城区 < 镇区 < 乡村。由此，研究假设“H1b：县域内城区、镇区、乡村教师工作积极性水平依次递减”不成立。

表 6–7　教师工作积极性的分城乡比较

项目	个人工作积极性		组织工作积极性	
	均值	标准差	均值	标准差
城区	3.47	0.54	3.91	0.65
镇区	3.58	0.54	4.06	0.62
乡村	3.89	0.48	4.49	0.56
F 值	37.36***		49.93***	

注：*** 表示 p 值在 0.1% 水平上显著。

究其原因，就本研究收集的不同地区的样本量来说，其中城区 808 名教师，而镇区和乡村教师共 402 名，样本代表性仍值得商榷。另外，一方面，可能与国家的相关政策补贴和福利待遇倾斜有关；另一方面，笔者认为从情感维度来看，乡村教师普遍认可乡村较为淳朴的民风，深受乡土情怀的影响，同时在熟人社会里进行社交活动，乡村教师容易产生较高的群体归属感，且学生家长普遍尊师重教，乡村教师身上多了一份责任，因此工作也更加负责、积极性更高。

也有学者专门针对乡村教师展开研究，探讨为何他们能扎根乡村教育大地。研究发现，教师的职业认同感、教师信念、终身学习的自我驱动力对乡村教师扎根乡村教育具有重要影响，当然也离不开校长对办学行动的支持以及家长和学生的广泛认可，其中最为关键的是学校内外部专业共同体的引领，因为这些专业共同体可以为乡村教师打开超越自己工作环境、通往更广阔的教育世界的一扇窗。如此种种因素，构成了支持乡村教师保持高度的工作积极性、扎根乡村的教育生态圈。①

在访谈中，也有一些乡村教师表达了类似的看法，认为教育情怀、作为教师的职业道德、学生家长均为邻里乡亲、在“熟人社会”里的高认可度、乡土情怀对他们坚守在乡村大地干教育起到关键作用。比如，一些老师谈道：

我觉得教师这份工作，除了是我们生存的职业，还有我们的职业道德、教育情怀在支撑着。因为你的工作对象是人，人和人之间是有感情的，而且像我们面对的学生家长最起码是村里的父老乡亲，孩子的未来就基本上掌握在我们手里。（HE–7–C–6）

我们乡下孩子没有那么多活动和途径，他们只能靠读书走出农村，好多都是留守儿童，每周五你会看到一些上了年纪的老人骑着三轮车冒着冷风来接学生，很心疼这些老人和孩子们。（Hu–1–C–7）

我觉得激励我积极工作的因素主要有以下几点。一是我对教师这个行业的热爱；二是我很喜欢孩子，尤其是低年级的孩子；三是社会认可，我认为当老师很光荣，虽然乡村教师的社会认可度并不高，但大部分家长对老师是比较尊重的，当我走在大街上有好多家长跟我打招呼，我觉得还是很开心的；四是我们学校的校长为人处世真的很不错，是一名很亲切的校长，并且我们学校的老师都是来自我们村的，就算有矛盾也不会斤斤计较，这些都会激励我的工作。（HE–7–Z–7）

随着乡村振兴战略的实施，乡村教师也被赋予了新的时代特征，一改传

① 白芸，李家成.扎根乡村大地的教育研究——乡村班主任研究者的自述［M］.上海：上海交通大学出版社，2020：20–30.

统教书匠的单一角色，成为兼具专业性和公共性的“新乡贤”①②③，这在一定程度上提升了乡村教师的工作积极性。

②分性别的样本分析结果如表 6–8 所示。女教师的个人工作积极性显著高于男教师，但组织工作积极性差别不大，这与以往学者研究结果较为吻合。

表 6–8　教师工作积极性的分性别比较

项目	个人工作积极性		组织工作积极性	
	均值	标准差	均值	标准差
男	3.53	0.57	4.00	0.67
女	3.55	0.54	4.01	0.65
F 值	3.65*		1.83	

注：* 表示 *p* 值在 1% 水平上显著。

③分学历的样本分析结果如表 6–9 所示。以往研究多呈现出学历越高，教师工作积极性越高的结果。但本研究发现，在教师个人工作积极性中，学历为大学本科（成人高等教育）的教师最高，其余则呈现出学历越高，工作积极性越低的现象；在组织工作积极性中，更是呈现出随着学历的升高，教师工作积极性下降的趋势。究其原因，本研究聚焦县域内的学校，相较于大城市提供的各项待遇来说略显弱态；另外，也从侧面反映只有那些真正热爱且适合从事教育教学工作的人进入教育行业后才会保持较高的工作积极性，而学历在招聘教师时不应成为唯一衡量标准，这给教育管理部门招聘教师提供了一定的参考。

表 6–9　教师工作积极性的分学历比较

项目	个人工作积极性		组织工作积极性	
	均值	标准差	均值	标准差
大学本科以下	3.55	0.54	4.08	0.63
大学本科 （成人高等教育）	3.57	0.54	4.04	0.64

① 赵秋倩，夏显力，王进.逆城镇化、乡贤回归与乡村振兴——基于浙中X村的田野调查［J］.重庆大学学报（社会科学版），2022，28（1）：54–64.

② 周晔，何畔.乡村振兴中乡村教师的新乡贤角色——公共性视域的考论［J］.教育研究，2023，44（4）：12–22.

③ 白亮.乡村教师新乡贤角色：历史图景与现实幻象［J］.教育研究，2023，44（4）：35–43.

续表

项目	个人工作积极性		组织工作积极性	
	均值	标准差	均值	标准差
大学本科（普通高等教育）	3.49	0.56	3.89	0.68
硕士	2.96	0.55	3.19	0.81
F 值	4.55**		9.06***	

注：**、*** 分别表示 *p* 值在 0.5%、0.1% 水平上显著。

④分教龄的样本分析结果如表 6-10 所示。不同教龄的教师工作积极性存在显著差异。在个人工作积极性中，均值最高的是从教 31~40 年和 40 年以上的教师；在组织工作积极性中，得分最高的是从教 40 年以上的教师。在其他年龄阶段中，相较于青年教师，中年教师无论是个人工作积极性还是组织工作积极性均得分较高。

表 6-10　教师工作积极性的分教龄比较

项目	个人工作积极性		组织工作积极性	
	均值	标准差	均值	标准差
10 年及以下	3.47	0.53	3.81	0.67
11~20 年	3.55	0.55	4.02	0.63
21~30 年	3.53	0.57	4.04	0.66
31~40 年	3.65	0.50	4.18	0.60
40 年以上	3.65	0.85	4.63	0.18
F 值	2.99**		9.69***	

注：**、*** 分别表示 *p* 值在 0.5%、0.1% 水平上显著。

6.3.2　教师工作积极性的影响因素

6.3.2.1　*OLS* 回归结果

（1）基准回归结果

工作要求和工作资源对教师工作积极性的影响模型如表 6-11 所示。零模型为控制模型，控制变量包括教师性别、教龄、婚姻状况、学历、是否担任班主任、学校类别、学校层级。该模型结果显示，相对而言，女教师、教龄时间长、高学历、担任班主任、乡村教师、初中教师的工作积极性更高。模型 1 在零模型的基础上加入工作时间和工作资源，结果显示，教师工作时间对教师工作积极性影响不显著，推翻了研究假设“H2a：工作要求越高，教师工作积极性越低”。在加入了工作时间和工作资源变量后，婚姻状况和学校类别对工作积极性的影响不再显著，这说明不同婚姻状况、不同学校类别的教师工作积极性的差异主要是由工作资源的差异引起的，但具体是哪种资源有待进一步探讨。除此之外，在加入工作时间和工作资源变量后，学历、学校层级对教师工作积极性的影响效应变小了，表明控制工作时间和工作资源后，不同特征教师的工作积极性的差异基本变小。模型 2 在模型 1 的基础上，加入了教学 / 教研时间占比以及该比例的二次项。分析结果表明，二次项系数为负，工作时间项仍不显著，工作资源仍然对教师工作积极性有显著正向影响，由此验证了研究假设“H2b：工作资源越丰富，教师工作积极性越高”。

表 6–11　工作要求、工作资源对教师工作积极性的影响

变量	零模型	模型 1	模型 2
性别 （男 =0）	−0.034 （−0.95）	−0.034 （−1.38）	−0.031 （−1.25）
教龄	0.073*** （3.74）	0.076*** （5.43）	0.075*** （5.41）
婚姻状况	0.063* （1.76）	0.012 （0.45）	0.013 （0.51）
学历	0.033 （1.24）	0.010 （0.52）	0.010 （0.52）
是否担任班主任 （否 =0）	−0.024 （−0.72）	0.017 （0.7）	0.008 （0.32）
学校类别	0.305*** （5.26）	0.047 （1.1）	0.050 （1.17）
学校层级 （小学 =0）	−0.148*** （−3.75）	−0.075*** （−2.65）	−0.070** （−2.46）
常数项	3.138*** （23.85）	0.809*** （6.95）	0.519* （1.88）
工作时间	—	0.000 （0.21）	0.000 （0.00）
教学 / 教研时间占比	—	—	0.934 （1.35）
教学 / 教研时间占比的平方	—	—	−0.707 （−1.46）

续表

变量	零模型	模型 1	模型 2
工作资源	—	0.679*** （34.32）	0.676*** （34.07）
学校固定效应	YES	YES	YES
R^2_*adjust*	0.106	0.549	0.549

注：*、**、*** 分别表示 *p* 值在 1%、0.5%、0.1% 水平上显著。

（2）各层级下影响因素的回归

在做回归之前，为排除多重共线性的干扰，对所用到的各变量进行共线性诊断，结果如表 6–12 所示，所有变量的 *VIF* 值均 <5，故不存在共线性，可以做回归分析。

表 6–12　共线性诊断

变量	*VIF*	1/*VIF*
工作时间	1.03	0.972
职称评定政策	2.62	0.381
教师培训政策	2.58	0.388
绩效工资政策	2.41	0.415
教师自我效能感	2.19	0.456
师生互动	2.04	0.489
学校管理风格	2.25	0.444
均值	2.16	0.463

为进一步探讨宏观、中观、微观工作资源各因素对教师工作积极性的影响，分别做回归，结果如表 6–13 所示。模型 3 为不加学校固定效应的模型，以教师工作积极性作为因变量，将宏观层面的政策保障因素包括职称评聘政策、教师培训政策、绩效工资政策，中观层面的师生互动、学校管理风格，微观层面的教师自我效能感纳入模型中作为解释变量，结果发现政策保障因素中的三个变量均显著正向影响教师工作积极性，即教师职称评聘政策、教师培训政策、绩效工资政策对教师工作的保障度越高，教师的工作积极性越高，由此验证研究假设“H2b1：政策保障越强，教师工作积极性越高”。为排除不可测学校要素的干扰，模型 4、模型 5、模型 6 均引入了学校固定效应。其中模型 4 以教师工作积极性为因变量，模型 5 以教师个人工作积极性

为因变量，模型 6 以教师组织工作积极性为因变量，得到的结果如表 6–13 所示。在模型 4 中，学校管理风格和师生互动均显著正向影响教师工作积极性，即学校管理风格越民主、师生互动越多，教师的工作积极性越高。由此，研究假设“H2b2：学校管理风格越民主，教师工作积极性越高”，以及“H2b3：师生互动对教师工作积极性有显著正向影响”均成立。

表 6–13　回归模型结果

变量	模型 3	模型 4	模型 5	模型 6
工作时间	−0.001 （−0.34）	−0.001 （−0.31）	−0.002 （−1.02）	0.001 （−0.45）
职称评聘政策	0.044** （2.48）	0.044** （2.48）	0.044** （2.20）	0.044** （2.04）
教师培训政策	0.085*** （4.34）	0.085*** （4.34）	0.071*** （3.20）	0.100*** （4.17）
绩效工资政策	0.057*** （2.85）	0.058*** （2.86）	0.056** （2.47）	0.059** （2.41）
教师自我效能感	0.313*** （12.17）	0.313*** （12.16）	0.309*** （10.58）	0.318*** （10.17）
师生互动	0.189*** （7.13）	0.189*** （7.13）	0.173*** （5.76）	0.205*** （6.38）
学校管理风格	0.047** （2.52）	0.047** （2.51）	−0.008 （−0.35）	0.102*** （4.47）
性别	−0.041* （−1.66）	−0.041* （−1.66）	−0.038 （−1.36）	−0.044 （−1.47）
教龄	0.057*** （4.14）	0.057*** （4.14）	0.024 （1.54）	0.090*** （5.39）
婚姻状况	0.003 （0.13）	0.004 （0.16）	−0.020 （−0.71）	0.028 （0.92）
学历	0.000 （0.00）	0.000 （0.01）	0.001 （0.05）	−0.001 （−0.02）
是否担任班主任	0.009 （0.37）	0.009 （0.40）	−0.014 （−0.54）	0.032 （1.16）
学校类别	0.072*** （3.76）	0.062 （1.49）	0.079* （1.67）	0.046 （0.90）
学校层级	−0.082*** （−2.98）	−0.081*** （−2.96）	−0.066** （−2.12）	−0.097*** （−2.89）
常数项	0.558*** （4.68）	0.561*** （4.67）	0.824*** （6.06）	0.298** （2.05）

续表

变量	模型 3	模型 4	模型 5	模型 6
样本量	1210	1210	1210	1210
学校固定效应项	NO	YES	YES	YES
$Adj.R^2$	0.578	0.572	0.434	0.546

注：*、**、*** 分别表示在 1%、0.5%、0.1% 水平上显著。

在访谈中，也有部分教师谈到学校管理风格以及师生互动对教师工作积极性的正向影响。比如，有教师谈道：

学校整体校风和管理风格是非常好的，我们学校老师都有共同的心愿，学校整体的发展也非常好，这在一定程度上对我们平时的工作以及评职称这些都是有益的。（H–T–Z–7）

如果学校是真的为了奖励那些非常优秀的人，为了让学校教师团队有一个良性的循环，营造大家共同做事的氛围，想必一定会产生好的影响的。（H–T–Y–3）

你要真心地跟他们（学生）说一句话，他们是能够懂的，他们确实是心知肚明的，他们愿意把自己的心思、想法告诉你，我觉得可能就是这些学生们最大的感激，或者是愿意融入这个班级，愿意去跟随你这个老师，愿意去上你的课，愿意学好这门科目，这在很大程度上激发了我的教学积极性。（HU–2–L–2）

（3）分样本回归

为进一步探讨不同学校类别教师工作积极性是否存在差异，进行二分维度下的分学校类别回归，结果如表 6–14 所示。其中个人工作积极性和组织工作积极性回归结果最大的不同是，在个人工作积极性方面，学校管理风格的影响不显著，而在组织工作积极性中，学校管理风格有显著正向影响。这需要基于“组织工作积极性”的含义来解释。本研究的教师组织工作积极性指教师处于学校组织中的积极性，包括有利于组织中其他个体以及整个组织的积极性。学校管理风格通过在学校组织内形成民主的氛围，进而影响教师在整个组织中的工作积极性，比如教师热衷参与学校的各项事务、乐于帮助同事、积极完成所在部门的任务等。

具体分学校类别来看，仅仅城区学校教师的工作时间对教师个人工作积极性存在显著负向影响，其余均不显著，因此研究假设“H2a：工作要求越高，教师工作积极性越低”只在城区学校教师的个人工作积极性这一子样本中是成立的。在政策保障方面，职称评聘政策仅对镇区教师起到显著的正向促进作用，培训政策、绩效工资政策仅对城区学校教师起到显著的正向促进作用。在中观层面，学校管理风格对镇区学校教师的个人工作积极性起显著负向作用，对城区学校教师的组织工作积极性起到显著的正向作用；师生互动对城区以及镇区学校教师起到显著的正向促进作用。在微观层面，无论是在哪个维度、哪个类别的学校，教师自我效能感均对教师工作积极性有非常显著的正向促进作用。因此，在分学校类别的分样本回归中也验证了研究假设 H2b 及其子假设基本成立。

表 6–14　分学校类别的分样本回归

变量	个人	城区	镇区	乡村	组织	城区	镇区	乡村
工作时间	−0.002 （−1.02）	−0.004* （−1.78）	−0.001 （−0.34）	0.006 （1.55）	0.001 （0.45）	0.001 （0.56）	−0.005 （−1.21）	0.005 （1.47）
职称评聘政策	0.044** （2.20）	0.008 （0.30）	0.117*** （2.95）	0.038 （0.66）	0.044** （2.04）	0.004 （0.15）	0.108** （2.56）	0.060 （1.10）
培训政策	0.071*** （3.20）	0.082*** （2.90）	0.057 （1.29）	0.050 （0.67）	0.100*** （4.17）	0.130*** （4.41）	0.042 （0.90）	0.075 （1.04）
绩效工资政策	0.056** （2.47）	0.087*** （3.03）	0.001 （0.02）	0.023 （0.29）	0.059** （2.41）	0.086*** （2.81）	0.021 （0.44）	0.097 （1.32）
教师自我效能感	0.309*** （10.58）	0.276*** （7.74）	0.380*** （6.63）	0.379*** （3.46）	0.318*** （10.17）	0.288*** （7.53）	0.347*** （5.69）	0.433*** （4.13）
师生互动	0.173*** （5.76）	0.169*** （4.52）	0.226*** （4.03）	0.087 （0.74）	0.205*** （6.38）	0.193*** （4.81）	0.291*** （4.88）	0.130 （1.15）
学校管理风格	−0.008 （−0.35）	0.018 （0.68）	−0.077* （−1.80）	−0.015 （−0.22）	0.102*** （4.47）	0.147*** （5.22）	−0.002 （−0.05）	0.010 （0.15）
性别	−0.038 （−1.36）	−0.083** （−2.44）	0.052 （0.87）	0.027 （0.29）	−0.044 （−1.47）	−0.088** （−2.42）	0.190*** （3.00）	−0.193** （−2.20）
教龄	0.024 （1.54）	−0.003 （−0.16）	0.100*** （3.12）	0.051 （1.09）	0.090*** （5.39）	0.064*** （3.00）	0.202*** （5.92）	0.036 （0.81）
婚姻状况	−0.020 （−0.71）	0.001 （0.02）	−0.027 （−0.41）	−0.094 （−1.19）	0.028 （0.92）	0.026 （0.70）	0.071 （1.03）	−0.022 （−0.29）
学历	0.001 （0.05）	−0.012 （−0.46）	0.052 （1.29）	−0.020 （−0.29）	−0.001 （−0.02）	0.008 （0.28）	0.015 （0.35）	0.042 （0.64）
是否担任班主任	−0.014 （−0.54）	−0.044 （−1.32）	0.060 （1.23）	−0.100 （−1.06）	0.032 （1.16）	0.057 （1.61）	−0.061 （−1.17）	0.013 （0.14）
学校类别	0.079* （1.67）	—	—	—	0.046 （0.90）	—	—	—

续表

变量	个人	城区	镇区	乡村	组织	城区	镇区	乡村
学校层级	–0.066** （–2.12）	–0.099*** （–2.64）	0.039 （0.64）	0.336 （0.79）	–0.097*** （–2.89）	–0.103** （–2.56）	0.040 （0.61）	0.134 （0.33）
常数项	0.824*** （6.06）	1.116*** （6.77）	0.228 （0.80）	1.331*** （2.99）	0.298** （2.05）	0.371** （2.10）	–0.025 （–0.08）	0.767* （1.81）
样本量	1210	808	266	136	1210	808	266	136
学校固定效应项	YES	YES	YES	YES	YES	YES	YES	YES
$Adj.R^2$	0.434	0.388	0.499	0.340	0.546	0.513	0.570	0.548

注：*、**、*** 分别表示在 1%、0.5%、0.1% 水平上显著。

（4）分位数回归

本研究采用 Bootstrap 方法对教师工作积极性进行分位数回归。表 6–15 为使用与基准回归相同变量时的分位数回归，列出了教师工作积极性在第 25 个、第 50 个、第 75 个分位点的回归结果。

表 6–15　分位数回归（一）

变量	*OLS*	θ =0.25	θ =0.50	θ =0.75
教龄	0.057*** （4.14）	0.077*** （3.80）	0.055*** （3.82）	0.039*** （3.06）
工作时间	0.000 （0.31）	–0.001 （–0.64）	0.000 （0.17）	0.002 （0.86）
职称评聘政策	0.044** （2.48）	0.075*** （3.46）	0.035 （1.32）	0.034 （1.46）
教师培训政策	0.085*** （4.34）	0.089*** （2.96）	0.091*** （3.50）	0.081** （2.55）
绩效工资政策	0.058*** （2.86）	0.054* （1.77）	0.064*** （2.77）	0.055** （2.44）
教师自我效能感	0.313*** （12.16）	0.351*** （8.94）	0.362*** （10.04）	0.371*** （10.41）
师生互动	0.189*** （7.13）	0.139*** （3.72）	0.166*** （5.12）	0.206*** （5.31）
学校管理风格	0.047** （2.51）	0.063** （2.22）	0.061** （2.13）	0.031 （1.44）
性别	–0.041* （–1.66）	–0.017 （–0.39）	–0.047 （–1.36）	–0.051* （–1.89）
婚姻状况	0.004 （0.16）	–0.009 （–0.24）	–0.020 （–0.76）	0.012 （0.60）

续表

变量	*OLS*	θ =0.25	θ =0.50	θ =0.75
学历	0.000 （0.01）	–0.005 （–0.17）	0.008 （0.36）	0.022 （0.93）
是否担任班主任	0.009 （0.40）	0.031 （1.04）	0.004 （0.12）	0.008 （0.38）
学校类别	0.062 （1.49）	0.058*** （2.63）	0.061*** （2.70）	0.042** （2.16）
学校层级	–0.081*** （–2.96）	–0.067* （–1.75）	–0.094*** （–2.73）	–0.092*** （–2.75）
常数项	0.561*** （4.67）	0.215 （1.25）	0.474*** （3.76）	0.582*** （4.57）
样本量	1210	1210	1210	1210
$Adj.R^2$	0.578	0.368	0.403	0.424

注：*、**、*** 分别表示在 1%、0.5%、0.1% 水平上显著。

图 6–4 展示了不同变量对不同分位点下教师工作积极性的边际影响。

第一，教龄。随着分位点的提高，教龄对教师工作积极性的影响基本上呈现下降的趋势。这说明，与教师工作积极性较高的群体相比，教龄对教师工作积极性较低群体的工作积极性边际影响更大。[①]

第二，职称评聘政策。随着分位点的提高，职称评聘政策对教师工作积极性的影响基本呈现下降趋势，并在第 50 个分位点处存在转折点，分位数回归结果斜率变小且数值小于基准回归结果。

第三，教师培训政策、绩效工资政策这两个变量对教师工作积极性的影响接近“倒 U 型”，在第 50 个分位点之前，随着政策保障水平的提升，教师工作积极性会提升，超过第 50 个分位点之后，政策保障水平的提升反而会削弱教师工作积极性。各分位点的系数与基准回归结果的系数相差不大，说明这两个政策对不同工作积极性水平的教师的影响差异不大。

第四，教师自我效能感。随着分位点的提高，教师自我效能感对教师工作积极性的影响呈现上升趋势。这说明与教师工作积极性较低的群体相比，教师自我效能感对教师工作积极性较高群体的工作积极性影响更大，并且不同分位点系数始终高于基准回归系数。

第五，师生互动。随着分位点的提高，师生互动对教师工作积极性的影

① 何军.代际差异视角下农民工城市融入的影响因素分析——基于分位数回归方法［J］.中国农村经济，2011（6）：15–25.

响呈现上升趋势。这说明与教师工作积极性较低的群体相比，师生互动对教师工作积极性较高群体的工作积极性影响更大。大概在第 60 个分位点处，随着教师工作积极性的提升，分位数回归的系数大于基准回归系数。

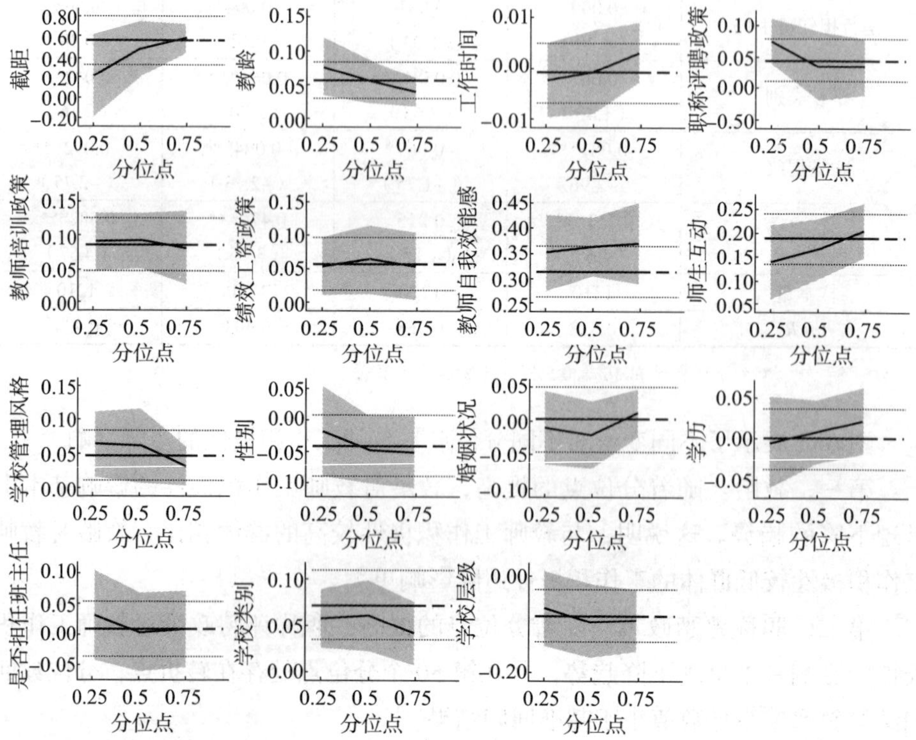

图 6–4　分位数回归结果（一）

注：①图中较粗的黑实线表示解释变量的 *OLS* 回归估计值，两条虚线之间的区域表示 *OLS* 回归估计值的置信区间（置信度为 95%）；绿色线条是解释变量的分位数回归结果，阴影部分是分位数回归估计值的置信区间（置信度为 95%）。

②横轴表示教师工作积极性的不同分位点，纵轴表示解释变量的回归系数。

第六，学校管理风格。在第 50 个分位点之前，随着分位点的提升，学校管理风格对教师工作积极性影响变化不大；当分位点超过 50 时，随着分位点的提高，学校管理风格对教师工作积极性影响呈现下降趋势。

为探究教师工资收入对不同工作积极性水平下教师工作积极性的影响，去除教龄变量，加入工资这一变量[①]重新构造模型，得到的分位数回归结果见表 6–16。为更清晰地解读不同分位点下教师工作积极性的影响因素的状况，

① 教师工资与教师职称共线性水平较高，通常教师职称越高，其工资水平越高。

展示如图 6–5 所示的结果。

第一，工资。随着分位点的提高，工资对教师工作积极性的影响基本呈现下降的趋势。这说明，与教师工作积极性较高的群体相比，工资对教师工作积极性较低群体的影响更大。

第二，绩效工资政策。与表 6–15 得到的结果不同的是，在该模型中随着分位点的提高，绩效工资政策对教师工作积极性的影响呈现下降的趋势。即绩效工资政策对教师工作积极性较低的群体比对教师工作积极性高的群体影响更大。

第三，教师自我效能感。无论教师工作积极性在什么水平，教师自我效能感对其影响差异不大。

表 6–16　分位数回归（二）

变量	*OLS*	θ =0.25	θ =0.50	θ =0.75
工资	0.219** （2.44）	0.329*** （2.59）	0.222** （2.11）	0.116 （0.97）
工作时间	−0.001 （−0.63）	0.000 （0.10）	0.000 （0.07）	0.001 （0.29）
职称评聘政策	0.060*** （3.56）	0.068*** （2.98）	0.052* （1.94）	0.029 （1.13）
教师培训政策	0.095*** （4.91）	0.068** （2.28）	0.084*** （3.60）	0.089*** （3.22）
绩效工资政策	0.324*** （12.56）	0.063** （1.97）	0.041 （1.47）	0.041* （1.92）
教师自我效能感	0.183*** （6.85）	0.382*** （9.08）	0.381*** （10.92）	0.381*** （9.89）
师生互动	0.059*** （3.35）	0.121*** （3.13）	0.176*** （5.46）	0.219*** （5.26）
学校管理风格	−0.058** （−2.37）	0.077** （2.24）	0.045 （1.64）	0.017 （0.77）
性别	0.022 （0.92）	−0.053 （−1.52）	−0.054* （−1.83）	−0.057** （−1.97）
婚姻状况	−0.027 （−1.61）	0.015 （0.49）	−0.001 （−0.05）	0.026 （1.18）
学历	0.010 （0.44）	−0.037* （−1.71）	−0.017 （−0.98）	−0.006 （−0.31）
是否担任班主任	0.084** （2.01）	0.007 （0.19）	0.001 （0.03）	0.015 （0.52）

续表

变量	*OLS*	θ =0.25	θ =0.50	θ =0.75
学校类别	−0.092*** （−3.32）	0.049 （1.56）	0.063*** （2.84）	0.044** （2.41）
常数项	−0.280 （−0.63）	−1.124* （−1.79）	−0.452 （−0.89）	0.166 （0.28）
样本量	1210	1210	1210	1210
Adj.R^2	0.571	0.362	0.400	0.422

注：*、**、*** 分别表示在 1%、0.5%、0.1% 水平上显著。

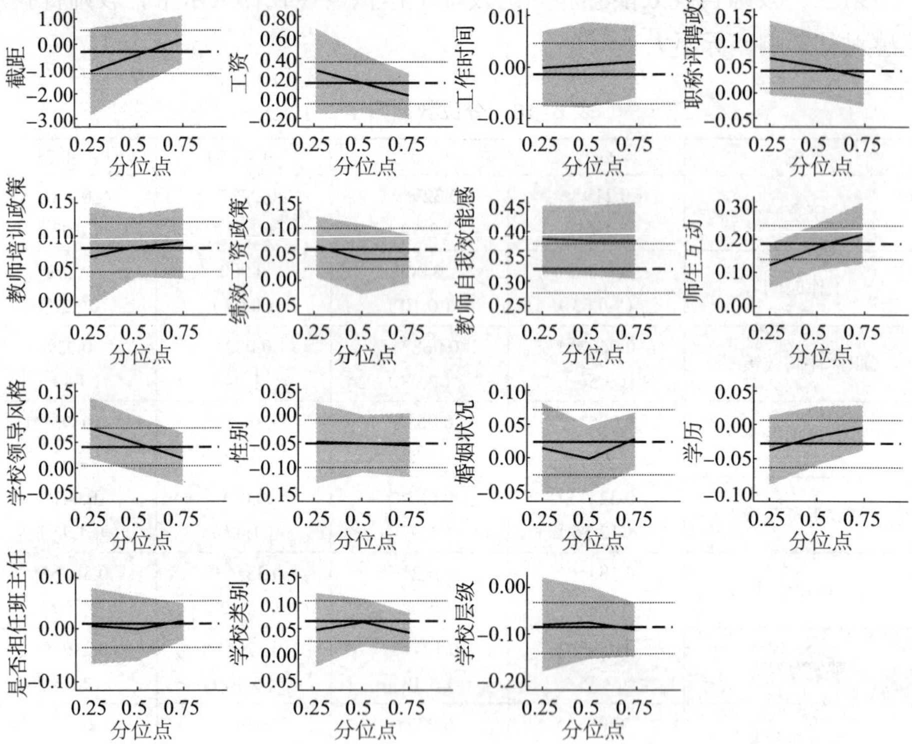

图 6–5　分位数回归结果（二）

6.3.2.2　稳健性检验结果

为检验回归结果的稳健性，采用加入控制变量、分样本回归、替换关键解释变量回归三种方法进行验证。

（1）加入控制变量

不加任何控制变量，以工作时间、职称评聘政策、教师培训政策、绩效工资政策、教师自我效能感、师生互动以及学校管理风格为解释变量，教师工作积极性为被解释变量构造模型，回归结果如表 6–17 模型 7 所示。模型 4 为加入性别、教龄、婚姻状况、学历、是否担任班主任、学校类别、学校层级后的回归结果，发现主要解释变量的显著性、作用方向均未变化，且影响效应大小变化不大，说明模型回归结果是稳健的。模型 8 在模型 4 的基础上加入了更多控制变量，包括劳动关系和是否兼任行政职务，发现回归结果仍然稳健。

表 6–17　稳健性检验（一）

变量	模型 7	模型 4	模型 8
工作时间	0.000 （0.14）	−0.001 （−0.31）	0.000 （0.26）
职称评聘政策	0.040** （2.25）	0.044** （2.48）	0.043** （2.44）
教师培训政策	0.082*** （4.13）	0.085*** （4.34）	0.085*** （4.34）
绩效工资政策	0.070*** （3.42）	0.058*** （2.86）	0.058*** （2.87）
教师自我效能感	0.339*** （13.13）	0.313*** （12.16）	0.313*** （12.12）
师生互动	0.185*** （6.92）	0.189*** （7.13）	0.189*** （7.10）
学校管理风格	0.038** （1.99）	0.047** （2.51）	0.046** （2.44）
性别	—	−0.041* （−1.66）	−0.036 （−1.39）
教龄	—	0.057*** （4.14）	0.060*** （4.21）
婚姻状况	—	0.004 （0.16）	0.006 （0.25）
学历	—	0.000 （0.01）	0.000 （0.02）
是否担任班主任	—	0.009 （0.40）	0.011 （0.48）
学校类别	—	0.062 （1.49）	0.061 （1.46）

续表

变量	模型 7	模型 4	模型 8
学校层级	—	−0.081*** （−2.96）	−0.077*** （−2.75）
劳动关系	—	—	0.008 （0.88）
是否兼任行政职务	—	—	0.003 （0.52）
常数项	0.611*** （6.63）	0.561*** （4.67）	0.530*** （4.28）
样本量	1210	1210	1210
学校固定效应项	YES	YES	YES
$Adj.R^2$	0.556	0.572	0.572

注：*、**、*** 分别表示在 1%、0.5%、0.1% 水平上显著。

（2）分样本回归

如表 6–18 所示，模型 9 为选择 795 名女教师的子样本回归结果，与模型 4 的回归结果在显著性、影响效应大小等方面基本一致；模型 10 为选择 706 名非班主任教师的回归结果，与模型 4 相比仍然稳健。

（3）替换关键解释变量回归

在表 6–18 中，模型 11 利用问卷中的相关变量对模型中的关键解释变量进行替换，其中，将工作时间变量替换为教学 / 教研时间占比，将教师培训政策变量替换为教师培训效果，发现结果仍然稳健。

表 6–18 稳健性检验（二）

变量	模型 4	模型 9	模型 10	变量	模型 11
工作时间	−0.001 （−0.31）	−0.003 （−1.56）	−0.003 （−1.25）	教学 / 教研时间占比	−0.021 （−0.24）
职称评聘政策	0.044** （2.48）	0.077*** （3.36）	0.048** （2.01）	职称评聘政策	0.065*** （4.04）
教师培训政策	0.085*** （4.34）	0.075*** （3.17）	0.073*** （2.76）	教师培训效果	0.112*** （5.59）
绩效工资政策	0.058*** （2.86）	0.048* （1.88）	0.053** （2.10）	绩效工资政策	0.056*** （2.83）
教师自我效能感	0.313*** （12.16）	0.315*** （9.83）	0.320*** （9.54）	教师自我效能感	0.296*** （11.37）

续表

变量	模型 4	模型 9	模型 10	变量	模型 11
师生互动	0.189*** （7.13）	0.158*** （4.83）	0.198*** （5.58）	师生互动	0.181*** （6.84）
学校管理风格	0.047** （2.51）	0.057** （2.30）	0.055** （2.28）	学校管理风格	0.040** （2.14）
性别	−0.041* （−1.66）	0.059*** （3.47）	−0.080** （−2.55）	性别	−0.048* （−1.96）
教龄	0.057*** （4.14）	−0.016 （−0.54）	0.052*** （2.93）	教龄	0.066*** （4.76）
婚姻状况	0.004 （0.16）	0.015 （0.64）	0.026 （0.81）	婚姻状况	0.007 （0.30）
学历	0.000 （0.01）	0.047 （1.60）	0.021 （0.84）	学历	0.001 （0.08）
是否担任班主任	0.009 （0.40）	0.041 （0.87）	−0.075** （−2.16）	是否担任班主任	0.006 （0.25）
学校类别	0.062 （1.49）	−0.056* （−1.76）	0.101*** （2.70）	学校类别	0.061 （1.50）
学校层级	−0.081*** （−2.96）	0.076 （1.13）	0.554*** （3.43）	学校层级	−0.062** （−2.25）
常数项	0.561*** （4.67）	0.591*** （4.06）	0.377** （2.14）	常数项	0.493*** （3.62）
样本量	1210	795	706	样本量	1210
学校固定效应项	YES	YES	YES	学校固定效应项	YES
Adj.R^2	0.572	0.574	0.538	Adj.R^2	0.577

注：*、**、*** 分别表示在 1%、0.5%、0.1% 水平上显著。

6.3.2.3　质性访谈资料的“反馈”

访谈资料对于教师工作积极性的影响因素有以下几点补充。

第一，超半数的教师提到教师专业协作、同事关系、启蒙导师对其的影响。比如，一位教学骨干教师谈道：

因为我们这第一批老师都是教学骨干，自律性很强，自发性地加班加点，后面调进来的老师都融入进去，因为氛围在这，所以他们的积极性也提上来了。（HE−8−W−4）

而新手教师则谈到启蒙导师的深远影响：

我的启蒙导师对我的教师工作影响是最大的。他经常鼓励我，总会给人非

常正能量的东西，要我勇于去承担一些责任。（HU–2–L–2）

第二，学校和家庭是教师的重要工作和生活的场域，鉴于个体时间、精力等资源的约束性，如何平衡位于“天平”两端的工作和家庭是新的问题。加之，目前教师群体以女教师为主，在传统的性别观念以及家庭观念中，已婚已育的女教师要分配更多的精力给家庭，这会对教师工作积极性产生什么影响呢？一位教师谈道：

如果教师既能够在单位中工作得开心，又有充裕的时间去经营家庭，是比较完美的。（HU–5–L–6）

还有教师谈到教师角色对家庭教育的隐性“福利”：

我要努力工作，可能不仅仅是为了钱，因为我还想给孩子做个榜样，孩子受大人的影响很大。（HU–3–Q–6）

对工作积极性影响因素进行排序的话，第一肯定是家庭因素，我觉得我当老师，以后在我子女的教育上可以起到帮助作用，对他们还是有用的。（Y–11–Z–6）

在问到教师关于上班通勤时间以及外出轮岗的问题时，部分教师谈道：

按我现在这个年岁，如果让我出去轮岗，或者一个月多给 1000 元，我宁愿不多要 1000 元，我就想要这种比较稳定的生活，因为上有老下有小的。（HE–14–A–6）

第三，关于不同层面的因素对教师工作积极性的影响，有一位教师谈得很到位：

有国家的政策在，我就觉得我的付出是能够被认可的，能够得到相应的回报；我讲好每一堂课，我认真准备的过程是可以被学生感受到的，也能够反馈到学生的考试成绩上，这也是能够被领导正向看待的。（Hu–1–C–7）

在问卷的基础上，我们通过质性访谈资料获取了一些难以量化的信息，对于影响教师教育教学生涯的重要因素以及教师对“安居抑或乐业”的权衡有了更深入的了解，在“经济人”和“社会人”、“理性人”和“感性人”之间，看到了更加多面化的教师群体。

6.3.3 教师工作积极性影响因素的贡献度

6.3.3.1 工作要求、工作资源对教师工作积极性的贡献分解

在 *OLS* 回归基础上对 R^2 进行分解，结果如表 6–19 所示。对教师工作积极性的影响贡献较大的是工作资源，占比达到 84.7%，而工作时间影响占比

仅为 0.50%，挑选控制变量中几个影响占比较大的变量如教龄、学校类别和学校层级进行接下来的分析。

表 6-19　夏普利值分解（一）

变量	*OLS*	夏普利值	贡献率（%）
工作时间	0.000 （-0.24）	0.003	0.50
工作资源	0.677*** （34.10）	0.468	84.7
性别	-0.035 （-1.34）	0.001	0.19
教龄	0.077*** （5.40）	0.014	2.60
婚姻状况	0.011 （0.45）	0.003	0.60
学历	0.010 （0.52）	0.003	0.57
是否担任班主任	0.016 （0.68）	0.002	0.35
劳动关系	0.007 （0.76）	0.00	0.09
是否担任行政职务	-0.001 （-0.13）	0.005	0.98
学校类别	0.075*** （3.85）	0.032	5.71
学校层级	-0.074** （-2.58）	0.020	3.71
常数项	0.779*** （6.47）	—	—
观测量	1210	—	—
Adj.R^2	0.552	—	—
求和	—	0.551	100

注：**、*** 分别表示在 0.5%、0.1% 水平上显著。

6.3.3.2　不同层面工作资源的贡献度分解

基于上述分析，接下来主要针对工作资源做进一步分解，看哪个层面的因素对教师工作积极性的影响更大。在 *OLS* 回归基础上对 R^2 进行分解，发现对教师工作积极性产生影响的因素中，贡献占比最大的是微观层面因素，占比达到 38.76%，即教师自我效能感对教师工作积极性的影响贡献最大。其次是中观层面因素，占比达到 29.05%。最后是宏观层面的政策保障因素，占比为 21.47%。

表 6-20　夏普利值分解（二）

变量	*OLS*	夏普利值	贡献率（%）
工作时间	0.00 （0.31）	0.002	0.37
宏观因素	0.156*** （8.34）	0.122	21.47
中观因素	0.191*** （6.59）	0.166	29.05
微观因素	0.364*** （15.77）	0.221	38.76
教龄	0.063*** （5.70）	0.016	2.83
学校类别	0.072*** （3.84）	0.025	4.43
学校层级	−0.068*** （−2.68）	0.018	3.09
常数项	0.645*** （6.82）	—	—
观测量	1210	—	—
$Adj.R^2$	0.57	—	—
求和		0.57	100

注：*** 表示在 0.1% 水平上显著。

访谈结果也有类似的发现。比如，一位教师谈道：

无论政策发挥什么作用，对我影响最大的可能还是学生，因为我觉得作为老师，爱生如子，是必须的，是作为一个老师最基本的素养；作为一个老师要对得起每一个学生，不是为了钱和职称，而是我站在讲台一天，我就要对得起家长，对得起孩子，我要对他们负责，纯粹是情怀。（HU-3-Y-6）

令笔者印象深刻的是被访教师谈到学生求知的眼神对自身教学的激励，比如有教师谈道：

我觉得对我工作积极性影响最大的是我的学生，孩子永远是孩子，他们是最单纯的，每次看到他们求知的眼睛就会激励我一定把课讲好，政策因素

是其次的。（Hu–1–C–7）

这节课备课特充分，这一堂课我也感觉讲得特别成功，感觉孩子们都特别可爱，看到孩子那种求知的小眼睛亮亮的，我就很有教学激情。（HE–14–A–6）

6.3.3.3　各层面下不同因素的贡献度

为进一步探究每一层面因素下哪个变量对教师工作积极性的影响较大，以及相较之下哪个因素对教师工作积极性的影响最大，将所有因素纳入回归模型中，并基于回归结果进行夏普利值分解，结果如表 6–21 所示。在宏观因素中，对教师工作积极性的影响贡献最大的是教师培训政策，在所有因素中贡献占比为 12.82%；在中观因素中，贡献占比较大的是师生互动，占比达到 20.56%；微观因素教师自我效能感对教师工作积极性影响占比最大，同时也是所有因素中对教师工作积极性影响占比最大的，占比达 30.23%。因此，研究假设“H3a：相较宏观、中观因素，微观因素对教师工作积极性的影响更大”成立。

表 6–21　夏普利值分解（三）

变量	*OLS*	夏普利值	贡献率（%）
工作时间	0.00 （0.22）	0.002	0.31
职称评聘政策	0.042** （2.38）	0.050	8.70
教师培训政策	0.087*** （4.44）	0.074	12.82
绩效工资政策	0.058*** （2.91）	0.046	7.97
师生互动	0.187*** （7.13）	0.119	20.56
学校管理风格	0.047** （2.52）	0.058	10.06
教师自我效能感	0.313*** （12.21）	0.174	30.23
教龄	0.063*** （5.66）	0.016	2.81

续表

变量	*OLS*	夏普利值	贡献率（%）
学校类别	0.074*** （3.93）	0.022	3.80
学校层级	−0.070*** （−2.78）	0.016	2.74
常数项	0.518*** （5.17）	—	—
观测量	1210	—	—
Adj.R^2	0.577	—	—
求和	—	0.577	100

注：**、*** 分别表示在 0.5%、0.1% 水平上显著。

6.3.3.4 不同学校类别贡献度的差异

为进一步探究县域内不同类别学校教师工作积极性的影响因素贡献占比是否存在差异性，进行分学校类别的夏普利值分解，结果如表 6–22 所示。三个类别学校的共同点是贡献占比最大的仍为教师自我效能感，其次是师生互动。其中镇区和乡村的学校管理风格贡献占比均较小。在政策保障因素中，对城区和乡村教师的工作积极性贡献占比最大的是教师培训政策，而对于镇区教师，贡献占比最大的是职称评聘政策，究其原因，个体的组织身份属性会影响身份认同，进而影响其工作积极性，而编制是一种重要的组织身份属性，因此编制对于教师的工作积极性会产生影响。[①] 对于处在生存线上的镇区教师来说，绩效工资在总工资中占比较小，对于满足基本生活来说是“杯水车薪”，因此绩效工资政策对其工作积极性的贡献程度较小，而职称直接与工资挂钩，且不同职级工资差别较大，其影响占比较大也较为合理。因此，研究假设“H3b1：对城区学校教师来说，学校管理风格对其工作积极性影响更大”不成立，“H3b2：对镇区以及乡村学校教师来说，政策保障尤其是职称评聘政策、教师培训政策对其工作积极性的影响较大”成立，其中对于镇区教师工作积极性影响更大的是职称评聘政策，而对于乡村教师工作积极性影响更大的是教师培训政策。

① 陈国明，胡惠闵.教研员工作投入：结构、现状与影响因素的研究［J］.全球教育展望，2019，48（3）：60–77.

表 6-22　夏普利值分解（四）

变量	城区	夏普利值	贡献率（%）	镇区	夏普利值	贡献率（%）	乡村	夏普利值	贡献率（%）
工作时间	−0.001（−0.53）	0.000	0.06	−0.003（−1.07）	0.002	0.30	0.006*（1.87）	0.025	4.33
职称评聘政策	0.005（0.20）	0.043	8.04	0.123***（3.65）	0.075	11.92	0.051（1.13）	0.046	7.87
教师培训政策	0.111***（4.57）	0.079	14.84	0.047（1.23）	0.056	8.83	0.059（0.98）	0.077	13.24
绩效工资政策	0.086***（3.38）	0.053	10.04	−0.002（−0.04）	0.018	2.90	0.057（0.93）	0.045	7.79
教师自我效能感	0.283***（8.93）	0.157	29.49	0.360***（7.40）	0.225	35.64	0.394***（4.54）	0.205	35.22
师生互动	0.173***（5.23）	0.113	21.26	0.252***（5.32）	0.152	24.04	0.126（1.35）	0.130	22.22
学校管理风格	0.081***（3.49）	0.071	13.42	−0.035（−0.95）	0.035	5.57	0.011（0.20）	0.035	6.02
教龄	0.045***（3.15）	0.010	1.83	0.126***（5.87）	0.060	9.43	0.056（1.63）	0.016	2.83
学校层级	−0.074**（−2.42）	0.005	1.02	0.006（0.12）	0.009	1.37	0.209（0.63）	0.003	0.48
常数项	0.674***（5.41）	—	—	0.414**（2.10）	—	—	0.750***（2.64）	—	—
样本量	808	—	—	266	—	—	136	—	—
$Adj.R^2$	0.531	—	—	0.632	—	—	0.583	—	—
求和	—	0.531	100		0.632	100		0.582	100

注：*、**、*** 分别表示在 1%、0.5%、0.1% 水平上显著。

访谈结果显示，在政策保障因素中，教师普遍最看重的是职称，比如在访谈中有教师谈道：

其实作为一个老师，最重要的就是他的职称，因为职称和工资是直接联系的。（HE–10–Z–1）

我们老师对职称是特别敏感的，因为这个直接关系到工资。绩效跟我们的考级挂钩也挂不了多少，也就是两三百块钱，其实也起不到什么非常大的激励作用。（HU–3–Q–6）

但为何数据分析的结果仅在镇区学校教师这一群体中成立呢？访谈结果给了我们一些解释。部分县城学校的年轻教师谈道：

要评职称的那种概念是非常空泛、非常模糊的。（HU-2-L-2）

而学校领导则从管理者的角度看到问题的所在：

当前的培训、职称评定等政策都是教育部门的一些专家进行了多层次的调研之后做出的决策，我觉得从某种角度上讲，这些政策在总体上的初衷值得肯定，但这些政策在一线执行的情况确实不好评价。比如说，现在我们学校的后勤老师在结构上存在问题，而我们的科任老师多了，目前我们跟教育局不谈编制问题，我们谈的是保障学校、教师最基本的需求。（M-HU-5-H-4）

另外，县城学校和镇区学校校长的回答也提供了一些线索来解释为何相对于城区，职称评聘政策对于镇区学校教师的工作积极性具有更大的贡献。一位县城学校的校长说道：

去年之前我们评职称是非常困难的，尤其是评副高职称，60 多人，5 个指标，教师一旦评上高级职称，他在专业发展上就停滞了，因为他是县级的老师，县与县之间的流动他是决定不了的，老师只能在这个县城待一辈子。同时当前评价体系里很多指标比较呆滞，比如评正高职称，必须得有农村工作经历，如此一来，那些教学水平还不错的教师或许会因此挫伤积极性。

而一位乡镇学校校长的回答则让我们看到了“物或损之而益”的妙处：

我们每一个中心校会下发指标，其他各分校会去竞争。因为我们学校在农村，并且参加的活动比较多，我们学校教师获得的荣誉就多一点，当时在农村小学里我们学校相对有优势，因此我们学校老师职称评定就相对容易。有一年中一有 8 个指标，我们学校里评上了 6 个，然后还评上了 1 个中高，老师们都感到非常震惊。这个确实是前期的付出换来的回报。（M-HE-10-L-6）

因此，对于县域内多数生活在“生存线”上的教师，应基于不同学校类别的情况差异，特别关注该地区亟须大力改善的因素，进而“雪中送炭”，真正发挥政策作用；另外，还应继续增强具有较高贡献度的因素对教师工作积极性的作用，实现“锦上添花”。

6.3.4　影响机制探讨

6.3.4.1　相关性分析

通过对政策保障及其子维度、学校管理风格、教师自我效能感、工作积极性进行相关分析，从而初步验证自变量、中介变量和因变量之间的关系，相关分析结果如表 6–23 所示。结果发现，第一，政策保障及其子维度均与工作积极性显著正相关；第二，政策保障及其子维度与学校管理风格、教师自我效能感均显著正相关；第三，学校管理风格与教师自我效能感显著正相关；第四，学校管理风格、教师自我效能感均与教师工作积极性显著正相关。基于以上分析，初步验证政策保障与学校管理风格、教师自我效能感、教师工作积极性均存在显著正相关关系，且学校管理风格与教师自我效能感也显著正相关。

表 6–23　研究变量的相关性分析

项目	均值	标准差	政策保障	职称评聘政策	教师培训政策	绩效工资政策	学校管理风格	教师自我效能感	工作积极性
政策保障	3.533	0.786	1						
职称评聘政策	3.666	0.966	0.913***	1					
教师培训政策	3.780	0.863	0.886***	0.718***	1				
绩效工资政策	3.153	0.818	0.868***	0.692***	0.649***	1			
学校管理风格	3.790	0.844	0.721***	0.633***	0.631***	0.664***	1		
教师自我效能感	4.307	0.612	0.427***	0.359***	0.462***	0.320***	0.442***	1	
工作积极性	3.775	0.557	0.551***	0.476***	0.540***	0.456***	0.504***	0.664***	1

注：*** 表示在 0.1% 水平上显著。

6.3.4.2　结构方程模型检验

（1）模型生成

为精准呈现政策保障、学校管理风格、教师自我效能感、工作积极性之间的关系，本研究构造如图 6–6 所示的结构方程模型，其中，政策保障对教师工作积极性的作用路径是直接效应，间接效应有三条路径。第一条为政策保障通过学校管理风格作用于教师工作积极性；第二条路径为政策保障通过教师自我效能感作用于教师工作积极性；第三条路径为从宏观层面的政策保障到中观层面的学校管理风格再通过微观层面的教师自我效能感作用于教师工作积极性。

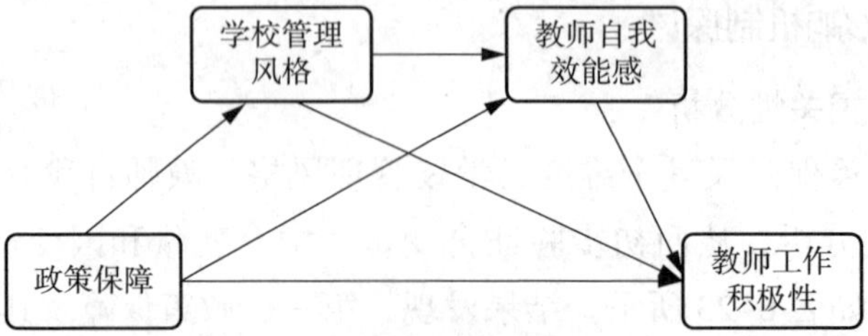

图 6-6 结构方程模型

（2）模型拟合度分析

本研究利用 Mplus 对结构方程模型进行检验，将实际结果与相关参数标准对照，如表 6-24 所示。其中 χ^2/df=14.901，虽然大于 5，但是 *RMSEA*<0.08，*CFI*>0.9，*PNFI*>0.5，均符合理想标准，因此本研究数据与假设的结构方程模型契合度较高，该模型具有可信度，说明政策保障会通过学校管理风格和教师自我效能感作用于教师工作积极性。

表 6-24 模型拟合度分析

模型拟合指数	χ^2/df	*RMSEA*	*CFI*	*TLI*	*PNFI*
适配值	<5	<0.08	>0.9	>0.9	>0.5
模型拟合值	14.901	0.051	0.917	0.895	0.600

（3）Bootstrap 中介效应分析

中介效应回归结果如表 6-25 所示，各路径的 95% 置信区间均不包含 0，说明中介效应存在。三条中介作用路径中，效果量最大的是政策保障通过提升教师自我效能感进而提升教师工作积极性，效果量是 0.210；其次是链式中介作用，效果量是 0.187；最小的是通过学校管理风格作用于教师工作积极性，效果量为 0.103。总效应值为 0.551，其中间接效应值为 0.276，占总效应值的 50.1%。具体路径的系数如图 6-7 所示。

表 6-25 中介效应分析

预测路径	中介效应值	95% 置信区间	效果量
政策保障→学校管理风格→工作积极性	0.057	[0.003，0.076]	0.103
政策保障→教师自我效能感→工作积极性	0.116	[0.053，0.112]	0.210
政策保障→学校管理风格→教师自我效能感→工作积极性	0.103	[0.052，0.096]	0.187
政策保障→工作积极性	0.275	[0.149，0.242]	0.499
总效应值	0.551	[0.356，0.425]	

注：效果量 = 中介效应值 / 总效应值。

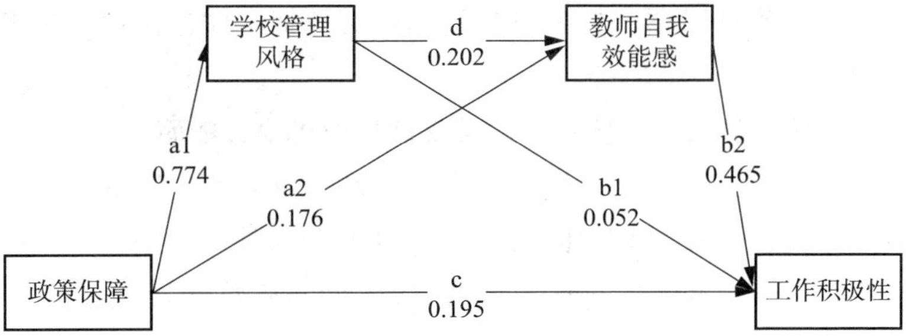

图 6–7　中介作用路径系数

注：该图所有作用路径均显著。

（4）具体作用路径分析

路径一：学校管理风格的中介作用。本研究发现政策保障通过学校管理风格间接作用于教师工作积极性，这与以往研究结果一致。顶层设计出台了一系列激励教师工作积极性的政策，若想真正作用于教师个人，则需要在学校这一场域内发生作用，而学校的管理风格则在宏观层面和教师微观个人层面之间起到中介作用。政策为教师在专业发展、工资待遇等方面提供更多保障的同时也为学校的管理行为提供了政策指引、实践导向；而学校的管理越民主，对政策的理解落实越到位，对教师工作积极性的促进作用越强。路径二：教师自我效能感的中介作用。本研究发现，政策保障通过教师自我效能感间接作用于教师工作积极性。从教师本人来讲，政策上的保障切实解决了教师在工作中的各种后顾之忧，比如满足基本生活需求的基本工资待遇、满足教师专业发展需求的教师培训政策、透明的教师职称晋升路径等，均是提升教师自我效能感的正向因子；而教师具有了相当强的自我效能感，无论是在个人的情感或行为上，还是在学校这一组织中的积极性均会得到提升。路径三：学校管理风格和教师自我效能感的链式中介作用。本研究发现，政策保障能通过学校管理风格间接影响教师自我效能感进而预测教师工作积极性。也就是说，政策保障力度越强，学校管理风格越民主，教师自我效能感越高，教师的工作积极性越高。该结果支持了布朗芬—布伦纳的生态系统理论，即不同层面的影响因素通过层层递进的方式影响教师个人的工作积极性；同时也支持了动机与投入之轮理论模型，其中，政策保障是教师教学生涯中的依附因子，教师自我效能感是启动因子，学校管理风格是持续因子，借助这三种因子，可以打造高质量的教师发展环境，进而提升教师主动投入的工作积极性。因此，研究假设“H4：政策保障因素不仅对教师工作积极性有直接影响，还通过学校管理风格、教师自我效能感对教师工作积极性产生链式中介作用”成立。

6.3.4.3 访谈结果的反馈——政策保障因素的 A、B 面

在机制分析中，我们可以看到政策保证因素的 A 面，即如何正面作用于学校、教师个人，但在对教师的访谈中可以感受到其“受制于”职称评聘的规则，以及职称评聘事件节点前后工作积极性的明显变化：

终于可以安心教书了，终于可以不用考虑那些让自己很累的事情了，可以规避很多其他跟教学无关的事情了，可以全身心做本职工作，拥有更多时间与学生在一起，把心思更纯净地放在教学上。（HU-3-Q-6）

在访谈中我们也“窥视”了政策保障因素的 B 面——灰色地带。例如有教师谈道：

评不上中高职称，所以绩效工资低，而工资低待遇差，你又给他增加培训，他会觉得是一种负担，甚至还要让他去轮岗。他会认为，参与轮岗我也评不上高级，我为什么要去参加轮岗呢？（HU-3-Y-6）

还有部分教师反映，在评职称时部分非可控因素令人心理不平衡：

有些老师的水平不是很高，但是他的家庭背景非常好，所以这个指标可能给他，像这些情况，让我们有些老师变得消极。（M-HU-5-H-4）

现在人们都知道荣誉的重要性了，尤其是现在网上的假东西特别多，好多老师都是通过网上购买论文或者购买其他的什么东西来帮助自己评职称，这也造成了评奖分数的不公平。（M-HE-10-L-6）

6.4 结论与讨论

6.4.1 研究结论

6.4.1.1 教师工作积极性总体状况与群体差异

本研究通过对县域内 1210 位教师进行调研发现：第一，教师整体的工作积极性处于中等偏上水平，这与以往学者研究结果一致。第二，在不同群体方面，相对于男教师、低教龄教师，女教师及高教龄教师的工作积极性显著更高；随着学历的提升，积极性表现出先提升再降低的趋势；城区、镇区、乡村教师的工作积极性依次提升，这不同于以往研究结果，结合问卷数据收集以及访谈结果发现，乡村教师工作积极性高于城镇教师工作积极性的原因一方面在于政策倾斜的保障，另一方面在于乡村教师在“熟人社会”中“新

乡贤”角色的发挥，既得到了学生家长的认可，也培植了乡土情怀以及扎根乡村的教育理想。第三，对其他关键解释变量如工作时间的统计发现，教师一周工作时间超过 42 小时，远超 OECD 国家教师平均的周工作时间，尤其是城区教师，这或许在一定程度上损耗了教师的工作积极性。

6.4.1.2　影响因素状况

本章在工作要求—工作资源理论框架下，将影响教师工作积极性的因素分为具有损耗作用的工作要求和具有促进作用的工作资源。同时借鉴生态系统理论，将工作资源因素按照宏观、中观、微观分为政策保障、学校管理风格和师生互动，以及教师自我效能感。其中政策保障层面纳入了教师职称评聘政策、教师培训政策、绩效工资政策。研究发现，第一，以工作时间为代表的工作要求，仅对城区教师的个人积极性方面具有显著负向作用，其他地区以及维度下均不显著。第二，工作资源层面的政策保障及其子维度、学校管理风格及师生互动、教师自我效能感均对教师工作积极性具有显著的正向促进作用。第三，根据分位数回归结果，随着分位点的提高，教龄、职称评聘政策、学校管理风格对教师工作积极性影响基本呈现下降的趋势，教师自我效能感、师生互动对教师工作积极性影响呈现上升趋势，培训政策、绩效工资政策对教师工作积极性的影响接近“倒 U 型”。

另外，通过加入更多控制变量、分样本回归和替换关键解释变量三种方法进行稳健性检验，发现回归的结果是稳健的。

质性访谈的结果显示，教师之间的专业协作能为教师工作积极性“锦上添花”，新教师还特别谈到启蒙导师对其的深远影响；一些女教师谈到同时作为母亲和教师，并没有产生较大的工作—家庭的冲突，其工作反而能促进家庭教育。当然也有部分教师反映了一些影响其工作积极性的负面因素，比如职称评聘中的不公平及其带来的连锁反应等。

6.4.1.3　对教师工作积极性影响的贡献度状况

在回归结果的基础上，为进一步探究哪种因素对教师工作积极性影响最大以及对县域内不同教师群体的贡献差异，以便精准识别出需要重点关注的因素以及优先考虑的群体，从而精准施策，本研究进行了夏普利值分解，研究结果如下：第一，针对不同层面因素进行分解，贡献占比最大的是微观层面的教师自我效能感，贡献率达到 38.76%，其次是中观层面的因素，贡献率为 29.05%，最后是政策保障因素，贡献率为 21.47%。第二，针对每一层面下各因素进行分解，在政策保障因素中，贡献最大的是教师培训政策；在中观层面，师生互动比学校管理风格对教师工作积极性的影响占比更大。第三，针对不同学校类别而言，就政策保障来说，对城区和乡村学校教师的影响占比最大的是教师培训政策，而对镇区学校教师影响占比最大的是教师职称评聘政策。夏普利值分解的结果与访谈的结果较为一致，访谈结果在解释不同学校类别教师工作积极性的贡献占比为何不同上起到了关键作用，为我们打开了隐藏奥秘的"黑匣子"。

6.4.1.4 影响机制分析

为进一步研究各因素如何作用于教师工作积极性，本研究在相关分析、回归以及夏普利值分解的基础上进行机制分析。研究发现，第一，政策保障因素不仅对教师工作积极性有直接影响，还通过学校管理风格、教师自我效能感对教师工作积极性有链式中介作用。第二，在影响效应中，间接效应占比为50.1%，在三条影响路径中，效果量最大的是政策保障通过教师自我效能感作用于教师工作积极性，效果量达到0.210。

6.4.2 政策建议

6.4.2.1 回归教育本位，减轻教师工作负担，增强教师自我效能感

教师是"太阳底下最光辉"的职业，拥有桃李满天下的成就与荣耀，本该是幸福的。然而，现实的各种无奈让诸多教师陷入生存焦虑，磨损了教师的工作积极性，特别是随着工作要求的提高、工作负担的加大，教师对教学工作的热情在不断下降。根据《中国教师教育发展报告2022》，我国教师工作内容无明确边界，工作时间超标，非教学任务过多，普遍工作负担较重，身体处于亚健康状态。[①] 偏离教育本位的工作要求大大降低了教师工作积极性，如何激发教师对教育教学的投入、对师生情感的敬畏，使其保持对教育理想的憧憬，是当下各级各类部门需要迫切关注的问题。本研究表明，教师自我效能感对教师工作积极性的影响贡献最大，而自我效能感的形成一方面源于个体对自身角色特点与意义的理解，另一方面取决于教师对不同渠道的效能信息进行分析和整合后的主观判断。[②] 因此，各级各类部门应出台相关减负政策并探索长效机制，切实减轻教师工作负担，减少不必要的任务安排，让教师回归到教书育人的角色本位中。另外，由于教师获得的反馈信息主要来自

① 凌亢.中国教师教育发展报告2022［M］.北京：社会科学文献出版社，2022：92-122.

② 刘莉莉，孔曼.变革型领导力与教师组织承诺的关系研究——教师自我效能感的中介效应分析［J］.华东师范大学学报（教育科学版），2020，38（7）：97-105.

师生互动，在此过程中，教师应对自身工作形成积极的认知，在与学生的互动中获得更多成功体验和替代性经验，从而将自己融入自我激励、自我成长的良性循环中，不断增强自我效能感。

6.4.2.2 改善学校管理风格，为教师发展提供更多专业支持

本研究发现，无论是总体还是分学校类别来看，学校管理风格对教师工作积极性的影响占比始终较小，说明学校的管理风格有待进一步改善。根据已有研究，民主的学校管理风格有助于教师更多地参与到学校治理中，提高学校管理和决策的科学性和有效性，同时提高教师的工作积极性。为此，可通过以下方式改善学校管理风格：第一，校长应树立与时俱进的管理理念，增强民主管理的意识，探索学校管理体制的变革。第二，应给予教师更多的自主权和独立权，比如在职称评审制度的制定过程中充分吸纳教师的意见和建议。第三，加强学校教师的团队建设，以此增强教师之间、教师与领导之间的交流沟通；营造真诚友善的人际氛围，增强教师的组织认同感，使教师在日常工作中乐于参与到学校的管理事务中来。

6.4.2.3 因地制宜，因城施策，为提高教师工作积极性提供政策保障

本研究发现，对于县域内不同地区的教师来说，政策保障层面的各因素对教师工作积极性的影响各异，因此需要因地制宜、因城施策。本研究发现，对于城区和乡村学校教师来说，教师培训政策为首要影响因素，尤其对于乡村教师影响深远，因为培训活动为其打开了通往更大世界的门。结合调研发现，主要可从以下几方面改进：第一，在培训内容上，加强对乡村教师信息素养的培训，以使其适应快速发展的信息化时代的要求；充分利用乡村本土资源，加强培训的文化适应性。[①]第二，在培训人员上，高校教师可与中小学校的优秀教师共同组成指导团队，城乡学校进行结对帮扶；乡村优秀教师亦可作为培训者，协助指导团队，减少对于乡村教育的理解偏差。第三，在培训方式上，充分利用现代信息技术，通过远程实时培训使优质资源惠及更多乡村教师。

对于镇区教师来说，职称评聘制度为首要影响因素。由于县级教育行政部门是决定教师职称评聘事权的最基本行政单位，因此，县域内义务教育阶段教师评聘政策为研究职称评聘提供了范本。而镇区在县域中处于城区和乡村之间，无论是在事权的划分还是政策倾斜上均不具有显著优势，对于处于

---

① 戴伟芬. 乡村教师混合培训路径——基于第三空间理念［J］. 教育研究，2022，43（8）：31–41.

生存线上的教师来说，工资显著影响其工作状态以及生活质量，而职称又对工资具有重要的贡献作用。因此，优化镇区教师职称评聘制度显得尤为重要。第一，在县域内义务教育教师高级职称名额分配中，应实施镇区、乡村学校教师的数量和比例专设，实现专轨专用；针对镇区以及乡村教师进行政策倾斜。第二，镇区学校的干部教师的职称评聘应单独划分名额，不得与专技岗的教师同时评聘。第三，评审的方案、过程应该公开透明，提升教师在职称评聘中的参与度，保证评审过程的公平性。

6.4.3　研究的创新点与局限

6.4.3.1　研究的创新点

（1）研究方法

运用混合研究方法，基于大规模随机抽样数据，通过量化研究，对教师工作积极性的现状、影响因素及贡献占比等进行总体呈现；在此基础上运用质性研究方法对影响机制进行更深入透彻的解释。

（2）研究内容

在研究内容上，对于县域内不同学校类别教师工作积极性的影响因素进行层层分析，在宏—中—微观框架下逻辑较为清晰，另外，对于因素的贡献度进行分解，厘清了需要迫切关注的因素以及重点关注的群体。

6.4.3.2　研究局限

（1）工作要求指标有待进一步完善

鉴于问卷中用来衡量教师工作要求的仅有教师工作时间这一指标，故本研究在指标的构建以及研究假设的提出等方面，仍有待完善。正如本研究结果所示，除了城区学校教师的工作时间对被解释变量具有显著负向影响外，其余维度以及学校类别结果均不显著。

根据以往的研究，未来可以在以下几方面进行改善：第一，细化教师工作要求。工作要求是多样的，比如可分为挑战性要求、阻碍性要求、发展性要求。挑战性要求具体包括工作负荷（工作时间）和角色压力（教师职业角色的多样化）；阻碍性要求包括情绪要求、学生不良行为和升学考试压力；发展性要求包括职业道德要求[①]。而本研究仅聚焦于挑战性要求中的工作负荷，未全面考虑到其他方面的综合影响。第二，思考工作要求到底是阻力还是动

① 齐亚静，伍新春.工作要求—资源模型：理论和实证研究的拓展脉络［J］.北京师范大学学报（社会科学版），2018（6）：28-36.

力。阻碍性要求属于工作要求中的消极面，它消耗了个体的资源，会降低教师的工作积极性；挑战性要求属于工作要求中的“双刃剑”，让个体体验压力的同时，也给个体带来了一定的积极影响；发展性要求则是工作要求中的积极面，虽然规范了个体的态度和行为，但这些“规范”是被个体所认同的，因此它促使个体保持良好的工作状态。

（2）研究的内生性问题克服不足

本研究各变量的内生性问题有待进一步解决。受篇幅所限，本研究仅通过加入学校固定效应来解决内生性问题。未来可采用 IV 等方法解决内生性问题。

（3）影响机制有待进一步挖掘

本研究根据上文的回归结果，通过建立从宏观到中观再到微观的模型，探讨教师工作积极性的影响机制问题，总的效应量为 0.551。未比较探索其他的模型、影响机制，比如师生互动等。

第7章

研究结论及政策建议

7.1 研究结论

基于第4、第5、第6三章的研究，通过对绩效工资和职称评聘政策、教师培训政策对教师工作积极性的研究，以及县域层面教师工作积极性的影响因素研究，得出如下结论。

第一，通过描述性统计分析发现，所调查的1418名教师工作积极性较高，且组织工作积极性较个人工作积极性高；通过方差分析，发现个人工作积极性和组织工作积极性在教龄、学历、是否担任班主任、职称、行政职务和参与轮岗情况等方面有显著差异。在政策执行上，职称评聘政策执行较好，绩效工资政策执行效果一般。本研究政策执行聚焦于学校层面，发现结果与前人研究有所不同。在政策方案细化和落实上，学校均积极主动进行，得到一定的效果。另外，虽有民主参与成分，但是教师的决定权较小，只有教师代表才能参与到方案的制订和执行中来。同时，也有值得肯定的地方，样本学校在职称评聘的及时性、透明性和合理性上均较好地落实了相关政策。但在绩效工资政策中，由于绩效工资作用有限，在教师工资期望和公务员工资对比上，政策执行有待进一步加强。

通过多元回归发现，绩效工资政策执行得分对教师的个人和组织工作积极性有正向影响；职称评聘政策执行得分对教师个人工作积极性的影响是显著的，但加入学校领导风格后，对组织工作积极性的影响不再显著。

在多元回归的基础上，进一步进行分类回归。从分类回归模型结果看出，对个人工作积极性而言，对于不同教龄的教师，绩效工资政策执行对任教“11~20年”“21~30年”教师的影响是显著的，职称评聘政策执行对任教

“0~5 年”“21~30 年”教师的影响是显著的。对于不同学校类别的教师，绩效工资政策执行对县级以上学校教师的影响是显著的，职称评聘政策执行对乡镇学校和县级以上学校教师的影响均是显著的。对于不同学校层级的教师，绩效工资政策执行对小学和初中教师的影响均是显著的，职称评聘政策执行对小学和初中教师的影响也是显著的。

对组织工作积极性而言，对于不同教龄的教师，绩效工资政策执行对所有教师的影响都是不显著的，职称评聘政策执行对所有教师的影响都是显著的。对于不同学校类型的教师，绩效工资政策执行对县级以上学校教师的影响是显著的，职称评聘政策执行对乡镇学校和县级以上学校教师的影响都是显著的。对于不同学校层级的教师，绩效工资政策执行对小学教师的影响是显著的，职称评聘政策执行对小学和初中教师的影响都是显著的。对于不同行政职务身份的教师，绩效工资政策执行对有职务教师的影响是显著的，职称评聘政策执行对有职务和无职务教师的影响都是显著的。在模型中，绩效工资和职称评聘政策执行对教师个人工作积极性是没有合力效果的，但对教师组织工作积极性是有合力效果的，交互项的值每增加 1%，*OWM* 增加 0.255%。

通过以上分析，教师作为“委托—代理”的最后一环，对绩效工资和职称评聘政策的执行确实有较大的体验，并通过问卷和访谈进行了积极的反馈，使得研究数据真实反映了教师心声，也使得研究顺利进行。综上，在教师工作积极性研究中，依据“委托—代理”理论选择教师作为政策执行的反馈者在一定程度上是可行的。

第二，教师教学效能感、教师培训政策与工作积极性都处于中等偏上的水平，但依然面临许多亟待解决的问题，如骨干教师培训名额过少、培训的供给与需求不一致、“工学”矛盾的压力以及培训名额的限制、培训经费不足导致的培训条件太差等。培训方式上，相较于线上培训，教师们认为线下培训收获更大；培训人员上，教师们更喜欢一线的教师；培训内容上，需注重教学实践；教师培训对教师工作积极性的激励具有一定的滞后性等。

教学效能感能正向预测工作积极性；教师培训政策能正向预测教学效能感；教学效能感在教师培训政策与工作积极性的关系中起到了中介作用。

6 种培训方式的收获同教师工作积极性、教学效能感的关系：面授校内培训、案例分析、课题研究三种培训方式的收获，均可以正向预测教师教学效能感和教师工作积极性；其中，教学效能感在面授校内培训方式与工作积极性的关系中充当部分中介，在案例分析、课题研究与工作积极性的关系中充当完全中介。说课评课、导师带教、研讨交流三种培训方式的收获不能正向预测教师工作积极性。

本研究验证了教师培训政策的执行与收获对工作积极性的激励作用，教学效能感在二者的关系中起中介作用；同时还发现教师培训在合理的培训方式组织下，能激发教师们的工作积极性。因而，教师工作积极性的提升受教学效能感的提升与教师培训政策的执行与收获的影响。同时，在不同类型的教师身上，教师培训政策的激励效果不一。

第三，县域内 1210 位教师工作积极性现状：①整体处于中等偏上水平。②在不同性别、教龄、学历教师群体中存在异质性。③城区、镇区、乡村教师的工作积极性依次提升。究其原因，结合访谈结果发现，一方面在于政策倾斜的保障，另一方面在于乡村教师在“熟人社会”中“新乡贤”角色的发挥，不仅得到学生家长的认可，同时也培植了乡土情怀以及扎根乡村的教育理想。另外，城区教师高强度的工作在一定程度上损耗其工作积极性。

在工作要求—工作资源理论框架下，同时借鉴生态系统理论，将工作资源分为宏观层面的政策保障、中观层面的学校管理风格和师生互动，以及微观层面的教师自我效能感。其中政策保障层面纳入了教师职称评聘政策、教师培训政策、绩效工资政策。研究发现：①以工作时间为代表的工作要求，仅对城区教师的个人积极性具有显著负向作用。②工作资源层面的政策保障及其子维度、学校管理风格及师生互动、教师自我效能感均对教师工作积极性具有显著的正向促进作用。③结合访谈结果发现，教师专业协作亦能促进教师工作积极性的提高，新教师还特别谈到启蒙导师对其的深远影响；有部分教师也反映了影响其工作积极性的一些负面因素，比如职称评聘中的不公平。

本研究利用夏普利值分解探究影响因素贡献率，研究结果如下：①针对不同层面因素，影响贡献占比最大的是微观层面的教师自我效能感，贡献率达到 38.76%，其次是中观层面的因素，贡献率为 29.05%，最后是政策保障因素，贡献率为 21.47%。②针对每一层面下各因素，在政策保障因素中，贡献最大的是教师培训政策；在中观层面，师生互动比学校管理风格对教师工作积极性的影响占比更大。③针对不同学校类别，就政策保障来说，对城区和乡村学校教师的影响占比最大的是教师培训政策，而对镇区学校教师的影响占比最大的是教师职称评聘政策。这与访谈的结果较为一致，为我们打开了教师工作积极性影响因素占比的“黑匣子”。

通过影响机制分析发现：①政策保障因素不仅对教师工作积极性有直接影响，还通过学校管理风格、教师自我效能感对教师工作积极性有链式中介作用。②在影响效应中，间接效应占比为 50.1%，在三条影响路径中，效果量最大的是政策保障通过教师自我效能感作用于教师工作积极性，效果量达到 0.210。

7.2 研究创新与不足

本研究是基于全国教育科学规划一般项目“中小学教师激励政策的合力效果研究”的《中小学教师激励政策调研问卷》数据进行分析，有以下创新点。

第一，对政策量化评估有一定的方法贡献。目前，我国推行很多的教育政策，虽有相关报告出台，但是针对各个政策的长期追踪调查是缺乏的。本研究从教师激励政策视角出发，对绩效工资和职称评聘政策的执行进行量化，并用于政策效果的评估，对现有政策执行量化研究有一定的补充。

第二，对于教师工作积极性的设计，区分了个人和组织工作积极性，并在每个部分细分了情感和行为维度，较全面地展示了教师工作积极性，也是相关量表在我国本土化的一个试验，为后续教师工作积极性的相关研究打开了新的思路。

但由于数据的可得性和研究者的能力有限，本研究也存在以下不足。

首先，本研究获取的数据是截面数据，在研究过程中，主要体现相关关系。需要更加完备的面板数据，才能进行因果论证分析。但由于研究者的研究能力和时间有限，目前仅可以获取截面数据，后期在条件允许的情况下，可以对相关人员进行追踪调查，以做出更多更加深入的研究。

其次，本研究的反向问题设计需要进一步改进和反思。反向问题是一个很好的态度检验工具，但其设计也会影响最后的结果，需要认真总结和反思反向问题的设计，改进现有问卷，也为后期其他相关研究做好铺垫。

最后，政策合力效果研究方法仍然不足。对于政策协同作用的量化测量，目前还处在探索阶段。有学者聚焦政策内部，即目标、部门和措施的协同研究；还有学者聚焦于不同政策之间的协同研究。本研究属于后者，拟探索绩效工资和职称评聘的合力效果，采用交互项进行研究，有一定的研究意义，但更加贴切的研究还需要进一步去探索。

7.3 政策启示

本书针对绩效工资和职称评聘政策执行对教师工作积极性的影响进行研究。基于研究结果，提出本研究的政策启示。

7.3.1 绩效工资政策启示

本研究基于绩效工资政策的研究结果，得到以下政策启示。

第一，加大绩效工资的投入。在研究中，发现绩效工资执行部分“我的工资不低于我所期望的工资收入”“我认为我的工资不低于当地公务员的平均工资”的得分较低。可见，绩效工资的政策执行没有实现与当地公务员相当的目标。王贺（2015）通过对 971 名教师进行调查，发现绩效工资中奖励性金额不高，对教师的吸引力有限，对教师工作积极性激励作用不明显，应进一步提高绩效工资比例。[①] 从另一个视角来看，本研究中，绩效工资占个人年度总工资比重的平均值为 16.16%，但大部分学校是低于 15% 的，甚至有些低于 10%，最低的占比仅为 7.36%。本研究发现，北京市清河中学教师工作积极性整体表现良好，绩效工资占总工资的比例为 19.72%。以此为标准，建议把绩效工资占个人总工资的 20% 作为新的政策标准，加大对绩效工资的投入，激励一线教师的工作积极性。

第二，县级教育行政部门统筹落实绩效工资政策，制定具体标准。在落实绩效工资政策过程中，基于宏观视角，积极与省级城市的区比对，制定合理的绩效工资比例。此外，积极争取省级统筹资金，切实增加教师绩效工资，提高教师工资水平，提升教师工作积极性。

第三，学校需要进一步完善绩效工资的细则，要更加科学、更加有针对性。比如，对于个人工作积极性而言，对教龄为“11~20 年”和“21~30 年”的教师、县级以上学校教师、初中教师保持并加强绩效工资政策执行力度；对于组织工作积极性而言，对县级以上学校教师和有职务教师保持并加强绩效工资政策执行力度。

① 王贺．绩效工资政策实施效果实证研究［J］．中国教育学刊，2015（6）：69-72.

7.3.2　职称评聘政策启示

本研究基于职称评聘政策的研究结果，得到以下政策启示。

第一，弱化职称评聘和收入的关系。本研究发现，职称评聘政策执行对个人工作积极性的影响是显著的，且影响程度较大。但在访谈中普遍存在一个问题，即职称和收入的关联度很大，需要做出一定的调整。在提高绩效工资比例的同时，需要弱化职称对收入的影响，应该对职称进行荣誉化，使得其与终身教学成绩、年限、艰苦程度等挂钩，让更多临近退休的教师评上高级职称。

第二，激活“职称评聘”，完善调整机制。高晓娜等（2020）认为职称应为一种荣誉制度、一种精神激励。[①]施贵菊等（2016）建议去除限额评定，紧扣教师实际工作量，建立“能上能下”制度。[②]李廷洲等（2017）建议建立“能上能下”制度，而不是职称终身制。[③]研究发现，职称评聘政策的落实在于县级行政管理部门，需要运用动态调整机制，盘活职称评聘。比如，在没有高级职称的优秀教师中，建立预聘机制，按照对应职称发放奖励性工资，激励教师；对高级和正高级职称教师进行严格考核，建立健全退出机制，对于考核不合格教师，按照下一层级标准扣除对应工资，真正盘活高级职称的盘子。积极落实教师相关的荣誉制度。

第三，学校需要进一步完善职称评聘的细则，在上级教育行政管理部门文件的基础上，细化职称评聘政策。访谈过程中发现，部分学校细则明确，加减分项目具体，在执行过程中，得到学校教师的认可；但仍然有学校在职称评聘时使用平均主义，没有落实细则。对于个人工作积极性而言，对教龄为“0~5 年”和“21~30 年”的教师、乡镇学校教师、小学教师要保持并加强职称评聘政策执行力度。对于组织工作积极性而言，对“6~10 年”和“30 年以上”的教师、乡镇学校教师、小学教师和无职务教师要保持并加强职称评聘政策执行力度。

---

① 高晓娜，王嘉悦.教师“职称—薪酬”制度：异化与革新［J］.当代教育科学，2020（10）：78-84.

② 施贵菊，王珏，杜尚荣.中小学教师职称制度的问题反思与对策建议——基于2015年中小学教师职称制度改革的分析［J］.贵州师范学院学报，2016，32（2）：87-91.

③ 李廷洲，陆莎，金志峰.我国中小学教师职称改革：发展历程、关键问题与政策建议［J］.中国教育学刊，2017（12）：66-72，78.

7.3.3 教师培训政策启示

7.3.3.1 完善教师培训政策，解决培训中的“供需矛盾”

我们在认同教师培训政策的激励作用的同时，也应该认识到并解决自上而下的培训供给同自下而上的培训需求之间的矛盾。只有缓解乃至解决了矛盾，才能让教师培训激励政策更完善。

可以利用“互联网 +”等技术，构建教师培训的自主选学机制，让教师们的需求同培训的供给挂钩。

应当进一步构建立体化、开放型的教师培训供给体系。教师们排斥“专家型”培训，渴望在培训中学有所获。因而，各级教育行政部门和培训院校应当充分尊重教师的培训主体地位，拓展并构建新型的教师培训格局，实现教师培训的立体化。建立省级培训中心，同师范类高校或成教学院合作，发展产学研一体的培训项目；向社会上其他的教师培训中心购买相应的服务，实现培训产品多元化；通过校本培训，根据学校具体的教学情况，因时因地制宜，形成校本培训特色基地。

为了避免出现双方相互糊弄，浪费人力、物力、时间等形式化培训现象，应当对教师培训服务的监督与评估机制进行完善，让培训者与被培训者都能“有所获，有所用”。

7.3.3.2 解决培训供给“大锅饭”同培训需求“私人定制”之间的矛盾，注重教师的个性化成长

在提供多元化选择的基础上，应当让教师培训体系更智能化、个性化。注重教师们信息化能力的提高，尤其是老教师们对新兴的网络课程的学习与应用。在此基础上，可以利用“互联网 +”技术构建教师学习社区，实现诊断、推荐、学习、评价个性化。课程内容应微型化、模块化、本土化，有针对性和生成性[①]。

7.3.3.3 加强培训者师资队伍建设

培训师资力量是决定整个培训项目质量的关键因素，直接关系到能否提供与参训教师专业发展需求相契合的知识内容[②]。教师们更青睐一线教师的培训，但不容忽视的是，一线教师在理论培训上存在短板。因而，首先，对于

① 徐凤．“互联网 +”背景下个性化教师培训课程研究［D］．南昌大学，2017.

② 骆树芳．供给侧改革视域下中小学教师培训的现实困境与改进路径［J］．福建教育学院学报，2021，22（5）：12-14.

培训师资，应当加强专职队伍建设，理论与实践相结合，切实提升各个板块的能力；其次，对于培训者的资质加强认证要求，避免滥竽充数的现象；最后，建立完善的教师培训网络，建立沟通不同地域与学校的桥梁，实现培训人才的互通有无。

7.3.4　教学效能感的启示

7.3.4.1　完善教师培训机制

培训内容多元化，使教师在教学策略、课堂管理、师生互动等方面都有所收获；注重对班主任的培训；鼓励教师承担学校的职务，并进行岗前岗后培训，帮助教师找到自己的职业发展方向。

7.3.4.2　学校管理

（1）提供良好的工作环境

工作环境既包括外界的客观环境，也包括人际关系、工作氛围等。访谈中，教师们表示良好的教学条件和设备、人际关系对他们来说意义重大；相关研究也表明，教学效能感与工作环境密切相关。在工作环境上，学校应不遗余力地为教师提供支持，既包括硬件方面的教学资源，也包括良好的人际关系和校园风气。

（2）合理安排教师的工作

由于教龄和职称会显著影响教师的教学效能感，学校应当关注每个阶段的教师成长，针对不同的成长阶段进行岗位的适当调整。如新手教师在教学策略等方面比较欠缺，应当在教学任务上予以倾斜，给予充分的备课时间和学习时间。而针对老教师，在教学有余力的情况下，可以适当安排行政类职务或者培训类工作等，增强其在职业中的价值感，进而让其教学效能感有所提高。

（3）改革教师工作评价制度，建立多维教师评价体系

工作评价对教师教学效能感的形成和发展有着重要影响。但在评优晋升中，学生的升学率、分数的优秀率常常充当着重要角色，这不仅会损害教师的教学效能感，也会让教师们的工作积极性受到打击，更会让教育走上歧途。因此，针对目前教师工作评价标准片面化、评价方式机械化的问题，教师评价体系应当得到完善，每一位在平凡岗位上奉献的教师都应该被看到。

7.3.4.3 教师个人

（1）对成败合理归因

教学效能感影响教师对工作成败的自我归因，而自我归因反过来又影响教师的教学效能感。因而，教师应当增强对自己的信心，注重心理压力的疏导，正视自己的努力与成长，不应妄自菲薄。

（2）学会自主学习，加强专业发展

教师应当保持终身学习的习惯，对自己的职业有清晰的规划和选择，注重专业发展，让自己持续成长，克服职业倦怠。

7.3.4.4 社会层面

切实提高教师地位与待遇，形成尊师重教的良好风尚。由于教师岗位的重要性和中国文化“天地尊亲师”的影响，社会对于教师的期待，无论是在职业技能还是道德规范上，都远远高出其他行业。大部分教师在理想与现实间徘徊。他们想将教育作为立身安命的事业，却在现实的压力下苦苦挣扎。教师们也想“一心一意做教育”，去“奉献”“发光发热”，但是常常有“条件艰苦”之感。长此以往，教师们也容易出现付出与收获不对等的感受，他们的积极性无疑会受到损害。因而，在社会层面，应当给予教师充分的支持，提高教师地位，改善教师待遇。

7.3.5 因地制宜，因城施策，为提高教师工作积极性提供政策保障

本书第 6 章发现，对于县域内不同学校类别的教师来说，政策保障层面的各因素对教师工作积极性的影响各异，因此需要因地制宜、因城施策。对于城区和乡村学校教师来说，教师培训政策为首要影响因素。本研究发现，培训尤其对于乡村教师影响深远，因为培训活动为其打开了通往更大世界的门。结合调研发现，主要可从以下几方面改进：第一，在培训内容上，加强对乡村教师信息素养的培训，以适应快速发展的信息化时代的要求；充分利用乡村本土资源，加强培训的文化适应性。[①] 第二，在培训人员上，高校教师可与中小学校的优秀教师共同组成指导团队，城乡学校进行结对帮扶；乡村优秀教师亦可作为培训者，协助指导团队，减少对于乡村教育的理解偏差。第三，在培训方式上，充分利用现代信息技术，通过远程实时培训使优质资源惠及更多乡村教师。

---

① 戴伟芬. 乡村教师混合培训路径——基于第三空间理念［J］. 教育研究，2022，43（8）：31–41.

对于镇区教师来说，职称评聘制度为首要影响因素。由于县级教育行政部门是决定教师职称评聘事权的最基本行政单位，因此，县域内义务教育阶段教师评聘政策为研究职称评聘提供了范本。而镇区在县域中处于城区和乡村之间，无论是在事权划分还是政策倾斜上均不具有显著优势。对于处于“生存线”上的教师来说，工资显著影响其工作状态以及生活质量，而职称又对工资具有重要的贡献作用。因此，优化镇区教师职称评聘制度显得尤为重要。第一，在县域内义务教育教师高级职称名额分配中，应实施镇区、乡村学校教师的数量和比例专设，实现专轨专用；针对镇区以及乡村教师进行政策倾斜。第二，镇区学校的干部教师的职称评聘应单独划分名额，不得与专技岗的教师同时评聘。第三，评审的方案、过程应该公开透明，提升教师在职称评聘中的参与度，保证评审过程的公平性。

第 4 章附录

附录 1：中小学教师激励政策调研问卷

尊敬的教师：

您好！非常感谢您在百忙之中参与本次调研。目前，我们正在进行一项关于教师激励政策的研究，希望能够通过调研了解客观真实的情况，从而向教育部等教育主管部门提供政策建议。这将有助于保障您自身的权益。本次调研将采取匿名（不记名）方式，我们在此郑重承诺对问卷中的所有内容保密，除课题组成员之外，任何人都不能获取有关您的任何信息，恳请您如实填写。

衷心感谢您的支持与合作！

全国教育规划课题“中小学教师激励政策”课题组

一、基本信息

1. 您的性别是：

A. 男　　B. 女

2. 请问您在______年出生，在______年进入教师职业，在______年进入目前工作的学校。

3. 您目前的婚姻状况是：

A. 未婚　　B. 已婚　　C. 丧偶

D. 离异 / 分居　　E. 其他关系，请注明______

4. 您目前的最高学历是：

A. 大学本科以下

B. 大学本科（成人高等教育）

C. 大学本科（普通高等教育）

D. 硕士

E. 博士

5. 您目前工作的学校是：

A. 湖北省黄梅县苦竹中学

B. 湖北省武汉市新洲区思源实验学校

C. 湖北省广水市十里中学

D. 湖北省武穴市实验中学

E. 湖北省十堰市郧阳区胡家营镇初级中学

F. 河北省容城县黑龙口小学

G. 河北省安新县郭里口村学校

H. 河北省雄县第二小学

I. 河北省小里镇中心校

J. 河北省雄县朱各庄镇第一小学

K. 云南省昌宁思源实验学校

L. 山西省太原市万柏林区第三实验小学

M. 北京市清河中学

N. 江西省铜鼓二中

O. 其他学校，请注明

6. 请问您目前是否担任班主任？

A. 是　　B. 否

7. 您在此学校的劳动关系属于：

A. 事业编制　　B. 控制总量 / 总量备案 / 聘用制

C. 合同制　　D. 政府购买服务性岗位

E. 劳务派遣　　F. “三支一扶”教师

G. 特岗教师　　H. 代课教师

I. 其他关系，请注明

8. 您目前在教学方面的职称是：

A. 没有职称　　B. 三级教师　　C. 二级教师

D. 一级教师　　E. 高级教师　　F. 正高级教师

9. 您目前兼任的行政职务是：

A. 没有兼任行政职务

B. 年级负责人

C. 学科负责人

D. 教务主任 / 副主任

E. 德育主任 / 副主任
F. 办公室主任 / 副主任
G. 其他行政职务，请注明__________
10. 您这学期担任________个班级的教学任务。
11. 您这学期承担教学工作的年级是［多选题］：
A. 小学低年级（1~2 年级）
B. 小学中年级（3~4 年级）
C. 小学高年级（5~6 年级）
D. 初中一年级
E. 初中二年级
F. 初中三年级
12. 您这学期承担的教学工作量是［多选题］：
A. 小学语文（节 / 周）__________
B. 小学数学（节 / 周）__________
C. 小学英语（节 / 周）__________
D. 小学科学（节 / 周）__________
E. 小学道德与法治（节 / 周）__________
F. 小学信息技术（节 / 周）__________
G. 小学音、体、美（节 / 周）__________
H. 小学班会（节 / 周）__________
I. 小学其他学科，请注明（节 / 周）__________
J. 初中语文（节 / 周）__________
K. 初中数学（节 / 周）__________
L. 初中外语（节 / 周）__________
M. 初中地理（节 / 周）__________
N. 初中思想政治（节 / 周）__________
O. 初中历史（节 / 周）__________
P. 初中生物（节 / 周）__________
Q. 初中物理（节 / 周）__________
R. 初中化学（节 / 周）__________
S. 初中信息技术（节 / 周）__________
T. 初中音、体、美（节 / 周）__________

U. 初中班会（节 / 周）___________

V. 初中其他学科，请注明（节 / 周）___________

二、工作态度与行为

1. 关于您的工作，您是否同意下列表述？

具体表述	非常不同意	不太同意	一般	比较同意	非常同意
1. 在工作中，我感到精力充沛					
2. 我对自己的工作充满热情					
3. 我沉迷于工作					
4. 工作的时候，我经常走神，会想其他的事情					
5. 我工作没完成就不会下班					
6. 只要有可能，我就尽量不加班					
7. 我不会让我的工作太辛苦					
8. 我愿意为了学生做一些工作要求之外的工作					
9. 在课堂上，我关注学生的感受和问题					

2. 关于您的学校或您的部门，您是否同意下列表述？

具体表述	非常不同意	不太同意	一般	比较同意	非常同意
1. 对我来说，参与学校里的事务令我比较兴奋					
2. 我不喜欢我们学校里发生的事情					
3. 我在我们学校中的积极性很高					
4. 如果有同事缺勤或者休息，我会主动承担他的任务					
5. 我会帮助工作繁重的同事					
6. 即使没有人要求，我也会不遗余力地帮助新同事					
7. 我自愿为我所处的部门做一些事情					
8. 为了部门的共同利益，我会自愿执行任务					
9. 我会留意学校内部的通知，以便随时了解情况					

三、政策执行情况

下列关于学校政策执行情况的表述，您觉得符合实际情况的程度如何？

具体表述	非常不符合	不太符合	一般	比较符合	非常符合
1. 我们学校的职称评聘评审标准合理，注重师德素养和教学业绩，减少对论文、学历倾向，优先考虑农村教师					
2. 我们学校的评价机制创新，同行专家加入职称评聘过程，评审过程公开透明					
3. 教师岗位空缺时，我们学校能及时评聘，并严格按照个人申报、考核推荐、专家评审、学校聘用程序进行					
4. 我们学校采取集中培训、置换脱产研修、远程培训、组织名师讲学团和海外研修等多种有效途径进行教师培训					
5. 我们学校倡导小班教学，采取案例式、探究式、参与式等多种方式开展培训，鼓励教师自主选学					
6. 我们学校要求完善五年一个周期 360 学时的教师培训任务，建立教师培训管理档案，建立严格的教师培训学分管理制度					
7. 我的工资不低于我所期望的工资收入					
8. 我认为目前我们学校的绩效考核方案公平公正、公开透明					
9. 我们学校根据考核结果，遵循多劳多得原则，重点向一线教师、骨干教师和做出突出成绩的其他工作人员倾斜					
10. 我们学校将绩效考核结果作为教师资格认定、岗位聘任、职务晋升、培养培训、表彰奖励等工作的重要依据					
11. 我认为我的工资不低于当地公务员的平均工资					
12. 在“县管校聘”管理改革下，我们学校的教师参与教师轮岗非常便利					
13. 我或其他教师通过定期交流、跨校竞聘、对口支援等多种途径和方式参与过教师轮岗					
14. 我们学校参与轮岗的教师在编制核定、职务（职称）晋升、聘用管理、业绩考核等方面有优惠政策					

四、工作观念

1. 关于您的工作，您是否同意下列表述？

具体表述	非常不同意	不太同意	一般	比较同意	非常同意
1. 在教学中，我相信我能够使用多样的评价方法					
2. 我相信我能够安抚捣乱或吵闹等不遵守课堂纪律的学生					
3. 我相信我能够让学生建立对学业的自信					

2. 对您来说，您是否同意下列表述？

具体表述	非常不同意	不太同意	一般	比较同意	非常同意
1. 良好的师生关系能够激励工作					
2. 相比非教学工作，教学工作本身更能够激励我					
3. 学生的学业进步能够激励我工作					

3. 关于您学校的领导，您是否同意下列表述？

具体表述	非常不同意	不太同意	一般	比较同意	非常同意
1. 领导帮助我理解个人目标与团队目标之间的关系					
2. 在做一些与我相关的决策时，领导会征求我的意见					
3. 领导相信我能处理复杂、困难的任务					
4. 领导允许我按照自己的方式完成工作					

4. 下列培训形式带给您的收获有多大？［矩阵题］

培训形式	没有收获	收获较小	一般	收获较大	收获很大
网络培训					
校内面授培训					
校外培训					
理论讲授					
案例分析					
说课评课					
导师带教					
研讨交流					
课题研究					

5. 您 2020—2021 学年的总工资（学校应当支付的没有扣除税金和各种社保支出部分的税前工资）大约为________元，其中，绩效工资大约为________元。

6. 这学期以来，您每周的工作时长大约是：

教研时间：________课时 / 周

管理班级时间（课间操）：________课时 / 周

行政事务时间（填表、例会）：________课时 / 周

其他工作时间（教研、管理班级和行政事务时间除外）：________课时 / 周

7. 您有参与过教师轮岗交流项目吗？

A. 有　　B. 没有

8. 我认为教师轮岗能提高薄弱学校或农村学校的教学质量。

A. 非常不同意　　B. 不太同意　　C. 一般

D. 比较同意　　E. 非常同意

9. 您愿意参加教师轮岗交流吗？

A. 非常不愿意　　B. 比较不愿意　　C. 一般

D. 比较愿意　　E. 非常愿意

10. 您参与过学校其他同事的职称评审会吗？

A. 参与过　　B. 没有参与过

11. 您认可目前您所在学校的职称评定制度吗？

A. 非常不认可　　B. 比较不认可　　C. 一般

D. 比较认可　　E. 非常认可

12. 您对自己的职称等级满意度如何？

A. 非常不满意　　B. 比较不满意　　C. 一般

D. 比较满意　　E. 非常满意

五、政策合力效果

1. 下列因素中，对您做好教师工作影响最大的有哪些？［多选题］

A. 内部动机（工作热情、职业理想等）

B. 专业水平（专业知识、教学技能等）

C. 工资收入

D. 职业特征（工作稳定、社会声望等）

E. 家庭影响（父母期望、家庭需要等）

F. 人际关系（同事关系、师生关系等）

G. 学校管理（学校规定、领导风格等）

H. 政策规定（教师政策等）

I. 其他因素，请注明____

2. 关于职称评聘政策、教师培训政策、绩效工资政策、教师轮岗政策，下列哪种表述与您工作的实际情况相符合？

A. 以上政策中仅有一项政策对我的工作产生了促进作用

B. 以上政策中有多项政策同时对我的工作产生了促进作用

C. 以上政策没有对我的工作产生影响

D. 以上政策对我的工作产生了负向影响

3. 对您工作产生影响的政策是［多选题］：

A. 职称评聘政策　　B. 教师培训政策　　C. 绩效工资政策

D. 教师轮岗政策　　E. 其他政策，请注明________________

附录 2：中小学教师激励政策访谈提纲

一、个人信息

1. 年龄、学历、教龄、工龄、教学任务、职称、职务、婚姻状况等（可以让老师自我介绍下，缺失的信息再补充提问）。

2. 编制情况是什么样的？

二、教师轮岗政策

1. 对学校轮岗政策的了解情况，交流到更好的学校还是薄弱学校？

2. 有过轮岗经历吗？

3. 吸引教师们参加轮岗的因素是什么？您为什么愿意参加轮岗？

4. 轮岗对个人工作积极性产生了什么影响？比如态度或行为上，请举例谈一谈。

5. 交流轮岗的效果如何？

6. 如何看待当前“县管校聘”政策下的教师轮岗制度？

三、教师培训政策

1. 学校培训政策有哪些？

2. 对学校政策了解情况如何？

3. 个人参与培训情况如何？参与培训时候的态度如何？

4. 培训过程中有哪些收获？

5. 感觉培训效果如何？

6. 对个人工作积极性影响：

（1）态度（理念和价值观）上的影响，如这些政策给您的教学态度带来哪些变化（举例具体说明是哪些态度的变化）？

（2）行为（方式和方法）上的影响，如这些政策对您的教学行为带来哪些变化（举例具体说明是哪些行为的变化，比如常规教学行为还是创新型教学行为）？

四、绩效工资政策

1. 个人绩效工资基本情况，大概的比例，与公务员工资水平的比较情况。

2. 对绩效工资政策了解情况。

3. 对绩效工资政策实施情况的评价。

4. 对个人工作积极性影响：

（1）态度（理念和价值观）上的影响，如这些政策给您的教学态度带来哪些变化（举例具体说明是哪些态度的变化）？

（2）行为（方式和方法）上的影响，如这些政策对您的教学行为带来哪些变化（举例具体说明是哪些行为的变化，比如常规教学行为还是创新型教学行为）？

五、职称评聘政策

1. 当前的职称是什么？

2. 对学校职称评定制度的了解程度如何？

3. 下一阶段希望获得的职称是什么？将在哪些方面努力？

4. 如何看待学校当前的职称评定制度？

六、合力效果

1. 您认为我们之前谈到的这些政策对您工作积极性起作用了吗？

A. 回答“起作用了”，则追问是促进作用还是负向作用。

B. 回答“没怎么起作用”则追问原因以及还有哪些政策或其他因素促进教师工作的积极性。

2. 哪些政策作用更大？哪些政策共同起作用？具体体现在哪些方面？

3. 对您工作积极性影响最大的因素是什么？

第 5 章附录

附录 1：个人工作积极性量表的探索性检验

附表 1 个人工作积极性量表的 *KMO* 和巴特利特球形度检验

KMO 取样适切性量数		0.788
巴特利特球形度检验	近似卡方	2818.734
	自由度	21
	显著性	0

附表 2 个人工作积极性量表旋转后的成分矩阵 [a]

题号	成分	
	1	2
b11	0.722	0.358
b12	0.802	0.348
b13	0.674	0.390
b21	0.643	
b22		0.738
b25		0.702
b26	0.384	0.573

注：a. 提取方法：主成分分析法。旋转方法：凯撒正态化最大方差法。

附表 3 个人工作积极性量表总方差解释

成分	初始特征值			提取载荷平方和			旋转载荷平方和		
	总计	方差百分比（%）	累计百分比（%）	总计	方差百分比（%）	累计百分比（%）	总计	方差百分比（%）	累计百分比（%）
1	3.047	43.526	43.526	3.047	43.526	43.526	2.227	31.816	31.816
2	1.012	14.460	57.986	1.012	14.460	57.986	1.832	26.171	57.986
3	0.958	13.690	71.676						
4	0.767	10.956	82.632						
5	0.513	7.324	89.956						
6	0.431	6.163	96.119						
7	0.272	3.881	100						

附录 2：组织工作积极性量表的探索性检验

附表 4　组织工作积极性量表 *KMO* 和巴特利特球形度检验

KMO 取样适切性量数		0.921
巴特利特球形度检验	近似卡方	7938.564
	自由度	36
	显著性	0

附表 5　组织工作积极性量表总方差解释

成分	初始特征值			提取载荷平方和		
	总计	方差百分比（%）	累计百分比	总计	方差百分比（%）	累计百分比（%）
1	5.253	65.660	65.660	5.253	65.660	65.660
2	0.675	8.442	74.102			
3	0.582	7.275	81.377			
4	0.419	5.239	86.616			
5	0.368	4.599	91.215			
6	0.290	3.630	94.845			
7	0.243	3.033	97.878			
8	0.170	2.122	100			

附表 6　组织工作积极性量表旋转后的成分矩阵 [a]

题号	成分 1
b31	0.701
b33	0.756
b41	0.796
b42	0.844
b43	0.824
b44	0.895
b45	0.873
b46	0.775

注：a. 提取方法：主成分分析法。提取了 1 个成分。

附录 3：教师培训政策量表的探索性因子检验

附表 7　教师培训政策量表的 *KMO* 和巴特利特球形度检验

KMO 取样适切性量数		0.939
巴特利特球形度检验	近似卡方	13545.963
	自由度	66
	显著性	0

附表 8　教师培训政策量表总方差解释

成分	初始特征值			提取载荷平方和			旋转载荷平方和		
	总计	方差百分比（%）	累计百分比	总计	方差百分比（%）	累计百分比（%）	总计	方差百分比（%）	累计百分比（%）
1	7.368	61.403	61.403	7.368	61.403	61.403	5.955	49.628	49.628
2	1.275	10.626	72.029	1.275	10.626	72.029	2.688	22.401	72.029
3	0.743	6.188	78.217						
4	0.423	3.526	81.743						
5	0.387	3.222	84.964						
6	0.366	3.050	88.015						
7	0.335	2.793	90.807						
8	0.288	2.400	93.207						
9	0.230	1.916	95.123						
10	0.206	1.713	96.836						
11	0.204	1.704	98.540						
12	0.175	1.460	100						

附表 9　教师培训政策量表旋转后的成分矩阵 [a]

题号	成分	
	1	2
d411	0.686	0.324
d412	0.779	0.326
d413	0.802	
d414	0.775	
d415	0.824	
d416	0.834	
d417	0.826	
d418	0.829	
d419	0.818	
c21		0.804
c22		0.853
c23		0.814

注：a. 提取方法：主成分分析法。旋转方法：凯撒正态化最大方差法。旋转在 3 次迭代后已收敛。

附录 4：教学效能感量表的探索性因子检验

附表 10　教学效能感量表的 *KMO* 和巴特利特球形度检验

KMO 取样适切性量数		0.753
巴特利特球形度检验	近似卡方	2870.961
	自由度	3
	显著性	0

附表 11　教学效能感量表总方差解释

成分	初始特征值			提取载荷平方和		
	总计	方差百分比（%）	累计百分比	总计	方差百分比（%）	累计百分比（%）
1	2.540	84.658	84.658	2.540	84.658	84.658
2	0.265	8.818	93.475			
3	0.196	6.525	100			

附表 12　教学效能感量表的成分矩阵 [a]

题号	成分 1
d11	0.906
d12	0.924
d13	0.929

注：a. 提取方法：主成分分析法。提取了 1 个成分。

附表 13　Aimor 和 Berman“教师教学效果评估”研究课题中测试“教学效能感”得分的题目

题目	非常不认同	不太认同	一般	比较认同	非常认同
仔细推敲起来，一个教师的确不能起多大作用：因为学生的大部分动机和成绩取决于他 / 她的家庭环境	（1）	（2）	（3）	（4）	（5）
如果我真的努力了，我能教好最困难或最不愿意学习的学生	（1）	（2）	（3）	（4）	（5）

附录 5：各量表完全标准化参数图

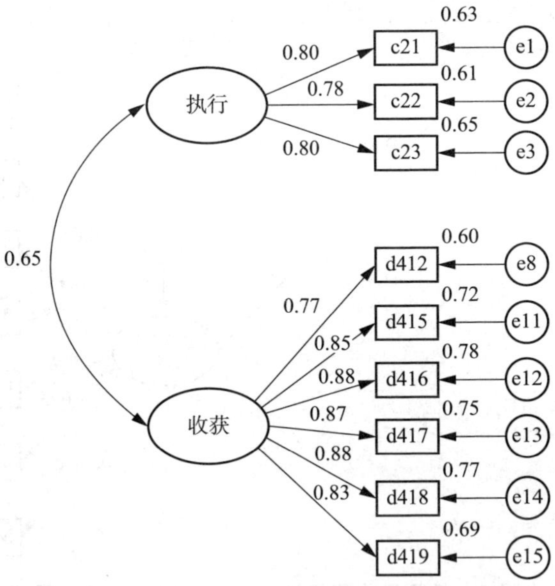

附图 1　教师培训激励政策完全标准化参数图解

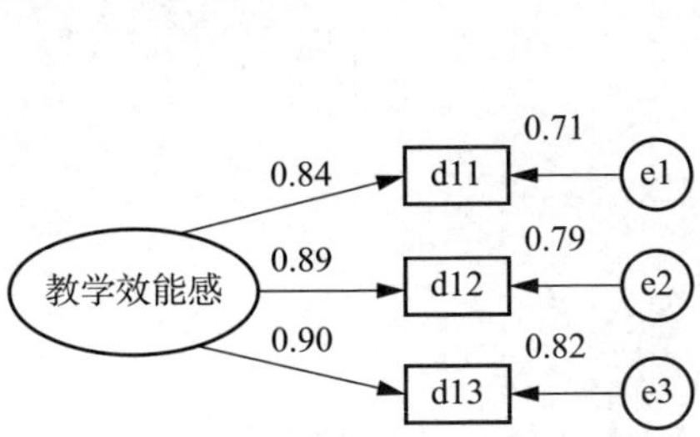

附图 2　教师教学效能感完全标准化参数图解

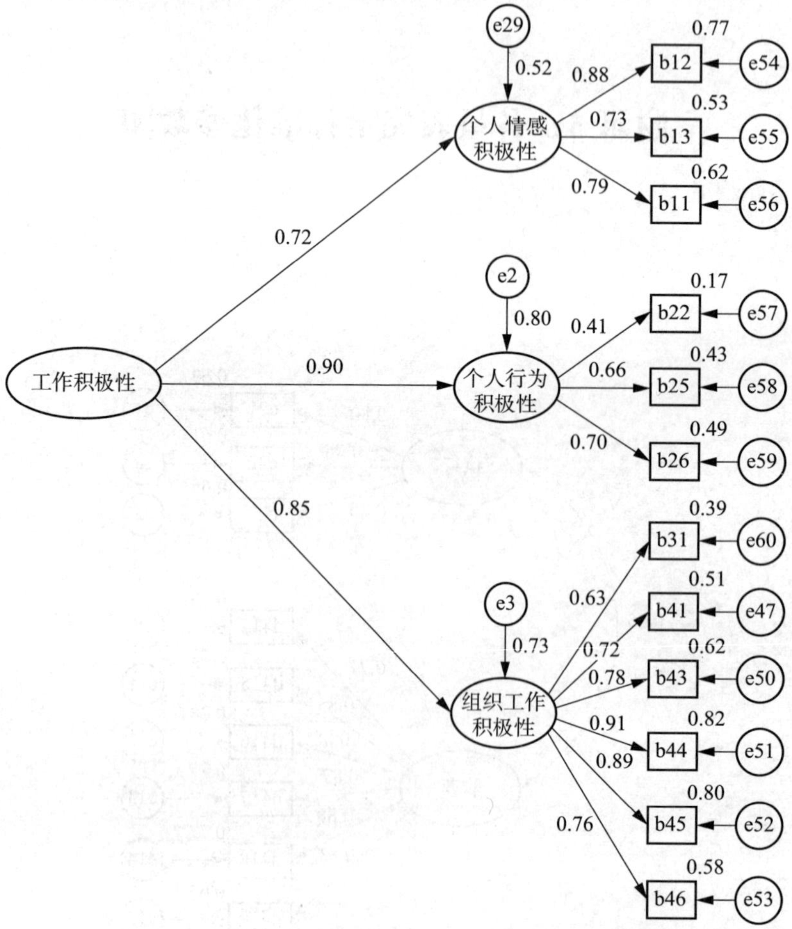

附图 3　教师工作积极性二阶完全标准化参数图解

附录 6：中介模型关系模型假设图

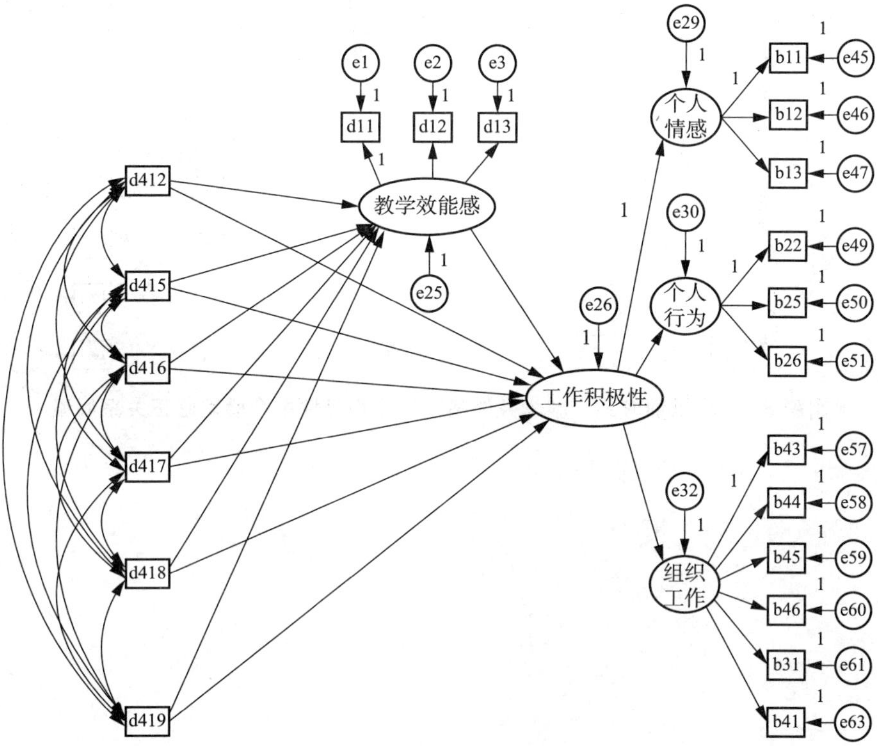

附图 4　6 种培训方式、教学效能感、工作积极性中介模型关系假设

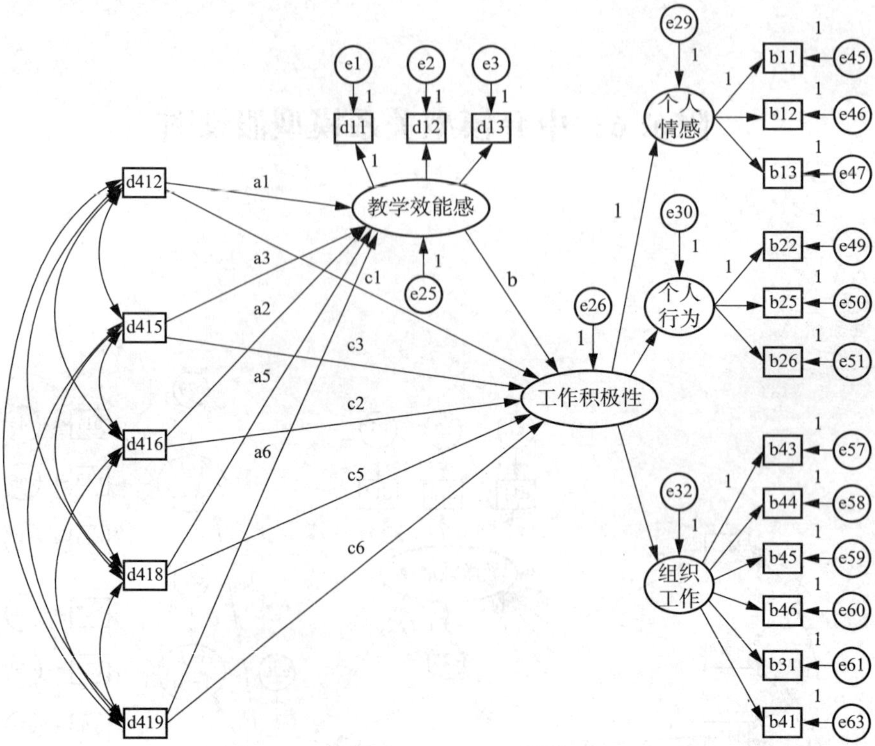

附图 5　5 种培训方式、教学效能感、工作积极性中介模型修正关系假设

附录 7：共同性差异检验

附表 14　共同性差异检验（教学效能感量表由于只有 3 道题，无法进行检验）

因子	χ^2/df	*RMSEA*	*GFI*	*AGFI*	*CFI*	*IFI*	*TLI*	*SRMR*
教师培训政策因子	58.416	0.201	0.662	0.577	0.780	0.780	0.780	0.107
工作积极性因子	29.487	0.142	0.812	0.728	0.831	0.831	0.793	0.081

附录 8：中小学教师培训政策与教师工作积极性调研问卷

尊敬的教师：

您好！非常感谢您在百忙之中参与本次调研。目前，我们正在进行一项关于教师激励政策的研究，希望能够通过调研了解客观真实的情况，从而向教育部等教育主管部门提供政策建议。这将有助于保障您自身的权益。本次调研将采取匿名（不记名）方式，我们在此郑重承诺对问卷中的所有内容保密，除课题组成员之外，任何人都不能获取有关您的任何信息，恳请您如实填写。

衷心感谢您的支持与合作！

全国教育规划课题“中小学教师激励政策”课题组

一、教师基本信息

1. 您的性别是：

A. 男　　B. 女

2. 您在______年出生，教龄______年，在目前学校任教______年。

3. 您目前的婚姻状况是：

A. 未婚　　B. 已婚　　C. 丧偶

D. 离异 / 分居　　E. 其他，请注明______

4. 您目前的最高学历是：

A. 大学本科以下

B. 大学本科（成人高等教育）

C. 大学本科（普通高等教育）

D. 硕士

E. 博士

5. 您目前工作的学校是：

A. 湖北省黄梅县苦竹中学

B. 湖北省武汉市新洲区思源实验学校

C. 湖北省广水市十里中学

D. 湖北省武穴市实验中学

E. 湖北省十堰市郧阳区胡家营镇初级中学

F. 河北省容城县黑龙口小学

G. 河北省安新县郭里口村学校

H. 河北省雄县第二小学

I. 河北省小里镇中心校

J. 河北省雄县朱各庄镇第一小学

K. 云南省昌宁思源实验学校

L. 其他学校，请注明

6. 请问您目前是否担任班主任？

A. 是　　B. 否

7. 您在此学校的劳动关系属于：

A. 事业编制　　B. 控制总量 / 总量备案 / 聘用制

C. 合同制　　D. 政府购买服务性岗位

E. 劳务派遣　　F. “三支一扶”教师、特岗教师

G. 代课教师　　H. 其他关系，请注明______

8. 您目前在教学方面的职称是：

A. 没有职称　　B. 三级教师　　C. 二级教师

D. 一级教师　　E. 高级教师　　F. 正高级教师

9. 您目前兼任的行政职务是：

A. 没有兼任行政职务

B. 年级负责人

C. 学科负责人

D. 教务主任 / 副主任

E. 德育主任 / 副主任

F. 办公室主任 / 副主任

G. 其他，请注明________

10. 您这学期担任________个班级的教学任务。

11. 您这学期承担教学工作的年级是［多选题］：

A. 小学低年级（1~2 年级）　　B. 小学中年级（3~4 年级）

C. 小学高年级（5~6 年级）　　D. 初中一年级

E. 初中二年级　　F. 初中三年级

12. 您这学期承担的教学工作量是［多选题］：

小学语文（节 / 周）______

小学数学（节 / 周）______

小学英语（节 / 周）______

小学科学（节 / 周）______

小学道德与法治（节 / 周）______

小学信息技术（节 / 周）______

小学音、体、美（节 / 周）______

小学班会（节 / 周）______

小学其他学科，请注明（节 / 周）______

初中语文（节 / 周）______

初中数学（节 / 周）______

初中外语（节 / 周）______

初中地理（节 / 周）______

初中思想政治（节 / 周）______

初中历史（节 / 周）______

初中生物（节 / 周）______

初中物理（节 / 周）______

初中化学（节 / 周）______

初中信息技术（节 / 周）______

初中音、体、美（节 / 周）______

初中班会（节 / 周）______

二、教师工作积极性量表

1. 关于您的工作，您是否同意下列表述？

具体表述	非常不同意	不太同意	一般	比较同意	非常同意
1. 在工作中，我感到精力充沛	（1）	（2）	（3）	（4）	（5）
2. 我对自己的工作充满热情	（1）	（2）	（3）	（4）	（5）
3. 我沉迷于工作	（1）	（2）	（3）	（4）	（5）
4. 工作的时候，我经常走神，会想其他的事情	（1）	（2）	（3）	（4）	（5）
5. 我工作没完成就不会下班	（1）	（2）	（3）	（4）	（5）

续表

具体表述	非常不同意	不太同意	一般	比较同意	非常同意
6. 只要有可能，我就尽量不加班	（1）	（2）	（3）	（4）	（5）
7. 我不会让我的工作太辛苦	（1）	（2）	（3）	（4）	（5）
8. 我愿意为了学生做一些工作要求之外的工作	（1）	（2）	（3）	（4）	（5）
9. 在课堂上，我关注学生的感受和问题	（1）	（2）	（3）	（4）	（5）

2. 关于您的学校或您的部门，您是否同意下列表述？

具体表述	非常不同意	不太同意	一般	比较同意	非常同意
1. 对我来说，参与学校里的事务令我比较兴奋	（1）	（2）	（3）	（4）	（5）
2. 我不喜欢我们学校里发生的事情	（1）	（2）	（3）	（4）	（5）
3. 我在我们学校中的积极性很高	（1）	（2）	（3）	（4）	（5）
4. 如果有同事缺勤或者休息，我会主动承担他的任务	（1）	（2）	（3）	（4）	（5）
5. 我会帮助工作繁重的同事	（1）	（2）	（3）	（4）	（5）
6. 即使没有人要求，我也会不遗余力地帮助新同事	（1）	（2）	（3）	（4）	（5）
7. 我自愿为我所处的部门做一些事情	（1）	（2）	（3）	（4）	（5）
8. 为了部门的共同利益，我会自愿执行任务	（1）	（2）	（3）	（4）	（5）
9. 我会留意学校内部的通知，以便随时了解情况	（1）	（2）	（3）	（4）	（5）

三、教师培训政策

1. 政策执行：关于您所在的学校，您认为下列表述是否符合真实情况？

具体表述	非常不符合	不太符合	一般	比较符合	非常符合
我们学校采取集中培训、置换脱产研修、远程培训、组织名师讲学团和海外研修等多种有效途径进行教师培训	（1）	（2）	（3）	（4）	（5）
我们学校倡导小班教学，采取案例式、探究式、参与式等多种方式开展培训，鼓励教师自主选学	（1）	（2）	（3）	（4）	（5）
我们学校能够完善五年一个周期 360 学时的教师培训任务，建立教师培训管理档案，建立严格的教师培训学分	（1）	（2）	（3）	（4）	（5）

2. 政策收获：您认为下列培训形式收获有多大？

培训形式	未参加过	没有收获	收获较小	收获较大	收获很大
网络培训	0	1	2	3	4
面授校内培训	0	1	2	3	4
校外培训	0	1	2	3	4
理论讲授	0	1	2	3	4
案例分析	0	1	2	3	4
说课评课	0	1	2	3	4
导师带教	0	1	2	3	4
研讨交流	0	1	2	3	4
课题研究	0	1	2	3	4

四、教师教学效能感

关于您的工作，您是否同意下列表述？

具体表述	非常不同意	不太同意	一般	比较同意	非常同意
在教学中，我相信我能够使用多样的评价方法	0	1	2	3	4
我相信我能够安抚捣乱或吵闹等不遵守课堂纪律的学生	0	1	2	3	4
我相信我能够让学生建立对学业的自信	0	1	2	3	4

附录 9：访谈提纲

一、个人信息

1. 年龄、学历、教龄、工龄、教学任务、职称、职务、婚姻状况等。

2. 编制情况是什么样的？

二、教师培训政策

1. 学校培训政策有哪些？

2. 对学校政策了解情况如何？

3. 个人参与培训情况如何？参与培训时候的态度如何？

4. 培训过程中有哪些收获？

5. 感觉培训效果如何？

6. 对个人工作积极性影响：

（1）态度（理念和价值观）上的影响，如这些政策给您的教学态度带来哪些变化（举例子具体说明是哪些态度的变化）？

（2）行为（方式和方法）上的影响，如这些政策给您的教学行为带来哪些变化（举例子具体说明是哪些行为的变化，比如常规教学行为还是创新型教学行为）？

三、合力效果

1. 您认为我们之前谈到的这些政策对您工作积极性起作用了吗？

A. 回答“起作用了”，则追问是促进作用还是负向作用？

B. 回答“没怎么起作用”，则追问原因以及还有哪些政策或其他因素促进教师工作的积极性。

2. 哪些政策作用更大？哪些政策共同起作用？具体体现在哪些方面？

3. 对您工作积极性影响最大的因素是什么？

参考文献

书籍

［1］［美］弗朗西斯．教育政策学导论（第 2 版）［M］．许庆豫，译．南京：江苏教育出版社，2007.

［2］［英］希尔，［荷］休普．执行公共政策［M］．黄健荣，等，译．北京：商务印书馆，2011.

［3］Dorey P. The implementation of public policy. In Policy making in Britain：An introduction［M］. London：SAGE Publications Ltd，2005.

［4］Maslach C，Leiter M P. The truth about burnout：How organizations cause personal stress and what to do about it［M］. San Francisco：Jossey–Bass，1997.

［5］Pressman J L，Wildavsky A B. Implementation：How great expectations in Washington are dashed in Oakland［M］. California：University of California Press，1984.

［6］Schweitzer M J C. Predictors of work engagement among teachers in Regina and Saskatoon［M］. The University of Regina（Canada），2014.

［7］刘倬．人力资源管理［M］．沈阳：辽宁大学出版社，2018：116.

［8］宁骚主编．公共政策学［M］．北京：高等教育出版社，2003：8.

［9］袁振国主编．教育政策学［M］．南京：江苏教育出版社，2001：1.

［10］朱瑜．绩效与薪酬管理实务［M］．北京：中国纺织出版社，2005：308.

［11］现代汉语词典［M］．北京：商务印书馆，2005：961.

［12］现代汉语词典（第 2 版）［M］．北京：商务印书馆，1983：518.

外文期刊

［1］Figlio D N，Kenny L W. Individual teacher incentives and student performance [J] . Journal of Public Economics, 2007, 91 (5–6): 901–914.

[2] Granziera H, Perera H N. Relations among teachers' self–efficacy beliefs, engagement, and work satisfaction: A social cognitive view [J] . Contemporary Educational Psychology, 2019 (58): 75–84.

[3] Guglielmi D, Bruni I, Simbula S, et al. What drives teacher engagement: A study of different age cohorts [J] . European Journal of Psychology of Education, 2016, 31 (3): 323–340.

[4] Hanushek E A, Rivkin S G. Teacher quality [J] . Handbook of the Economics of Education, 2006 (2): 1051–1078.

[5] Hjern B, Hull C. Implementation research as empirical constitutionalism [J] . European Journal of Political Research, 1982, 10 (2): 105–115.

[6] Kahn W A. Psychological conditions of personal engagement and disengagement at work [J] . Academy of Management Journal, 1990, 33 (4): 692–724.

[7] Klassen R M, Yerdelen S, Durksen T L. Measuring teacher engagement: Development of the Engaged Teachers Scale (ETS) [J] . Frontline Learning Research, 2013, 1 (2): 33–52.

[8] Lavy V. Evaluating the effect of teachers' group performance incentives on pupil achievement [J] . Journal of Political Economy, 2002, 110 (6): 1286–1317.

[9] Lazear E P. Teacher incentives [J] . Swedish Economic Policy Review, 2003, 10 (2): 179–214.

[10] Macey W H, Schneider B. The meaning of employee engagement [J] . Industrial and Organizational Psychology, 2008, 1 (1): 3–30.

[11] May D R, Gilson R L, Harter L M. The psychological conditions of meaningfulness, safety and availability and the engagement of the human spirit at work [J] . Journal of Occupational and Organizational Psychology, 2004, 77 (1): 11–37.

[12] Mincu M E. Teacher quality and school improvement: What is the role of research? [J] . Oxford Review of Education, 2015, 41 (2): 253–269.

[13] Muralidharan K, Sundararaman V. Teacher performance pay: Experimental

evidence from India [J] . Journal of Political Economy, 2011, 119 (1): 39–77.

[14] Paur M. Development and validation of a research instrument for measuring the presence of democratic school leadership characteristics [J] . Educational Management Administration & Leadership, 2020 (3): 1–17.

[15] Rivkin S G, Hanushek E A, Kain J F. Teachers, schools, and academic achievement [J] . Econometrica, 2005, 73 (2): 417–458.

[16] Runhaar P, Konermann J, Sanders K. Teachers' organizational citizenship behaviour: Considering the roles of their work engagement, autonomy and leader–member exchange [J] . Teaching and Teacher Education, 2013 (30): 99–108.

[17] Runhaar P, Sanders K, Konermann J. Teachers' work engagement: Considering interaction with pupils and human resources practices as job resources [J] . Journal of Applied Social Psychology, 2013, 43 (10): 2017–2030.

[18] Sabatier P, Mazmanian D. The implementation of public policy: A framework of analysis [J] . Policy Studies Journal, 1980, 8 (4): 538–560.

[19] Saks A M. Antecedents and consequences of employee engagement [J] . Journal of Managerial Psychology, 2006, 21 (7): 600–619.

[20] Schaufeli W B, Bakker A B. Work and well–being: Towards a positive occupational health psychology [J] . Gedrag en Organizatie, 2001, 14 (5): 229–253.

[21] Schaufeli W B, Salanova M, González–Romá V, et al. The measurement of engagement and burnout: A two sample confirmatory factor analytic approach [J] . Journal of Happiness Studies, 2002, 3 (1): 71–92.

[22] Schaufeli W B, Shimazu A, Hakanen J, et al. An ultra–short measure for work engagement: The UWES–3 validation across five countries [J] . European Journal of Psychological Assessment, 2019, 35 (4): 577–591.

[23] Todd P E, Wolpin K I. On the specification and estimation of the production function for cognitive achievement [J] . The Economic Journal, 2003, 113 (485): 3–33.

［24］Topchyan R，Woehler C. Do teacher status，gender，and years of teaching experience impact job satisfaction and work engagement?［J］. Education and Urban Society，2021，53（2）：119–145.

［25］Tschannen–Moran M，Hoy A W. Teacher efficacy：Capturing an elusive construct［J］. Teaching and Teacher Education，2001，17（7）：783–805.

［26］Meter D S，Horn C E. The policy implementation process：A conceptual framework［J］. Administration & Society，1975，6（4）：445–488.

［27］Vardi I，Quin R. Promotion and the scholarship of teaching and learning［J］. Higher Education Research & Development，2011，30（1）：39–49.

电子文献

［1］国务院办公厅转发人力资源和社会保障部　财政部　教育部《关于义务教育学校实施绩效工资指导意见的通知》［EB/OL］.（2008–12–23）［2021–06–03］. https://china.findlaw.cn/fagui/p_1/353033.html.

［2］教育部　财政部 人力资源和社会保障部关于推进县（区）域内义务教育学校校长教师交流轮岗的意见［EB/OL］.（2014–08–15）［2021–06–03］. http://www.moe.gov.cn/srcsite/A10/s7151/201408/t20140815_174493.html.

［3］教育部 . 关于深化中小学教师职称制度改革的指导意见［EB/OL］.（2015–08–28）［2021–06–03］. http://www.moe.gov.cn/jyb_xxgk/moe_1777/moe_1779/201509/t20150902_205165.html.

［4］教育部 . 关于转发国家教育委员会中、小学教师职务试行条例等文件的通知［EB/OL］.（1986–05–19）［2021–06–03］. http://www.moe.gov.cn/s78/A04/s7051/201001/t20100129_180695.html.

［5］教育部 . 关于大力推行中小学教师培训学分管理的指导意见［EB/OL］.（2016–12–15）［2021–06–03］. http://www.moe.gov.cn/srcsite/A10/s7034/201612/t20161229_293348.html.

［6］教育部 . 关于印发《中小学班主任工作规定》的通知［EB/OL］.（2009–08–12）［2021–06–03］. http://www.moe.gov.cn/srcsite/A06/s3325/200908/

t20090812_81878.html.
[7] 人力资源和社会保障部，教育部.关于深化中小学教师职称制度改革的指导意见[EB/OL].(2018-08-28)[2021-06-03]. http://www.moe.gov.cn/jyb_xxgk/moe_1777/moe_1779/201509/t20150902_205165.html.
[8] 人力资源和社会保障部，教育部.关于印发《关于深化中小学教师职称制度改革的指导意见》的通知[EB/OL].(2015-8-28)[2021-06-03]. http://www.moe.gov.cn/jyb_xxgk/moe_1777/moe_1779/201509/t20150902_205165.html.
[9] 新华社.关于全面深化新时代教师队伍建设改革的意见[EB/OL].(2018-01-31)[2021-06-03]. http://www.gov.cn/zhengce/2018-01/31/content_5262659.htm.
[10] 新华网.坚持中国特色社会主义教育发展道路 培养德智体美劳全面发展的社会主义建设者和接班人[EB/OL].(2018-09-10)[2021-06-03]. http://www.moe.gov.cn/jyb_xwfb/s6052/moe_838/201809/t20180910_348145.html.
[11] 中共中央办公厅，国务院办公厅.关于深化教育体制机制改革的意见[EB/OL].(2016-09-24)[2021-06-03]. http://www.gov.cn/xinwen/2017-09/24/content_5227267.htm.
[12] 中共中央办公厅，国务院办公厅.关于减轻中小学教师负担进一步营造教育教学良好环境的若干措施的通知[EB/OL].(2019-12-15)[2021-06-03]. http://www.xinhuanet.com/2019-12/15/c_1125349547.htm.

中文文献

[1] 安雪慧.义务教育学校教师绩效工资政策效果分析[J].中国教育学刊，2015(11)：53-60.
[2] 安雪慧.中小学教师绩效工资政策的价值追求和有效实施[J].人民教育，2012(20)：13-17.
[3] 蔡群青，夏海鹰.中小学教师职称制度改革探究[J].教育探索，2016(5)：122-124.
[4] 蔡永红，李燕丽.英国中小学教师工资制度及其对我国的启示[J].教育科学研究，2019(5)：72-77.

[5] 陈佳，高洁玉，赫郑飞 . 公共政策执行中的“激励”研究——以 W 县退耕还林为例［J］. 中国行政管理，2015（6）：113–118.
[6] 楚红丽 . 外在的对立与内在的对抗：破解教师工作积极性问题［J］. 教育学术月刊，2017（6）：88–95.
[7] 丁煌，定明捷 .“上有政策、下有对策”——案例分析与博弈启示［J］. 武汉大学学报（哲学社会科学版），2004（6）：804–809.
[8] 丁煌，杨代福 . 政策网络、博弈与政策执行：以我国房价宏观调控政策为例［J］. 学海，2008（6）：79–85.
[9] 丁煌 . 我国现阶段政策执行阻滞及其防治对策的制度分析［J］. 政治学研究，2002（1）：28–39.
[10] 段忠贤 . 自主创新政策的供给演进、绩效测量及优化路径研究［D］. 浙江大学，2014.
[11] 范先佐，付卫东 . 义务教育教师绩效工资改革：背景、成效、问题与对策——基于对中部 4 省 32 县（市）的调查［J］. 华中师范大学学报（人文社会科学版），2011，50（6）：128–137.
[12] 封颖 . 科技政策体系体现环境保护的宏观演变格局研究：1949—2015 年［J］. 中国科技论坛，2017（9）：5–15.
[13] 高慧斌 . 乡村教师职称（职务）评聘制度演变及改革策略［J］. 当代教育科学，2017（1）：17–21+61.
[14] 高慧斌 . 中小学教师职称制度改革特征与现状分析［J］. 教师教育研究，2016，28（6）：25–31.
[15] 高晓娜，王嘉悦 . 教师“职称—薪酬”制度：异化与革新［J］. 当代教育科学，2020（10）：78–84.
[16] 葛新斌，叶繁 . 教师减负的博弈困境及其破解之道［J］. 教育发展研究，2020，40（20）：46–52.
[17] 宫雪 . 中等职业学校教师职称制度建设的回顾、分析与展望［J］. 中国职业技术教育，2013（33）：74–80.
[18] 龚虹波 . 中国公共政策执行的理论模型述评［J］. 教学与研究，2008（3）：92–96.
[19] 龚婷 . 绩效工资实施中存在的突出问题与解决策略［J］. 教学与管理，2013（31）：9–12.
[20] 郝德贤 .“乡村教师支持计划”支持乡村教师发展的路径选择［J］. 教

育探索，2017（3）：102–105.
［21］郝东星，彭学琴 . 义务教育学校教师绩效工资实施现状及问题研究——以山西省 W 学校为例［J］. 教育理论与实践，2019，39（29）：38–40.
［22］贺东航，孔繁斌 . 公共政策执行的中国经验［J］. 中国社会科学，2011（5）：61–79+220–221.
［23］侯龙龙，朱庆环 . 教师专业发展的政策分析：自主支持的专业发展与“任务式”的专业发展［J］. 教育科学研究，2018（4）：72–76.
［24］胡耀宗，严凌燕 . 义务教育教师绩效工资政策执行偏差及其治理——基于沪皖豫三省市教师和校长的抽样调查［J］. 教师教育研究，2017，29（5）：14–18.
［25］皇甫林晓，代蕊华 . 义务教育教师绩效工资政策执行困境与破解之道——基于史密斯政策执行过程模型的视角［J］. 教育科学研究，2020（3）：20–26+45.
［26］黄斌，张琼文，云如先 . 货币性激励能提升中小学教师校际交流意愿吗？——基于 7 省市 278 所学校的调查数据［J］. 华东师范大学学报（教育科学版），2019，37（6）：94–108.
［27］贾文华 . 农村中小学教师角色认同、工作投入及其关系研究［J］. 教育研究与实验，2012（3）：83–86.
［28］姜蕴 . 基于学生成绩的美国中小学教师奖励性绩效工资考核制度研究——以丹佛市教师职业津贴（ProComp）和纽约市教师绩效工资（SPBP）为例［J］. 外国教育研究，2017，44（6）：27–40.
［29］蒋科星 . 走向职级制：中小学教师职称改革新探［J］. 当代教育科学，2017（10）：73–76.
［30］蓝海，梁斌 . 农村中小学教师工作价值观与工作投入的关系：社会支持的中介作用［J］. 四川师范大学学报（社会科学版），2019，46（4）：96–104.
［31］李根，葛新斌 . 义务教育教师绩效工资政策执行困境及其突破［J］. 教育发展研究，2014，33（4）：41–46.
［32］李孔珍 . 义务教育不同类型学校绩效工资政策执行分析［J］. 教育研究，2013，34（5）：46–52.
［33］李梅，阮成武，王清涛 . 义务教育教师绩效工资政策执行：难为与可为［J］. 当代教育科学，2020（7）：61–65.

［34］李敏．中学教师工作投入感的现状及成因研究——基于我国13省市调查数据的实证分析［J］．教师教育研究，2019，31（5）：94–99.

［35］李廷洲，金晨，金志峰．中小学教师职称改革成效如何？——基于多元评估理论的政策评估研究［J］．教育发展研究，2018，38（18）：17–23.

［36］李廷洲，陆莎，金志峰．我国中小学教师职称改革：发展历程、关键问题与政策建议［J］．中国教育学刊，2017（12）：66–72+78.

［37］李新翠．中小学教师工作负荷：结构、水平与类型［J］．湖南师范大学教育科学学报，2021，20（2）：82–89.

［38］李正图．新制度经济学委托代理理论视野的拓展［J］．经济理论与经济管理，2020（6）：21–38.

［39］刘宇文，范乐佳．高校教师学术生命的激励研究［J］．湖南师范大学教育科学学报，2021，20（6）：48–54.

［40］马文起．美国义务教育教师典型绩效工资方案及其政策审视［J］．当代世界，2009（12）：89–91.

［41］马玉芳．基于职级管理的班主任激励机制探索［J］．中国教育学刊，2014（1）：49–51.

［42］毛子骏，郑方，黄膺旭．政策协同视阈下的政府数据开放研究［J］．电子政务，2018（9）：14–23.

［43］梅玲．美国中小学教师激励措施及其对我国的启示［J］．外国中小学教育，2009（3）：6+63–65.

［44］宁本涛．高中绩效工资制实施进展分析——基于东中西部13省高中的调查［J］．华东师范大学学报（教育科学版），2020，38（1）：73–84.

［45］宁本涛．义务教育阶段教师绩效工资政策实施的激励效应分析——以上海市P区教师调查为例［J］．教育发展研究，2015，35（22）：16–20.

［46］牛风蕊．我国高校教师职称制度的结构与历史变迁——基于历史制度主义的分析［J］．中国高教研究，2012（10）：71–75.

［47］庞丽娟，韩小雨，谢云丽，李琳，夏婧．完善机制 落实义务教育教师绩效工资政策［J］．教育研究，2010，31（4）：40–44.

［48］庞丽娟，杨小敏，金志峰．乡村教师职称评聘的困境、影响与政策应对［J］．教师教育研究，2019，31（1）：31–36.

［49］彭温豪博．中小学教师职称制度的变革与发展趋势［J］．上海教育科研，2019（2）：20–23.

[50] 乔锦忠，陈剑．中小学绩效工资的实践反差与理性突围［J］．中国教育学刊，2017（2）：46–49.
[51] 秦玉友，曾文婧，许怀雪．绩效工资政策的预期实现了吗？——12省义务教育教师绩效工资实施状况调查［J］．教育与经济，2019，35（5）：52–61.
[52] 施贵菊，王珏，杜尚荣．中小学教师职称制度的问题反思与对策建议——基于2015年中小学教师职称制度改革的分析［J］．贵州师范学院学报，2016，32（2）：87–91.
[53] 宋广文，李建惠，何文广．高校教师职称制度改革的几点思考［J］．国家教育行政学院学报，2010（5）：20–25.
[54] 孙科技．基于委托代理理论的"双一流"政策执行优化路径探索［J］．高教探索，2019（11）：9–15.
[55] 唐旭琳，夏云颖，甘怡群．中学教师希望自我与其工作投入和工作倦怠［J］．北京大学学报（自然科学版），2013，49（2）：329–335.
[56] 万华，唐方华，李祥．乡村教师职称倾斜制度的价值偏离及其矫正［J］．教学与管理，2020（16）：7–11.
[57] 汪丞．教师定期交流的政策困境与对策——基于政策工具的视角［J］．教师教育研究，2020，32（1）：20–26.
[58] 汪建华．高校教师职称评聘现状分析与对策探究［J］．教师教育研究，2013，25（5）：18–22.
[59] 王聪．绩效工资制度下义务教育教师管理现状与改革突破——基于北京市主要城区调研的思考［J］．中国教育学刊，2017（5）：30–35.
[60] 王贺．绩效工资政策实施效果实证研究［J］．中国教育学刊，2015（6）：69–72.
[61] 王红，邬志辉．乡村教师职称改革的政策创新与实践检视［J］．中国教育学刊，2019（2）：42–47.
[62] 王名扬，秦惠民，王苏阳．美国大学现行教师评聘制度的特点、成因与影响研究［J］．中国高教研究，2020（11）：72–77.
[63] 王强．中美中小学教师薪酬激励制度比较研究［J］．教师教育研究，2017，29（5）：96–100.
[64] 魏红梅．论教师绩效工资政策的失真与回归［J］．教育理论与实践，2014，34（1）：30–33.

[65] 魏丽娜，张炜，林成华. 激励学术创新：亚利桑那州立大学交叉学科教师绩效评估体系及其经验启示 [J]. 高教探索，2020（7）：54–60.
[66] 吴红斌，马莉萍. 义务教育绩效工资改革对教师工资水平的影响——基于县级面板数据实证分析的研究 [J]. 教育研究，2017，38（3）：46–52+90.
[67] 吴乐娇，吴黛舒. 小学教师职称限额设计的制度性困境与反思 [J]. 当代教育科学，2020（2）：31–36.
[68] 伍小兵. 绩效工资政策之激励初衷与现实困境研究 [D]. 西南大学，2016.
[69] 谢来位. 惠农政策“自上而下”执行的问题及对策研究 [J]. 经济体制改革，2010（2）：74–79.
[70] 辛治洋. 教师绩效工资制度实施的困境与出路 [J]. 中国教育学刊，2012（9）：1–4.
[71] 徐清秀. 目标替代、惯习区隔与教师职称评定的内卷化——基于 T 乡镇中学的考察 [J]. 北京社会科学，2021（4）：116–128.
[72] 徐晓红，郭婧. 澳大利亚大学教师职称晋升政策的历史变迁与最新改革 [J]. 复旦教育论坛，2014，12（3）：103–108.
[73] 徐友礼. 山东潍坊：问题导向的中小学教师职称制度改革探索 [J]. 中小学管理，2016（2）：14–16.
[74] 薛海平，唐一鹏. 理想与现实：我国中小学教师工资水平和结构研究 [J]. 北京大学教育评论，2017，15（2）：17–38+186–187.
[75] 薛海平，王蓉. 教师绩效奖金对学生成绩影响研究 [J]. 中国教育学刊，2013（5）：34–38.
[76] 薛珊. 绩效要素与分配公平感：义务教育学校奖励性绩效工资分配研究——基于对 808 位浙江省教师的调查 [J]. 教师教育研究，2019，31（4）：68–75+84.
[77] 严凌燕. 义务教育教师绩效工资政策执行偏差研究 [D]. 华东师范大学，2017.
[78] 严凌燕. 乡村教师绩效工资政策的激励作用和完善路径——以中部 A 省为例 [J]. 基础教育，2018，15（5）：46–54.
[79] 杨帆，王诗宗. 基层政策执行中的规则遵从——基于 H 市 5 个街道的实证考察 [J]. 公共管理学报，2016，13（4）：53–64+154–155.

［80］杨小丽，杜学元．义务教育学校教师绩效工资激励效果的影响因素及归因分析——基于四川省的调查［J］．基础教育，2014，11（4）：32-41.

［81］姚华．权力关系重构与政策难题化解——以S市2003年居委会直选政策的执行过程为例［J］．上海大学学报（社会科学版），2008（3）：114-119.

［82］姚翔，刘亚荣．义务教育教师绩效工资政策执行现状及其治理——基于29省市教育局长和督学的调查［J］．现代教育管理，2018（8）：86-91.

［83］叶怀凡．义务教育教师绩效工资政策的执行偏差与矫正［J］．中国教育学刊，2016（4）：31-36.

［84］赵德成．美国哥伦比亚学区教师绩效工资制度的经验与启示［J］．比较教育研究，2021，43（5）：36-44.

［85］赵宏斌，惠祥凤，傅乘波．我国义务教育教师绩效工资实施的现状研究——基于对25个省77个县279所学校的调查［J］．教育理论与实践，2011，31（28）：24-27.

［86］赵晓芳．基于胜任力模型的高职教师职称评定体系构建［J］．教育理论与实践，2016，36（36）：24-26.

［87］郑石明，雷翔，易洪涛．排污费征收政策执行力影响因素的实证分析——基于政策执行综合模型视角［J］．公共行政评论，2015，8（1）：29-52+198-199.

［88］智耀徵，陈平水．我国义务教育教师绩效工资政策执行研究——基于霍恩—米特模型的分析［J］．教育理论与实践，2019，39（1）：26-30.

［89］周彪．中小学教师职称制度及改革对策研究［D］．湘潭大学，2016.

［90］周丽丽．小学组织气氛与教师工作投入及其关系研究［J］．教育学术月刊，2009（2）：51-53.

［91］周兴平．教师和学校差异如何影响教师绩效工资实施效果——基于阶层线性模型HLM的实证分析［J］．教育科学，2013，29（6）：71-76.

［92］周雪光，练宏．政府内部上下级部门间谈判的一个分析模型——以环境政策实施为例［J］．中国社会科学，2011（5）：80-96+221.

［93］朱旭东．当前我国教师队伍建设面临的问题刍议［J］．教育发展研究，2018，38（18）：3.

[94] 朱忠明，张旭 . 中小学教师职称制度存在的问题及其改进——基于 11 县 2888 名乡村教师的调查 [J]. 当代教师教育，2016，9（3）：82-87.
[95] 曾婧婧，邱梦真 . 当前我国高校教师职称评聘的特点——基于 20 所“985 工程”高校的职称评聘细则 [J]. 现代教育管理，2016（10）：73-80.